《论语》趣读

蔡世连 著

江蘇鳳凰教育出版社
Phoenix Education Publishing, Ltd

图书在版编目（CIP）数据

《论语》趣读／蔡世连著．—南京：江苏凤凰教育出版社，2020.10

ISBN 978-7-5499-9011-5

Ⅰ．①论… Ⅱ．①蔡… Ⅲ．①儒家②《论语》–通俗读物 Ⅳ．①B222.2-49

中国版本图书馆CIP数据核字（2020）第214502号

书　　名　《论语》趣读
著　　者　蔡世连
责任编辑　陆旬
出版发行　江苏凤凰教育出版社（南京市湖南路1号A楼　邮编210009）
苏教网址　http：//www.1088.com.cn
照　　排　北京晨罡文化发展有限公司
印　　刷　三河市九洲财鑫印刷有限公司
厂　　址　河北省三河市灵山大口
开　　本　787毫米×1092毫米　1/16
印　　张　19.75
版　　次　2020年10月第1版
印　　次　2020年10月第1次印刷
书　　号　ISBN 978-7-5499-9011-5
定　　价　50.00元
网店网址　http：//jsfhjycbs.tmall.com
邮购电话　025-85406265，85400774　短信　02585420909
盗版举报　025-83658579

本书如有印刷、装订等质量问题，请与印刷厂联系调换
电话：0316-3170279

序

孔范今

2012年春，曲阜的几个老学生来济南看望我。闲聊中，我提到即使退了休，也不要虚度光阴，要找一点自己感兴趣的事情做一做。说者无心而听者有意，世连回去后立即开通了他的个人博客，投入了对《论语》的研读之中。5年后，他写出《〈论语〉趣读》百篇，现要集结其中七十篇出版，希望我作序。这虽然不是一个轻松的活计，但我很愿意帮这个忙。借此，我也想说几句与《论语》读解有关的话。

子曰："必也正名乎！"也许正是为了这个正名的事，有人问过世连为什么以"趣读"为名？是不是为了找噱头，寻段子，搞猎奇，搏眼球？对此，他给出了一个很朴实的回答："所谓趣读，不过是个性化阅读、情趣化阅读、心灵化阅读，把阅读视作与古圣先贤的一次心灵对话；理趣是情趣化阅读的重要一维，因此趣读又是问题性阅读、专题性阅读，是对《论语》中一些专门性问题的集中探讨；趣读与专题性阅读相为表里，因此，趣读也必然是一种回到历史现场的拓展性阅读，是一种还原历史文化语境的纵横式阅读。"

验诸这部文稿，读者自会得出结论，相信世连说的都是实话，以上三点也代表了这部书稿的基本特点和价值。

二十多年前，我在《重新读解孔子的智慧——兼及20世纪的文化批判问题》一文的内容提要中说："以对经典文本进行阐释为特征的传统文化发展史，和以批孔为核心内容的本世纪（按：指20世纪）的文化批判，是取向截然相反的两种价值认识过程。而一旦将对孔子智慧的重新读解置于两种认知系统的参照之中，它便获取了超越对象本体的理论意义。孔子思想是一个由多元内容互相制约又互相启动连接的结构系统，涵纳深广，既有属于本体论方面的创造性建构，又有方法论意义上的丰富内涵，体现了对人类生存悠远的人文关怀。如何超越其历史的局限性与片面性，进行多种价值范畴的科学辨析，是当今的人们在反思历史和重新读解传统文化的过程中，不能不予以注意的。”这里，有我当时对以《论语》为代表的经典文本的读解模式的认定，也有对经典文本读解新出路的预测，更有对新读解实践及读解成果的预期。二十多年的时间过去了，此心此情未变。虽然传统文化得到了从官方到民间的一致重视，但真正做文化弘扬功夫的人并不多，取得的成果当然也难以让人满意。

关于《论语》的读解模式，我当时提到了两种：一种以阐释为特征，以训诂为工具，这是经典读解的基础，但其主要功用还是在为古人背书，在经典的现代性转化上，难以出新；一种以批判为特征，以文化激进主义为思想源头的读解方式，其对传统文化的否定态度在历史上不断遭到诟病，但它引进的新的价值参照及读解方式却不应简单地被抛弃。与这种激进批判主义相联系，近几年也出现了一种可以叫作解构式的读解，以西方后现代主义为理论基础，解构中有些恶搞的意味。由于这种读解缺乏对经典、对传统文化、对古圣先贤起码的尊重，所以虽然很吸引眼球，但难成气候。另外，由于受到当今商业文化以及传统文化保守主义的影响，对《论语》的读解也呈现出另两种形态：一种是世俗化、庸俗化的心灵鸡汤式读解；一种是试图将孔子推为儒教“教主”，从而采取无限崇拜方式的宗教化读解。这些读解方式都不能为优秀传统文化的现代转化提供多少帮助，其破坏作用倒是不可轻估的。

上述种种读解方式虽然路径不同，有的甚至截然相反，但在基本的精神取向上却惊人的一致，即都是一种单项式读解、依附式读解，只不过所依附的对象不同而已，有的依附于古，有的依附于洋，有的则依附于俗。这样的依附式读解，缺乏读解者个性的鲜明呈现，缺乏多样的价值参照，缺乏对对象的多样性价值辨析，这些都不能说是创造性读解。因此，见到《〈论语〉趣读》这部书稿，我感到很高兴，因为此书的个性化读解方式很值得提倡。

个性化读解的前提，首先是对读解者个人资质禀赋、性格爱好、价值追求等的逼视、激活、照亮、开掘，是对个人心灵的叩问。你为什么要阅读？你要通过阅读获得什么？找准阅读定位，心灵才会向这个敏感区域无限敞开。有了心灵的全面敞开、自由舒展，阅读才会打上鲜明的个人印记，而不仅仅是为古人背书，不是人云亦云。这样的文字读解有温度，有激情，有棱角，有个性。比如，在谈到狂狷的历史价值时，本书中就有这样一段文字：

> 不错，历史是人民创造的，而狂狷，正是人民品格的代表。“天视自我民视，天听自我民听”，他们是人民的一员，也是民视的眼睛，民听的耳朵，是松动历史的板结土壤的蚯蚓，是敢于揭穿“皇帝没穿衣服”的那个孩子，是第一个勇于吃螃蟹的食客，是不合理的旧制度的大胆的破坏者。

这正是对经典的现代化、个性化读解，也正是广大读者所期待的“趣读”风格。

其实，格物即格心，格心也是格物。有了对个人心灵的逼视与开掘，才会有对经典的深度叩问与深入理解，心灵楔入对象的程度往往意味着认识对象的深度。古圣先贤已不再发声，所谓个体心灵与经典的对话，不过是敞开的心灵对经典的叩问与倾听。有什么样的叩问与倾听方式，便有什么样的理解与收获。我主张将经典置于多种价值的参照之中，进行多元价值范畴的辨析，从而打破历史的局限性，揭讲出经典的丰富深刻内涵以及对今人的现代启示意义。从某种意义上讲，心灵对话式读解正是多元参照式读解，比如，本书中对孔子圣贤气象的读解，呈现出的就是一个多元化的世界。在这种理解中，孔子不仅仅是教育家、政治家、学者，还是诗人、音乐家；他不仅仁爱平和、聪明睿智，还富有个性、才情、正义感、同情心；不仅是诗人孔子、幽默孔子，还是孤独孔子、疏狂孔子。正是由于有了这样的多元化读解，本书在对孔门弟子的理解上也达到了他人难以启及的高度。作者对十几个孔门高足的基本性格、才能贡献上作出的判断，给人以耳目一新之感，尤其是对孔门几个理论家的认定，更是发人之未见。比如，本书认为有若是孔门中的理论黑马，宰予是孔门中的解构型理论家，子张是孔门中的开拓型理论家，子贡则是孔门中善于追问事物本质与边界的理论家，等等，这些论断都言之有据且启人深思。作者具有崇圣尚贤之心，但对贤者的不足，在同情和理解的基础上也给予了勇敢的批评。比如，作者对曾参与子夏在理论创建上的不足就表示了不满，这样的批评未损前贤的光辉人格，反而更能揭示出贤者心地的磊落。

读书之趣在求知，求知之趣在有疑，解疑之趣在贯通。因此，个性化读解必然是求疑性读解，也必然走向专题性读解。《论语》碎片化的文本组合及独段的句式，内在地决定了读解这部经典时必然要将一些碎片组合起来，以寻找其较为恒定的整体意义。所以，无论是杨伯峻、钱穆，还是孙钦善、李泽厚，这些人以经典阐释为特征的几部《论语》的译注性著作，都显示出要突破依章节注释的模式，对某些专题集中谈论的趋势。但由于传统“注疏”模式的影响太深，这些大家也只是在“前言”“后记”或某些重点章节的注释中对一些专题稍作涉猎，至今还无人突破体例的限制而“另起炉灶”。如此看来，专题性读解虽非本书之独创，却走出了传统的“注疏”模式，且能将对象置于多维视野中进行多角度观照，还是取得了一些创新性成果的。比如，本书第二章对孔子思想的梳理就颇见功力。这部分以“对话孔子，体悟夫子之道”为题，对仁、礼、智、天命、中庸、君子等十几个专题进行了叩问，针对每个专题发表了一些新见。这些新见未必都绝对准确，但其启示性价值是不容低估的。比如，本书对中庸的讨论，虽然在学理上仍显不足，但对中庸之价值结构及意义系统的基本理解还是极具学术价值的，应该引起学界的关注。

从尧舜时代开始，中庸就受到了政治家、思想家们的重视，《论语·尧曰》篇中说，尧曾以“允执其中”命舜，“舜亦以命禹”，这起码说明尧、舜、禹三代行的都是中庸之道。孔子说过“中庸之为德也，其至矣乎！民鲜久矣”。中庸不仅是至德，也是至智，是儒家辩证法，是中国智慧。中庸虽然如此重要，但从尧舜时代到现今四千多年的时间里，对它的研究却仍是不够。学界至今沿用的还是汉儒、宋儒对中庸的研究成果，说来说去不过就是“执两用中”“不偏不倚”“无过无不及”几句话，顶多再加上“以常释庸”“以用释庸”几句。对中庸的认识总是在描述性话语里打转，很少有上升至理论层面的深入、全面的解说。因此，我十分赞赏世连对中庸粗线条的大胆概括。他认为，中庸思想要点大致有五：一曰多元主义，多样性原则；二曰公平思想，用中原则；三曰动态平衡，适度原则；四曰灵活性，权变原则；五曰日常性、普适性、实践性原则。

其实，中庸是一种深富辩证意味的哲学范畴。它把社会和整个宇宙都理解为既互相制约又和谐发展的动态结构，人们只有据中制衡，积极而恰当地进行调控，才能取得预期的效果。对事物的多样性、差异性的尊重与协调，是中庸的理论基础，中庸智慧的全部内涵都建立在这个基础之上，没有这个基础，就无所谓“中”，无所谓“正”，无所谓“度”。对这一基础的论述与强调，最初可能始于《尚书·洪范》。这篇大文开头即借箕子之口总结历史经验：鲧治水失败是因为他扰乱了上天创造的五行规律，所以上天没有传给他“洪范”九畴；禹掌握了“洪范”九畴，才治服了洪水，使臣民和睦相处。这“洪范”九畴，就是尊重事物的多样性、差异性的中庸之道，“五行”“五事”“八政”等都代表了事物的多样性。《左传》中记载，晏婴与齐景公论政时提出五味调和才有美味，五音调和才有美乐的论断；郑国的史伯则提出“和实生物，同则不继”的思想，这都是对中庸基础性原则的强调。孔子虽然没有明确说过尊重事物多样性的话，但他在回答子张问政时提出了“尊五美，屏四恶”的思想，可以说是对“洪范”精神的重述。《中庸》开头即说“天命之谓性，率性之谓道，修道之谓教……。喜怒哀乐之未发，谓之中；发而皆中节，谓之和。中也者，天下之大本也；和也者，天下之达道也。致中和，天地位焉，万物育焉”。这“率命之性”实即人之自然本性，即喜怒哀乐之未发，如天地未开辟，婴儿之未生时的一片混沌，这混沌是本然中庸之境，所以，庄子认为如果“日凿一窍，七日而浑沌死”。“发而皆中节”是人为之和谐，也是中庸。中和即中庸，没必要再分什么中是本，和是用，或中是内，和是外。“天地位焉，万物育焉”既是对中庸之效果的描述，也是对中庸之基础原则的强调。《中庸》在论述孔子之中庸境界时说，这种境界使“万物并育而不相害，道并行而不相悖”，再次强调了多样性原则。中国著名哲学家冯友兰先生在其《中国哲学简史》中引用了晏婴关于“和同”的论述，也引用了《中庸》开头对中庸的界定，但只强调中庸即是无过无不及，要达到的结果是和谐，在面对多样性这个基础原则时，又绕开了，颇感遗憾。

无过无不及、不偏不倚、恰到好处，这是人们谈论中庸时使用最多的几个词汇，但什么是“无过无不及”，什么是“不偏不倚”，怎样才算“恰到好处”，却很少有人谈论。有些研究者敏锐地看到孔子中庸思想的社会实践标准是礼义，礼义即中庸的“度”。本书则将这个“度”进一步解释为遵天意，顺民心，合礼义，循恕道，这无疑是对中庸之中正思想的丰富与深化。我觉得需要补充的是，孔子和《中庸》对“序”的强调也应纳入对“度”的理解之中，“序”也应是一种“度”。

在《重新读解孔子的智慧——兼及20世纪的文化批判问题》中，我曾说过，灵活性、权变原则也是中庸思想的重要方面，这一原则其实可看作对中庸之公平公正原则可能造成的僵硬性的矫正，是对“度”的实事求是的灵活运用，是为了保持动态平衡的随时调整。可惜这一思想并未引起人们的关注，也许有人认为此说无据，或者不够权威。孟子说过，“执中无权，犹执一也”，还举嫂溺而援之以手为例说：“男女授受不亲，礼也；嫂溺援之以手者，权也。”

以常释庸、以用释庸当然不错，需要注意的是，不能仅仅在日常实用的方法论的意义上理解这一重要思想。中庸之日常性、普适性同样具有本体论意义。《中庸》以大量篇幅论证了中庸之道“费而隐”的特征。“费”实际上说的不仅是普适性，更重要的是强调它功用的广大、实践的重要。实践性正是中庸之道的本体特征。所谓执柯伐柯、事父事君、素位而行、反求诸己、行远自迩等，都说的是“行”的重要性。《易经》上说的“乾以易知，坤以简能”，则把简易性、实用性认定为天地本性。另外，简易性、普适性这两个本体特征的存在，也为防止灵活性的滥用设定了一个“防火墙”，从而使中庸成为一个能够自我调节的功能系统。

另外，“趣读”也是一种纵横式阅读、拓展式阅读，是个性化阅读的自然延伸。我们知道，回到对象本身是任何一种学术研究的前提与基础，而对《论语》这一经典文本的读解尤其应该遵循这一重要原则。学界一般认为，在《论语》注疏的各类著作中，杨树达先生的《论语疏证》极具价值，因为他创设了一种“以《论》解《论》”“以孔解孔”，并取群经诸子及“四史”与《论语》互证的读解方式，陈寅恪先生认为此法“乃自来诂释《论语》者所未有，诚可为治经者辟一新途径，树一新楷模也”。所谓拓展式阅读就明显受到了杨树达先生的启示。本书中曾提到，对经典字义的疏解应回到历史现场，还原其赖以生成的历史文化语境，要把小文本置于大文本之中。所谓大文本，除相对于某章某节而言的《论语》这个大文本之外，还应将《尚书》《左传》《诗经》等历史文化文本都计算在内。本书的第四章“探访春秋政要，领悟孔子智慧”，就是拓展式阅读的典型尝试。我认为，这种尝试是成功的。比如，孔子回答几个国君问政的几章，都是极为简短的哑谜式的文本，语义含混，极易产生歧见歧解。这些哑谜的谜底何在？如何识破其中的玄机？仅在《论语》的字句中绕圈子是无法找到答案的，这就要回到历史现场，回到对话者所生活的那个时代和语境中去。《尚书》《左传》《诗经》等历史文献恰恰就有这样的记录。正是通过对这样的原始记录的读解，本书可能给出了更接近历史真相的答案。比如，孔子对齐景公问政的回答，是极为简略的八个字，即“君君，臣臣，父父，子子”，这样简短的回答为阐释留下了向多方伸展的空间。齐景公就首先给出了一个解读，他把责任推给了臣下，关心的只是自己的安富尊荣。本书则结合当时齐国政治现状以及孔子对其他政要问政的回答，提示出这八个字的精义应包含“政者，正也”（即为政者首先要端正自己，然后才能正人）和“君使臣以礼，臣事君以忠”的双重思想。再如，鲁哀公问："何为则民服？"孔子答："举直错诸枉，则民服。"这里虽然都用了一个"服"字，但取义绝不相同。世连结合《左传》对哀公的记载及孔子的仁政思想，提出"力服"与"心服"的不同意义指向，读来也是令人信服的。在《子见南子：一个礼仪小品的多样读解》中，世连甚至作出了这样一个大胆的猜测：《论语·季氏》篇最后一章关于"邦君之妻"的名词解释，其实可能就是对"子见南子"的夫子自答。结合《史记》等历史文本对此事的记载，我认为，这个猜测是成立的。当然，这部分的读解论断未必都准确，但其在方法论方面的启示意义是不容轻视的。

"深入争鸣现场，探秘大道创化"这部分内容，是从孔子思想的生成与发展的角度读解《论语》的。世连认为，孔子学派人员如此众多，意见当然不可能完全一致，这一学派也是一个小型的百家争鸣的学术平台，因此，对孔子的研究还可以有另外的方向，即从学派内部思想的对立、互补及互相启示、激励、照亮的角度，探讨理论的生成及发展。其实，这正是对拓展式阅读的深化。应该说，这一思路极富创造性，但也显得极为冒险。对于一些语境相对明确、完整的文本来说，还原学术争鸣或讨论的现场可能并不太难，但对于那些碎片式文本来说，要还原语境确实很难，因为仅时间秩序的确定就是一件大事，但如果时间不确定，所谓生成、发展就是空谈。世连知道这个困难，但他还是怀着大胆假设、小心求证的勇气，开始了自己的探秘之旅，并取得了可喜的成绩。比如，本书对孔子与宰予之间几次争论的深入读解，就为孔子仁学思想的生成提供了一些新的思想资料；对孔子与子张之间几次关于为政问题的讨论的读解，为孔子仁政思想的形成启示了新的思维方向。再如，樊迟几次问仁、子贡几次问恕，时间虽然难以确定，但从孔子之答的简与繁、浅与深也可以看出其思想发展的大体脉络。所以，我认为虽然本书中一些具体的结论可能还要商榷，但其提供的新的读解向度和理论勇气是值得称赞的。

近几年，我国兴起一股国学热，《论语》等自然成了研读的热门著作。但由于这股热潮与商业利益纠缠太多，热闹的表面总是掩不住背后的衰落与冷清。世连在本书中不煽情，不卖弄，不凑热闹，只是老老实实地谈论自己的阅读心得，提出自己感到困惑的问题，无论是专门的研究学者，还是普通的读者，都会从这样的读解中读出乐趣，读出启示，从而把这样的读解当作朋友，并愿意与之对话。

目录

第一章　走近孔子，感悟圣贤气象

第二章　对话孔子，体悟夫子之道

第三章　拜会孔门弟子，领略君子品格

第一章
走近孔子，感悟圣贤气象

《论语》趣读一

诗人孔子

孔子教学，以诗开篇；孔子讲课，也喜欢以诗说事。这不仅出于职业需要，更缘自个人性情。孔子就是个诗人。

何谓“诗人”？笔者认为必须具备以下几个必要条件才可称为诗人。

一曰有诗心，即有一颗大爱之心。他必须是理想主义者，望足下，也望天空；爱自己，也爱天下苍生。这点对于孔子来说没有问题。孔子思想的核心之一是“仁”，而对“仁”最为简洁的解释就是“仁者爱人”。为此，他把人人相爱的大同世界作为他的社会理想，把为仁、成仁作为他的人格理想。这些理想都是引领人不断前进的永恒的地平线、指明灯，取得了中华民族的认同，成了千百年来无数仁人志士、诗人词客的精神内核。

二曰有诗感，即有敏锐、高超的感受力、领悟力、想象力，综合而言是一种理性和感性交融的直觉审美能力。说孔子有诗感，很多人会不认同，在此，笔者建议他们先读一读《论语·乡党》篇。很多人认为这一篇很无聊，但细读下来你会觉得很有趣。这一篇详细介绍了孔子在吃、穿、住、行以及言行举止方面的诸多细节，可以看出他在这些方面都极讲究，很有生活情趣，且极富审美能力。另外，“逝者如斯夫！不舍昼夜”“岁寒，然后知松柏之后凋也”等孔子对生活、自然的直观感受更是成了千古名句，这其实也是诗。而在《论语·学而》和《论语·八佾》这两篇中，孔子与子贡、子夏谈论诗的对话更可看作关于诗的高层次谈话。

三曰有诗才，即驾驭语言的能力。孔子的话短而精，是具有诗性的。《论语》虽然不像《老子》般多为韵文，但也大多诗意盎然，多为一些格言警句、无韵之诗，这可以看出孔子是有诗才的。

四曰有诗作。孔子说自己是“述而不作”。但是他写过、作过、吟过诗吗？回答应是肯定的，只不过他不像专业诗人那样多产罢了——古代专业诗人其实少之又少，而孔子时代更是没有专业的诗人，当时写诗尚未成为文人墨客的一项人生事业，即使在孔子之前就已经有许多优秀诗作流传于世了，《诗经》就是最好的例子。

《史记·孔子世家》中记载了孔子的几首诗（最少有三首）。

比如，季桓子受齐女乐，孔子离开鲁国，师已送，孔子曰："吾歌可夫？"歌曰：

"彼妇之口，可以出走；彼妇之谒，可以死败。盖优哉游哉，维以卒岁！"

再如，孔子不得用于卫，将西见赵简子，至于河而闻窦鸣犊、舜华被赵简子所杀，乃临河而叹曰：

"美哉水，洋洋乎！丘之不济此，命也夫！"

另如，孔子闻子路死，大病，子贡请见，孔子大发感慨，且歌曰：

"太山坏乎！梁柱摧乎！哲人萎乎！"

因以涕下，后七日，孔子卒。

这些歌或叹，大都在感情最强烈时而发，这其实就是诗。司马迁的一篇人物传记竟引孔子多首诗，可以想见孔子平时所作之诗还要更多。

其实，《论语》中的一些章节皆可作诗读。

子曰："学而时习之，不亦说乎？有朋自远方来，不亦乐乎？人不知而不愠，不亦君子乎？"（《论语·学而》）

子曰："为政以德，譬如北辰，居其所而众星共之。"（《论语·为政》）

子曰："人而无信，不知其可也。大车无輗，小车无軏，其何以行之哉？"（《论语·为政》）

子曰："质胜文则野，文胜质则史，文质彬彬，然后君子。"（《论语·雍也》）

子曰："知者乐水，仁者乐山；知者动，仁者静；知者乐，仁者寿。"（《论语·雍也》）

子曰："饭疏食，饮水，曲肱而枕之，乐亦在其中矣！不义而富且贵，于我如浮云。"（《论语·述而》）

子曰："大哉！尧之为君也！巍巍乎！唯天为大，唯尧则之。荡荡乎！民无能名焉。巍巍乎！其有成功也！焕乎！其有文章！"（《论语·泰伯》）

子曰："譬如为山，未成一篑，止，吾止也！譬如平地，虽覆一篑，进，吾往也！"(《论语·子罕》)

这些章节感情充沛、意蕴深厚、比兴用事、音节和谐、诗意盎然，应是他所处的那个时代的好诗。与《诗经》中的一些诗相比，你会感到孔子的这些篇章只是不像《诗经》中的诗那样分行书写且在结构上采用重章叠句而已，但其立意是高深的，情思是深厚的，为后世之人所津津乐道。

有人会说，孔子的这些篇章虽然也比兴用事、略有诗意，但说是诗，仍欠妥当，因为大多属于情之直抒，意之直说，离诗还远。这样说虽也有些道理，却忽略了一个基本原则，那就是历史原则。我们不能超越历史，以现代人的诗歌观念作标准来评判孔子的诗歌，而要将其放到当时的历史语境中看待才更为妥当。

从中国诗歌史的角度看，春秋时期的诗，是质胜于文，或者说是情趣胜于意象。经过近千年的发展，到了汉魏时期，才达到情趣与意象的完美融合。比如，《诗经》中的大多数诗，在开头做比兴引导之后，即是直说。诸如："螽斯羽，诜诜兮。宜尔子孙，振振兮。"(《螽斯》)，"桃之夭夭，灼灼其华。之子于归，宜其室家。"(《桃夭》)和"麟之趾，振振公子。于嗟麟兮！"(《麟之趾》)①。这类诗牍不可胜数，但是为什么会作为千古名篇留传下来了呢？原因无他，只因这些诗代表了时代心声，且达到了当时最高的艺术水平。今天作为案头文学来说，可能觉得不那么丰满，可是当时的诗是与歌舞连在一起的，载歌载舞，歌之舞之，有身体语言加进来，诗的形象就更丰满了，情趣就更生动了。孔子的一些篇章如果被加之以管弦，伴之以歌舞，也会有同样的效果。

如果把《论语》中的一些篇章也看作孔子的诗歌的话，人们还会发现孔子在诗歌发展上的一些创造性贡献。比如，后世独立发展的哲理诗、咏史诗、怀人诗，孔子诗歌其实早已开了先例。

《论语》中有许多孔子论诗的篇章，近几年的研究还发现了这些篇章

① 周振甫译注的《诗经译注》中将这几首诗译成这样：
螽儿的翅膀，发出沙沙响。应该您的子孙，多得无可量。(《螽斯》)
桃树年轻枝正好，花开红红开得妙。这个姑娘来出嫁，适宜恰好成了家。(《桃夭》)
不踏生物的麟脚趾，好比仁厚的公子。值得赞美的麟啊！(《麟之趾》)

具有很高的学术价值。这一切说明，从诗歌、诗人角度切入，也应是走近孔子的重要途径。

《论语》趣读二

孔子教育：从“钱学森之问”谈起

“为什么我们的学校总是培养不出杰出的人才？”这是著名的“钱学森之问”。

笔者想，钱学森在提出此问时，是有所参照的。一是参照了西方教育，西方出现了许多诺贝尔奖获得者和引领世界潮流的大师；二是参照了我国二十世纪三四十年代的教育，那个时代涌现出了许多科学技术以及思想文化界的台柱人物。因此，求解时，人们也多从以上两个参照出发。

笔者认为，除了上述两个参照之外，还应有第三个参照，即我国的古代教育，特别是孔子教育。

人们都知道，孔子是著名的教育家，是老师中的老师，先生中的先生。有“孔门弟子三千，贤者七十二”这样一种说法，那么，这七十二个贤者所指的应该是大家了。比如，“孔门十哲”中的颜回、冉雍、子贡、子路等人自然不在话下，他们都是深深影响着后世的学者、政治家、外交家，就连不在“孔子十哲”之列的几个孔门弟子，也是好生了得，按现在的标准看，也都是大师级别之人。如当时孔子认为有些“鲁”的曾参、不太出众的有若、好挨孔子批评的子张，等等，都为孔子思想的发扬光大做出了极大的贡献。

如果承认孔子也教出了许多大师，那么破解“钱学森之问”就应到孔子教育那里去找一找答案，寻一寻启示。

孔门之所以人才济济，与其独特的教育方式分不开，其中有几点是当代教育所不及或所缺乏的，而这几点就有可能是破解“钱学森之问”的钥匙。

一、以人为本的人文主义教育理念

孔子教育在于培养个体独立的健全人格，使人得以自由、健康、全面地发展。对于这一点，孔子当然不会用现代语言明确表述，但稍作梳理、解释，还是很清晰的。比如，“子以四教：文、行、忠、信”，其教学内容包括历史文献、生活实践、待人忠诚、讲究信用四个方面；孔子经常教育学生要学做智者、仁者、勇者，关注的是人的全面发展，尤其是培养个体健全的人格；孔子明确指出“君子不器”，关于这个“器”字，历来注释几乎一致，即供人们使用、驱使，而自己却毫无生命，更没有主动性、创造性的器皿，他教育学生不能像器皿一样只有单方面的用途，应注重全方面的发展。

反思我们的教育，过去一直存在着教育片面化、工具化的现象。长期以来，人们习惯于以外在于个体的某种对象或理念做教育目的，而不是关注健全的个体，有人甚至更进一步将这种教育比喻为齿轮、螺丝钉，是一块想往哪搬就往哪搬的砖。虽然现在也大力提倡全面发展，但由于经济发展不均衡等原因，想要真正达到目标，尚任重道远。我们必须认识到，对于那些缺乏甚至丧失了个体主动性、历史主动性的受教育者，想叫他有所发明、有所创造，那真是缘木求鱼了。

二、充分尊重个体独立性、特殊性的个性化教育原则

孔子的教育理论中有两个为中国教育工作者所熟知的关键词：因材施教和启发式教学。

因材施教，即充分尊重个体特有的禀赋、潜能、性格、爱好的针对性教育。这充分体现在孔子对同一问题的不同解答中。比如，不少弟子都问过仁，问过礼，问过政，问过孝，问过君子，但由于弟子的出身、地位、性格、爱好不同，孔子给予了不同的解答。针对这个看似难以理解的现象，注释者们都给出了一致的解释，即“因材施教”。孔子自己也曾经做出过这样的解释。比如，子路和冉有都问过“闻斯行诸？”这一问题。

子路问：“闻斯行诸？”子曰：“有父兄在，如之何其闻斯行之？”

冉有问："闻斯行诸？"子曰："闻斯行之！"

公西华曰："由也问：'闻斯行诸？'子曰：'有父兄在。'求也问：'闻斯行诸？'子曰：'闻斯行之！'赤也惑，敢问。"子曰："求也退，故进之；由也兼人，故退之。"(《论语·先进》)

这不同的回答中有真理，有关爱，有劝诫，有激励，因人而答，效果更好。

启发式教学，最经典的表述是"不愤不启，不悱不发；举一隅不以三隅反，则不复也"，注重的是个人的思考、领悟。这种教学方式必须在学习者心有所思，有所困，有所感，有所疑后，再给予适当引导、点拨、启示。这样的"教"是有针对性的教，要言不烦，教到了心坎里、点子上。这样的"学"是"我要学"，求知欲高，主动性强，能真正学到心里并能举一反三。

举例来说，冉有对孔子是否赞成卫君的做法有疑问，子贡便去问孔子，子贡不好明说，便绕了个弯子，孔子相机而答，于是《论语》中才有了这样一段有趣的对话。

冉有曰："夫子为卫君乎？"子贡曰："诺。吾将问之。"

入，曰："伯夷、叔齐何人也？"曰："古之贤人也。"曰："怨乎？"曰："求仁而得仁，又何怨！"

出，曰："夫子不为也。"(《论语·述而》)

这一回答告诉了学生做人做事的原则问题，学生若能举一反三，将大有收益。

人们大都知道孔子学而不厌，诲人不倦，但何谓"诲人不倦"，却知之者甚少。有不少人甚至认为就是不知疲倦地教育人，哪怕是反反复复、喋喋不休的灌输式、填鸭式教学也都被认为是诲人不倦，而这恰恰是有悖于孔子的教育思想的。孔子的教育思想是要通过启发来激发学生学习的主动性、积极性，而不是用喋喋不休的灌输把学生的学习兴趣消磨殆尽。

反思我们的教育，其中有不少有悖于上述教育思想的事。比如，一些地方在教学中过度强调集中、统一，强调灌输、死记硬背，使得原本是检验教学效果的考试，成了消灭学生个性的手段。

三、强调慎思审问、质疑问难、独立思考的自由民主学风

因在教育目的上强调人的全面发展、个体健全人格的养成，故孔子在教学上倡导独立思考、慎思审问。《论语》中“学而不思则罔，思而不学则殆”“博学而笃志，切问而近思，仁在其中矣”等，是对这种教育观念的强调和对这种教学实践的记录，尤其令人难忘的是孔子及其弟子质疑问难的故事。中国人强调：学问，学问，学始于问，问促进学。孔子更是善问善学的大学问家。“子入太庙，每事问。或曰：‘孰谓鄹人之子知礼乎？入太庙，每事问。’子闻之曰：‘是礼也。’”孔门弟子更是在孔子的影响下形成了好问、勤问、善问之风。《论语》中有弟子向老师连发多问的，真可谓穷追不舍、打破砂锅问到底了。

子贡问政。子曰：“足食，足兵，民信之矣。”

子贡曰：“必不得已而去，于斯三者何先？”曰：“去兵。”

子贡曰：“必不得已而去，于斯二者何先？”曰：“去食。自古皆有死，民无信不立。”（《论语·颜渊》）

——这是连发三问。

再如：

子贡问曰：“何如斯可谓之士矣？”子曰：“行己有耻，使于四方，不辱君命，可谓士矣。”

曰：“敢问其次。”曰：“宗族称孝焉，乡党称弟焉。”

曰：“敢问其次。”曰：“言必信，行必果，硁硁然小人哉！抑亦可以为次矣。”

曰：“今之从政者何如？”子曰：“噫！斗筲之人，何足算也！”（《论语·子路》）

——这就是连发四问了。

不仅如此，孔子还鼓励“当仁，不让于师”，学生可以自由地与老师争辩。比如，子路、冉有、宰我、子张都可以说是敢当面顶撞老师的“刺头”。子路敢当面批评孔子“迂”，孔子则回敬子路“野”；宰我更是好提一些刁钻古怪的问题，似乎在追问真理的边界，他与孔子有关“井有仁焉”及“三年之丧”的争论，都是很有趣且具有冲突性的。而这些“刺

头”，最终都成了政治或外交方面的大家。

反思我们的教育，似乎与这种独立自由的学风相悖，乖乖听话的学生更受老师的欢迎。听话，成了好学生的标准。进入市场化时代后，学生更是有着做不完的习题，听不完的辅导，一切按标准答案作答，独立思考的空间都被挤压殆尽了。

好在如此这般的教育弊病，已经受到社会各界的关注，但是想要真正形成好的教育风气，还需要更多人的努力。

但愿，孔子的教育思想能引起人们的注意，为“大师梦”的实现多添一把力。

《论语》趣读三

幽默孔子

在一般人的心中，孔子是一个严肃有余而活泼不足、整天板着面孔而幽默感很少的人。笔者的家乡兖州曾与孔子的家乡曲阜合为一县，也算得上是孔孟之乡，而当地的百姓也对孔子这个老乡有着误解。其实，孔子是很宽和，也很有幽默感的人。对孔子的误解可能首先来自对幽默的误解。幽默不是什么高深莫测的稀有元素，说白了，不过是一种智慧，一种达观，一种洞察。因智慧而能看透世界、人生、命运，故有一份坦然；因达观而能以乐观的态度看待世界、人生、命运，甚至能与命运开玩笑；因洞察而能看透常识后的荒谬、严肃后的滑稽。当这种智慧、达观、洞察与愚昧、小心眼、偏见或短视一对话，一较量，便于二者的落差中现出幽默。

二十世纪三十年代，林语堂办《论语》杂志，提倡幽默，就拉孔子作旗帜。他认为，孔子的两部大作——《春秋》可以匡正世道人心，挽狂澜于既倒，跻国家于太平，让乱臣贼子恐怖；《论语》实是老夫子的幽默之作："孔子是一怀才不遇者，怀才不遇而不慷慨悲歌，此乃孔子幽默之最特别处及出发处。"

怀才不遇而不慷慨悲歌，有点自安自慰而又自嘲自乐的意味，但也是幽默的一种。不过笔者觉得孔子的幽默并非如此简单。孔子是一个智者，一个乐观主义者，一个意志坚定、目标远大的理想主义者，他的幽默，实是对世事的洞察，对命运的达观。

不必到处去寻找证据，打开《论语》，这样的幽默就随处可见。

子曰："不曰'如之何、如之何'者，吾末如之何也已矣。"（《论语·卫灵公》）

译成白话就是，孔子说："不念叨'怎么办、怎么办'的人，我不知道该怎么办了啊！"在这里，他用了同语反复的话语策略，讽刺了那些遇事不动脑，缺乏主动性的人，读来就很有趣。

对他的那些高徒，他总是奖掖有加，但如果他们有错，他也总能坦诚地指出来，在他善意的批评中也藏着幽默。如对冉有，孔子多次夸奖他多才多艺，有从政才能，但对他的毛病也多次给予充满善意而又严厉的批评。《论语·先进》篇记有这样一件事：季氏比周公还富有，而冉有还为他聚集民财，增加他的财富。孔子道："冉有不是和我们志同道合的人，你们可以大张旗鼓地来声讨他。"[①] 这批评应该说是很严厉的，但细品文句，于"鸣鼓而攻之"这样大词小用的语言风格来看，这批评中无疑也包含着一种恨铁不成钢的爱，这爱与恨的交织便也有一份幽默在。

弟子们描绘孔子"子温而厉，威而不猛，恭而安"，笔者以为这不应是一种静态的定格，而是一种动态的印象，因为"温"与"厉"常常是可以进行转换的。但千变万化之中，孔子的仁爱之心、诲人之意没有变，所以这种转换往往会化作轻松的调侃、善意的玩笑。更多时候，孔子对弟子的教诲显示的是既温且厉的生动活泼的情态。比如，以下一些生活片段，就可以视作孔子与弟子之间的相声小段。

子曰："道不行，乘桴浮于海。从我者，其由与？"子路闻之喜。子

① 季氏富于周公，而求也为之聚敛而附益之。子曰："非吾徒也，小子鸣鼓而攻之，可也！"（《论语·先进》）

曰："由也，好勇过我，无所取材。"（《论语·公冶长》）

子曰："衣敝缊袍，与衣狐貉者立，而不耻者，其由也与！'不忮不求，何用不臧？'"子路终身诵之。子曰："是道也，何足以臧？"（《论语·子罕》）

子之武城，闻弦歌之声。夫子莞尔而笑曰："割鸡焉用牛刀？"

子游对曰："昔者偃也闻诸夫子曰：'君子学道则爱人，小人学道则易使也。'"

子曰："二三子！偃之言是也。前言戏之耳！"（《论语·阳货》）

孔子与子游的对话明确用了个"戏"字，即以轻松的调侃对子游的政绩给予了热情的肯定。可惜子游那时还太年轻，不懂夫子的玩笑，弄得孔子连忙道歉。子路是孔子的学生，两人也可以说是忘年之交，所以他们之间的对话多似轻松幽默的相声小段。比如，"道不行"一章与"衣敝缊袍"一章，孔子先是表扬子路的优点，子路马上高兴得不知所以，翘起了"尾巴"，这时孔子则适当给予嘲笑，给予批评，从而让子路冷静下来。这调侃中的温情让人感动。更令人感动的是，如果有人不理解孔子的玩笑，误解子路时，孔子也会马上为子路解围。比如，有一天，子路大概想显摆一下自己的技艺，到孔子门前鼓瑟，被孔子说了几句，有人就不尊敬子路了，孔子则解释说，子路的技艺也到了相当的高度："由也升堂矣，未入于室也。"这样一反转，嘲讽的对象就转向了那些见人下菜的人①。

颜回在孔门中德行甚高，孔子对颜回表扬有加，这两个人也时常开开玩笑。如"子畏于匡"一章中，记录的就是师生间面临生死考验时的一场对话。

子畏于匡，颜渊后。子曰："吾以女为死矣。"曰："子在，回何敢死？"（《论语·先进》）

对这一章，不少人从发掘圣贤的微言大义出发，解释为这是颜回向孔子表忠心，"夫子在，我不敢先死、轻死；如果夫子死，我会勇斗而

---

① 子曰："由之瑟，奚为于丘之门？"门人不敬子路。子曰："由也升堂矣，未入于室也。"（《论语·先进》

死”。但更多的人还是从人情事理处细揣文意，认为这是一种惊喜之辞，师生于患难之际，离而复合，都很高兴，于是，这份惊喜脱口而出。“吾以女为死矣”实际就是“我真担心你死了，急死我了”的意思。“回何敢死”实是“夫子命大，死不了，我也跟着沾光，死不了”的意思。从这种玩笑中可以看出这两位大儒直面死亡，甚至敢以生死开玩笑的圣贤气度。

孔子与他那些少年时代的伙伴，那些老朋友在一起时更是谈笑风生，放得很开，话便也说得更为幽默。比如，孔子有一个叫原壤的老朋友，是一个不拘礼节的人，原壤的母亲死了，孔子去帮他料理丧事，他却站在棺材上唱起了歌。到了老年，他还要挑战孔子，有一次就故意两腿叉开蹲坐在地上等待孔子，孔子就说他：“你小时候不懂礼节，长大了毫无贡献，老了还不快死，这真是个祸害！”说完，用手杖敲了敲他的小腿[①]。这与当今一些相知甚深的老朋友见了面总要笑骂几句“老不死的”差不多，只不过孔子说得文雅些罢了，而恰恰是在这野话与雅话、粗话与细话的交织中现出了幽默。

《论语·子罕》中记载了这样一件事。“‘唐棣之华，偏其反而。岂不尔思？室是远而。’子曰：‘未之思也，夫何远之有？’”前面是古代的一首诗，意思是“唐棣树的花，翩翩地摇摆。哪里是我不想念你啊？你家实在是太远了”。后面是孔子对这首诗的评论，意思是：“你是不想念呀，真的想念，有什么远的呢？”因为孔子说过：“仁远乎哉？我欲仁，斯仁至矣！”虽然，历来注家都认为孔子在这里说的是学道或求仁的事，但是联系当时的时代语境，今人也可以做出一种人性化解读。像“唐棣之华”这样的诗，无疑是首情诗，据说被孔子删改后的《诗经》中，这样的情诗还留有不少，如《郑风·褰裳》就这样说：“子惠思我，褰裳涉溱。子不思我，岂无他人？”这首诗就比“唐棣之华”说得更大胆，更直白。孔子是熟悉这样的诗的，所以他才会批评“唐棣之华”中的主人公的忸怩和矫情。你看，孔子的批评话语简直就和《郑风·褰裳》是一个腔调，话不仅

① 原壤夷俟。子曰：“幼而不孙弟，长而无述焉，老而不死，是为贼！”以杖叩其胫。(《论语·宪问》)

俏皮，也更具人情味，这老头也显得更可爱了不是？

不少人给孔子戴高帽，说他是天纵之圣、多才多艺等，孔子总是一笑置之，轻松推辞掉。这样的“辞帽”章节也多是幽默美文。

达巷党人曰：“大哉孔子！博学而无所成名。”子闻之，谓门弟子曰：“吾何执？执御乎？执射乎？吾执御矣。”（《论语·子罕》）

太宰问于子贡曰：“夫子圣者与？何其多能也？”子贡曰：“固天纵之将圣，又多能也。”

子闻之，曰：“太宰知我乎！吾少也贱，故多能鄙事。君子多乎哉？不多也。”（《论语·子罕》）

叶公问孔子于子路，子路不对。子曰：“女奚不曰：其为人也，发愤忘食，乐以忘忧，不知老之将至云尔。”（《论语·述而》）

对这类美文，不必多做解释，读者只要细心阅读，都会会心一笑。

自古智者多幽默，达者多幽默，圣贤亦幽默，此即圣贤气度。

《论语》趣读四

孔子为何“与点”？

“子路、曾皙、冉有、公西华侍坐”章是《论语》中极为重要的一章，这一章是孔子教学方式及孔子早期思想最为生动的展示，很为阅读者所重视。在这一章中，孔子与弟子言志，子路、冉有、公西华谈的都是治国理政的政治理想，孔子分别加以点评。后来孔子点名曾皙（曾皙，名点）发言，曾皙出语不凡。

鼓瑟希，铿尔，舍瑟而作。对曰：“异乎三子者之撰！”

子曰：“何伤乎？亦各言其志也。”

曰：“莫春者，春服既成，冠者五六人，童子六七人，浴乎沂，风乎

舞雩，咏而归。”夫子喟然叹曰：“吾与点也。”（《论语·先进》）

世上多的是“诺诺之人”，少的是“谔谔之士”。当年子路鼓瑟，受到孔子批评，于是有人不敬子路，孔子又表扬了一下子路，才算把这局面扳回来。这次，孔子明确表示“吾与点也”，孔门弟子的反应如何，没有记录，但后儒的注释都是一片顺同之声，即都是“与点”之声，且对为什么“与点”，“与”在何处，等等，说出了千百种理由。可惜的是，孔子已经无言，不可能为他的话“正名”，就一任这“与点”论流行了两千多年。

孔子为什么“与点”？“与”的什么？众说纷纭。大致是说曾皙乐道知时，且乐的是王道，是天理流行的大化之道。与此相比，子路、冉有、公西华这三人不过是逞才使气，言的是事之末者，如果说有什么志的话，也不过志在诸侯。对曾点夸得最厉害的是朱熹，他说：“曾点之学，盖有以见夫人欲尽处，天理流行，随处充满，无少欠阙。故其动静之际，从容如此。而其言志，则又不过即其所居之位，乐其日用之常，初无舍己为人之意。而其胸次悠然，直与天地万物上下同流，各得其所之妙，隐然自见于言外。视三子之规规于事为之末者，其气象不侔矣，故夫子叹息而深许之。”

然而，朱熹晚年自觉此话说得太过分，颇有后悔之意：“易箦之前，悔不改浴沂注一章，留为后学病根。”何谓“后学病根”？一是为后学诟病；二是让后学跟着讲，错上加错。

后学为什么会诟病朱熹此注？根本原因在于此话与事实不合，是典型的不实之词、谀美之词，是大言、空言、病言。

首先，曾皙之行与此等高帽不合。宋人郑汝谐就说过“皙之失在狂，未必尽窥圣人堂奥”，只是因“其所养与三子绝异，是以深许之”。同是宋人的蔡节虽也说曾皙“以道自乐”，但也指出“皙之志虽大，而行有不掩焉耳”。说到底，曾皙所志乃是一种道家所推崇的重视个体自由的审美人生。儒、道虽互补，但根本价值取向是不同的。要说孔子也同曾皙一样也是这种价值观，显然是对孔子的误解。

另据《孟子》一书所说，曾皙因重个人自由，可称得上是一个美食家，每饭必有酒有肉，还喜食羊枣。但他对子女却算不上慈父，曾参锄瓜，误伤了瓜苗，曾皙即大打出手，连孔子都看不下去，教育曾参应“小杖则受，大杖则走”。看来他并非什么“胸次悠然”。

其次，子路、冉有、公西华这三子之志也不是什么“事为之末者”，恰恰该是孔子一贯倡导的“修齐治平”的仁爱之道、大同之道。在这次言志活动后不久又举行的一次言志活动中，孔子说他的志向是“老者安之，朋友信之，少者怀之”。正因如此，子路、冉有、公西华这三子之志，孔子也是“与”过的。比如，他回答“孟武伯之问”时，就明确肯定过由（子路）、求（冉有）、赤（公西华）的政治才能。同样的原因，孔子夸奖过颜回，夸奖过冉雍，夸奖过闵子骞，夸奖过宓子贱，夸奖过南容。孔子所“与”之人多矣，为什么就说“与点”才代表孔子的志向？况且，子路、冉有、颜回、冉雍、闵子骞都名列“孔门十哲”，并无曾皙，为什么仅说曾皙气象独高？

但是，孔子毕竟又是“与”过“点”了，这也是事实。孔子为什么要“与点”？“与”的是什么？我认为还原语境方可得孔子真意。此次子路、曾皙、冉有、公西华与孔子的言志活动发生于孔子即仕而未仕时期，从发言中可以看出，他的几个弟子正汲汲于仕，正在准备“热身”活动。此时，孔子修道多年，教学多年，德高而无位，行道而无门；一门高才弟子也是有才而无处用，有力而无处使，孔子可以说一腔郁闷，听了弟子们的发言才会喟然而叹。叹的是怀才不遇，叹的是理想无处安放。这叹中有怨，但有怨又不好说，因为他是主张“不怨天，不尤人”的，他认为无怨才是真君子。但这郁闷之气又需要释放，所以他借着曾皙的话，发了句牢骚。所以，这“吾与点也”的真正意思、潜在语言应该就是“对功名事业，不妨像曾皙那样，看开点，看淡点——如果这世界真的无处安放我的理想，我就只好像曾皙那样优游山水、享受人生了”。

有人会说，你这是胡猜吧？不是，类似的牢骚，孔子发过很多次。比如，他曾对子路说：“道不行，乘桴浮于海。”他还对更多的学生说过“欲居九夷”。这“浮于海”与“居九夷”都不过是曾皙悠游山水的另一种说法，只不过孔子说得远，曾皙说得近；孔子说得更朴实，曾皙说得更具诗意而已。

人同此心，心同此理。孔子这样的遭遇在历史上上演过很多次，中国知识分子大都喜欢如孔子一样来面对自己的处境，排遣个人的心事，说得好听点，叫“达则兼济天下，穷则独善其身”，而真实情况则是“达则仕，穷则隐”。怀才不遇或被朝廷放逐时，都会发类似的牢骚。这类牢骚，在杜甫、苏轼、辛弃疾的诗词中多有所见，然而，你要说这就是杜甫、苏轼、辛弃疾与孔子的真实想法，那就大错特错了。

如此看来，孔子之叹也可以说是中国知识分子的千年之叹、万年之叹。这一叹，从源头上模塑了中国知识分子的感情模式、行为模式。

为了调和孔子之叹与孔子之“与”之间的矛盾，历来注家也是费尽了心思。在李零所著的《丧家狗：我读〈论语〉》中就曾引清代张履祥所说，认为四子之志是讲治道先后。李泽厚认为张履祥说的有意思，但牵强；李零则认为张履祥说有道理，且为之作了进一步发挥，这一发挥就发挥了一大通奇文。

子路讲的是“不挨打”，属于“强兵”，是最大最大的硬道理；冉有讲的是“不挨饿”，属于“富国”，也是硬道理。他们都没提到“礼”。公西华讲的是“礼”，而且是富起来才有的“礼”。古人说“仓廪实则知礼节，衣食足则知荣辱”。解决温饱，才能讲礼貌。道德文明建设是软道理。曾皙的道理更软，干脆是享受生活：享受和平，享受富裕，享受文明。它们是建筑在前三位的理想之上：和平是靠子路之志，富裕是靠冉有之志，文明是靠公西华之志。没有和平、富裕和文明，曾皙就逍遥不起来。曾皙的回答本来只是随口一说，但孔子听了，另有想法。他把四子之志，看成互相补充。他欣赏曾皙之志，主要是因为，前面三位讲治国，最后要落实到个人幸福，这是目标性的东西。但他欣赏曾皙之志，并不是否定子路等人，因为过程也很重要。（李零：《丧家狗：我读〈论语〉》）

这一说法确实有道理，但道理恐怕只是李零的，不是孔子的。四子不过各自按照自己的心性才情，随机应答。孔子也是因景生情，偶发感慨，也无那么多心机。如果按李零所说那么板眼固定、内涵精妙，孔子及其弟子的性情、生气就阉割殆尽了，《论语》读来就会死气沉沉，不再那么生机勃勃、灵气飞动了。所以，笔者想补充的是，孔子是人，不是神；孔子是春秋时期的人，不是现代人。很多人不把孔子看作人而看作神，汉儒、宋儒拼命把孔子往神上拉，把孔子的话都讲得“高大上”，从而抹杀了孔子的真性情、真面目，这不好。但把孔子拉来为现代人“打工”，也不好。

《论语》趣读五

孔子主张愚民吗?

孔子主张愚民吗？这是个基本上已有公论的问题，本来没有再讨论的必要。但这个问题往往与专制还是民主的问题联系在一起，互联网的发达使我们经常与这些问题相遇，所以再讨论一下也不算为过。

孔子不主张愚民，相反，他主张开民智、顺民意，是因民之利而施政的“明民”派。只要深入、系统地研读一下《论语》，就会得出上述结论。比如，就政治理想来说，孔子向往的是尧舜时代的禅让制，民主推选部落首长。夏、商、周三代虽然都是“家天下”的世袭制，但孔子认为大都能选贤任能，离尧舜时代未远。

他是反对君主专制的。有一次，鲁定公问孔子：“一句话就可以使国家灭亡，有这样的话吗？”孔子回答他说：“言语不可能像这样起作用。跟这近似的情况是，人们常说：‘作为君主我没有什么快乐的，只有一点，就是无论我说什么话都没有人违抗我。’如果说的话正确而没人违抗他，不也是很好的吗？如果说的话不正确而没有人违抗他，不是接近于一句话就会使国家丧亡吗？”[①]“其言而莫予违”就是典型的君主专制，孔子认为这样做就会亡国。虽然后来的专制者都以孔子的言论为自己辩护，但孔子不

① 曰：“一言而丧邦，有诸？”

孔子对曰：“言不可以若是。其几也，人之言曰：‘予无乐乎为君。唯其言而莫予违也。’如其善而莫之违也，不亦善乎！如不善而莫之违也，不几乎一言而丧邦乎！”（《论语·子路》）

应该担负这个责任。

孔子是主张开民智的。初次入卫，他看到卫国人口众多，就说“庶矣”。冉有问，人多以后怎么办？孔子答以“富之”。冉有又问富裕以后怎么办，孔子答以“教之”。他还多次说过让没有受过教育的民众作战，就是拿人民的生命当儿戏，如“不教而杀谓之虐”，等等。当然，这“教”是指教化，即以诗书礼乐、古圣先贤的大道去教育、引导民众，使他们能顺天应时、互助互爱。这样的“教”，虽然与五四时代提倡科学民主的启蒙不同，但同样具有开民智的性质与作用；这样的“教”与墨家主张的“尚同”不同，“尚同”即尚一，要求民众都以君主的是非为准，不允许有反对意见，在复杂的社会中，这种主张未免显得过于理想化了。

为了教化民众，孔子首开私人办学之风，打破了学在官府的旧制，“有教无类”使众多平民子弟也得到了受教育的机会。孔子门下弟子三千，贤者七十二，对中华文明的传承与发展做出了贡献。

为什么还会有人认定孔子主张愚民呢？这是因为《论语》古朴简洁的语言风格为这些人留下了口实。具体说来，主要是《论语》中这样一些话使人得出了孔子主张愚民的结论。

子曰：“民可使由之，不可使知之。”（《论语·泰伯》）

孔子曰：“天下有道，则礼乐征伐自天子出；天下无道，则礼乐征伐自诸侯出。自诸侯出，盖十世希不失矣；自大夫出，五世希不失矣；陪臣执国命，三世希不失矣。天下有道，则政不在大夫。天下有道，则庶人不议。”（《论语·季氏》）

天下有道无道，只是陈述一段历史事实，并不是孔子的政治主张，况且“有道不议”也意味着“无道则议”，很难单方面得出孔子主张愚民的结论。朱熹认为“庶人不议”是说“上无失政，则下无私议。非箝其口使不敢言也”，这话就很公正。康有为认为孔子这话与上古民主制所说的“谋及庶人”相矛盾，所以认定“庶人不议”的“不”字是衍文，这当然很武断。况且，“谋及庶人”在实际操作中，也是千差万别的。一些民主国家的“议会制”及一人一票的选举制度，也都是有条件、有限制的。

“民可使由之”一句，是应有上下文的，没有上下文，即脱离了具体的语境，“之”字就难以落实，所以会产生歧解歧见。如果以《论语》这个大文本作为“民可使由之”的上下文，这个“之”字的含义还是可以确定的。以“知”作谓语动词，可带的宾语很多，但以“由”作谓语动词，可带的宾语就很少了。“由”一般指经过，《论语》中“由”字的用法也大致如此，比如，“视其所以，观其所由，察其所安”“谁能出不由户？何莫由斯道也？”

有趣的是，“何莫由斯道”一章，是列在孔子“批评冉有行道不笃”章和“夸奖子游得人”章后面的。

冉有曰：“非不说子之道，力不足也。”子曰：“力不足者，中道而废。今女画。”（《论语·雍也》）

子游为武城宰。子曰：“女得人焉耳乎？”曰：“有澹台灭明者，行不由径。非公事，未尝至于偃之室也。”（《论语·雍也》）

由此看来，“由”字常搭配的宾语就是道或径，而径也是道。所以大多数注家都认为“由之”的“之”，即道。孔子谈的是“道”的适用问题——可以使老百姓遵照道而行，不可使他们通晓道的真谛。大道至精至微，不是人人都可知，也不必人人都知的，这正与孔子所说的“中人以上，可以语上也；中人以下，不可以语上也”的意思相同。这不过是揭示教育的一般性规律，与孔子是否支持愚民并无关系。相反，倒是西方某些强行向老百姓灌输“高大上”理论，渲染空洞玄虚的“民主自由”，却不对人民群众的生命财产安全负责的行为，在今天看来，才是真正的愚民。

康有为大搞托古改制，硬想把孔子装扮成一个现代民主派，但他没有领悟到，在“知”的问题上，也有大小、先后之分，人之精力有限，不必全知全能，所以觉得“民可使由之”的说法碍眼，便硬说断句错了，应断为“民可，使由之；不可，使知之”。这就更为武断了。《论语》中未查到“可”作为谓语动词表认可、允许等的例子，“可”普遍还是作能愿动词，与谓语动词配合使用，因而“可……不可（未可）……”之类的句式很常见。

子曰：“中人以上，可以语上也；中人以下，不可以语上也。”（《论语·雍也》）

子曰：“可与共学，未可与适道；可与适道，未可与立；可与立，未可与权。”（《论语·子罕》）

子曰：“君子不可小知而可大受也，小人不可大受而可小知也。”（《论

语·卫灵公》)

由此可见康氏断句法是没有道理的。

在中国历史上，如果说依持现代民主科学理论，主张全面西化，全面反传统文化的激进主义者认定孔子搞专制，搞愚民，其目的还在于推动中国传统的现代性转化的话，那些在百家争鸣中为了突出自家理论而故意抹黑他人学派的部分人的理论，倒是值得后人警惕。

最早诬说孔子愚民的，是被人认为是代表平民利益的墨家学派。冯友兰先生认为墨家实际上出自流为平民的军士，原来不过是统治者的爪牙。在墨子看来，国家的起源有二：一是来自民众，一是来自天意。所谓来自民众是因民各有其心，各有其义，一人一义，百人百义，天下必然大乱。为了消灭这种无政府状态，就要有一个绝对权威，这个权威就是君主，为民立君主也是天意。所以墨子主"尚同"，即都同于君主，"上之所是，必皆是之；所非，必皆非之"。为了这个"同"，必须划定统一的是非标准(一义)，即最高统治者的意志，同意此义，即为"交相兼"，不同意此义，即为"交相别"。一义，必然一视听，让天下人都成为君主的耳目。为了一同天下视听就要奖励告密，所以，这个"兼爱"，不过是都爱同一个国家，同一个君主。孔子恰恰主张"君子和而不同"，爱有差等，与墨家的理论是相反的。墨子反儒，找不到别的理由，便硬扣了四顶帽子：一是不信鬼神，使天神不悦；二是主张厚葬，费财；三是盛为声乐，愚民；四是主张宿命，使民怠惰顺命。

老子的政治理想是回到小国寡民、自给自足的原始状态，所以他反对儒家提倡的仁义道德，认为："以智治国，国之贼；不以智治国，国之福。"治民应"虚其心，实其腹，弱其志，强其骨"。这样的政治主张有一定的时代局限性，我们也应该辩证去看待。

法家将墨家和道家的思想进行了结合，其代表人物是韩非子。韩非子认为人类社会遵从的也是动物世界的丛林原则，权力的更迭不过是竞于德，竞于智，竞于力的结果。所以他反对古代禅让说，主张权力集中于君主一人。君主只需要三种人，即豺狼，用于战争；牛马，用于耕作；猎狗，用于告密。所以他反对儒家的礼乐教化，力主像管理家畜那样治理民众，实行连坐，奖励告密。

郭沫若认为，“在韩非子所谓“法治”的思想中，一切自由都是禁绝了，不仅行动的自由当禁（‘禁其行’），集会结社的自由当禁（‘破其群以散其党’），言论出版的自由当禁（‘灭其迹，息其说’），就连思想的自由也当禁（‘禁其欲’）。韩非子自己有几句很扼要的话：‘禁奸之法，太上禁其心，其次禁其言，其次禁其事’（《说疑》），这真是把一切禁制都包括尽致了。”（郭沫若：《十批判书·韩非子的批判》）

禁心禁言可能会收到一时之功，但长远来看，不过是防民之口如同防川，更如同杀鸡取卵、竭泽而渔。儒家的教化之功，虽然是慢功夫，但如同植树造林，涵养了水土，孕育了生机，是真正的“绿色工程”。

《论语》趣读六

歌哭流浪路——旷野激辩

质疑问难、改过求真、切磋琢磨、教学相长，这是孔子学校最为可贵的校风。在风平浪静的日子里，这一切都是温和平静、行礼如仪地进行的，收效自然不小。但由于没有激烈的语言交锋、深层的精神交流，就无法迸射出如礼花般绽放的思想火花，不会形成百川汇海般的滚滚思潮。所以，孔子也曾表示过自己的忧虑，甚至对自己最好的学生也感到不满：“回也非助我者也！于吾言无所不说。”

然而，当他们自觉选择了流浪之后，面对猝然而至的困难、挑战、打击，一时的恐惧、惊慌之后，便是思想上的激烈震荡。思想的差异、修养的不同，因这种新的刺激而明显放大、加深，思想的交锋便不可避免，温和平静的问答被言词激烈的争辩所替代，于是便形成了一种新校风。

孔子认为，所谓大圣者，“知通乎大道，应变而不穷，辨乎万物之情性者也”。周游列国，孔子已由知天命、耳顺而渐入“从心所欲，不逾矩”之年，对天下大道已领悟颇深，对变幻无穷之处世功夫，虽未修炼到出神入化的地步，但也已进入了百炼钢化为绕指柔的境界，刚柔兼济、屈伸自如、随时而变、令人眼花。这更使一些弟子感到白云苍狗，时易事变。既然“当仁不让于师”“知之为知之，不知为不知，是知也”，那么，对老师的质疑、诘问、指责、批评便在所难免。比如，“子见南子”，已令子路不悦；“佛肸召，子欲往”，更是让子路一头雾水。

第三次离开卫国之后，孔子正为去往何处而发愁，恰巧这时出现了新的机会：晋国正在经历一场不大不小的内乱，中牟宰佛肸为赵简子家臣，占据中牟，反叛赵简子。佛肸听说孔子正无路可去，便向孔子发出了邀请。面对这份邀请，孔子欣然欲往，子路很不满，便责问孔子。“我听老师说过：‘那些亲自为非作歹的人那里，君子是不去的。’佛肸占据中牟叛乱，您却要去，又如何解释呢？”子路说。孔子听了子路的话，倒也不气不恼，还有些暗自发笑：“好你个仲由，真长本事了，你还记住了老师说过的‘好仁者恶不仁者，目的是不使不仁者沾染自己’（‘恶不仁者，其为仁矣，不使不仁者加乎其身’《论语·里仁》），这次还大加发挥。守仁之心固可喜，但不知变通亦可笑。”于是便解释说：“是的，我说过这样的话。但是，不是有坚硬的东西吗，磨也磨不薄；不是有洁白的东西吗，染也染不黑。我难道是葫芦吗，怎么能只是悬挂在那里不食用呢？”①

对于孔子的话，注家大都认为：孔子欲应叛乱者佛肸之邀，是急于用世，是想借家臣叛乱，反对大夫专政，抑制私门以长公室，实现自己的政治抱负，并非想与叛乱者同流合污。这样的解释可称为同情之理解。其实，同样的争论已有过一次。季桓子的家臣公山弗扰曾在费地叛乱，使人召孔子。孔子因空有一身本事无处可用，便想前往，惹得子路不高兴，劝阻孔子。那时他理论水平还不高，只是说没地方去就算了，何必到公山弗扰那里去呢？孔子告诉他说：“那个召我去的人，难道就平白无故吗？如

① 佛肸召，子欲往。子路曰：“昔者由也闻诸夫子曰：‘亲于其身为不善者，君子不入也。’佛肸以中牟畔，子之往也，如之何？”子曰：“然。有是言也。不曰坚乎，磨而不磷；不曰白乎，涅而不缁。吾岂匏瓜也哉？焉能系而不食？”（《论语·阳货》）

果有人能任用我，我将在东方复兴周的世道！”[①]

联系这两次争论，可以看出，孔子的思路是一致的。“吾道一以贯之”，那就是欲实现理想、天下大同，必须先找到一个现实的平台。这个平台可在鲁，可在卫，亦可在费，在中牟，在那些暂时还不具有合法性的地方，因为这些地方也是周朝的国土。“溥天之下，莫非王土；率土之滨，莫非王臣”，如果不是为虎作伥，不是帮助叛乱者谋取私人利益，而是借机教化人民、服务百姓，不也是服务于周天子吗？何况，自齐桓、晋文之时起，礼乐征伐已自诸侯出，鲁国更是自大夫出了。何处不叛？五十步笑百步而已。既然无法改变这个现实，那就只能直面现实，从小处做起。当年周文王在丰、武王在镐，不过百里之地而最终成大业，王天下，费、中牟，为什么不可以成为第二个丰，第二个镐呢？

“磨而不磷”“涅而不缁”也要“打铁还需自身硬”，不过不能仅做消极、防守性的理解，也要有主动进攻之意。不是仅仅小心不被染黑，还应主动地去把黑漂白、染红。孔子曾说过，“道不行，乘桴浮于海”，甚至还想到未开化的九夷去住，有人说那里太简陋，怎么住呢？孔子说：“君子居住的地方，怎么会简陋呢？”[②]

不过，“磨而不磷”“涅而不缁”也是有原则，有条件的。一是必须自身坚白；二是必须为家国大义而“磨”，而“涅”。不如此，便是为自甘堕落找借口了。当年周作人降日，就以保护中国文化为借口，自称“磨而不磷”“涅而不缁”。其实是拿了正在屠杀同胞的敌人的钱，替敌人办事，就已经“磷”了、“缁”了，大节已亏，狡辩无用。

如果说孔子师徒之间关于“行藏用舍”之争还算平和，孔子还可以对对方晓之以理的话，面对流浪路上的困境和一次次求仕失败而引发的争论，就牵扯到信念、价值观等深层次的东西，争论起来就颇带雷霆气息、火药味道了。尤其是这样的争论发生在陈、蔡之际。

孔子在陈国断绝了粮食，跟随的人都饿坏了，爬不起来。子路带着满

---

① 公山弗扰以费畔，召，子欲往。子路不说，曰：“末之也已，何必公山氏之之也？”子曰：“夫召我者而岂徒哉？如有用我者，吾其为东周乎！”（《论语·阳货》）

② 子欲居九夷。或曰：“陋，如之何！”子曰：“君子居之，何陋之有？”（《论语·子罕》）

腔愤怒来见孔子，说：“君子也有没办法的时候吗？”孔子回答说：“君子没办法还坚持着，小人遇到没办法，就会胡作非为了。”[①]《论语》的这段叙述较简单，但“愠”“滥”二字的出现，再加上反问及感叹句式的应用，已足见其言辞之激烈。《荀子·宥坐》中则把这场争论叙述得很详尽，火花四溅的交锋也更具有戏剧性。

孔子南适楚，厄于陈、蔡之间，七日不火食，藜羹不糂（光吃野菜没有粮粒），弟子皆有饥色。子路进问之曰：“由闻之：为善者天报之以福，为不善者天报之以祸。今夫子累德、积义、怀美，行之日久矣，奚居之隐也？”孔子曰：“由不识，吾语女。女以知者为必用邪？王子比干不见剖心乎！女以忠者为必用邪？关龙逢不见刑乎！女以谏者为必用邪？吴子胥不磔姑苏东门外乎！夫遇不遇者，时也；贤不肖者，材也；君子博学深谋不遇时者多矣。由是观之，不遇世者众矣，何独丘也哉！”……“昔晋公子重耳霸心生于曹，越王勾践霸心生于会稽，齐桓公小白霸心生于莒。故居不隐者思不远，身不佚者志不广。女庸安知吾不得之桑落之下！”（《荀子·宥坐》）

荀子为正宗儒学传人，其生之世离孔子不远，这番话应大致可信。孔子将来要恢复周礼，这是他多次说过的话，但他对“齐桓晋文”也时有微词。这段话中拿“齐桓晋文”说事，说在这个黄叶飘落的桑树之下，可能是我实现大业的起点。从本质上看，是在重复“吾其为东周乎！”那个信念，并非想成为“齐桓晋文”那样的霸主。

值得注意的是，这里明确点出了“志”的问题，击中了子路的要害。志者，志向也，信念也。子路的话暗含机锋，实质表达了对信念的怀疑与动摇。子见南子，孔子曾说过“天厌之”的话，子路当然会记得死死的。既然天可厌之，当然也应报之；既然“报之以祸”，可能就是“天厌之”。这样的指责对孔子的伤害可就太大了。但子路还是用肯定的语气表达了这种怀疑，也学会了绵里藏针，这就不能不让孔子注意了。

还有一事也值得讨论。《论语》中，在“在陈绝粮”一章后，就是

---

① 在陈绝粮，从者病，莫能兴。子路愠见曰：“君子亦有穷乎？”子曰：“君子固穷，小人穷斯滥矣。”（《论语·卫灵公》）

“赐也”章。《史记》在叙述这两件事时，中间加了句“子贡色作”做连结，“子贡色作”正与“子路愠见”构成并列关系，看来两件事是相连的。

子贡色作。孔子曰：“赐，尔以予为多学而识之者与？”曰：“然。非与？”孔子曰：“非也。予一以贯之。”(《史记·孔子世家》)

“色作”就是脸色变了，没个好脸色。但子贡为什么“色作”呢？原因应与子路“愠见”相同，还可能因为孔子那番话没能让子贡信服，反而使他反感：“您老先生于历史故事记得烂熟，说出来一套一套的，可怎么无法解决眼前的问题，是不是一个学而不化的迂夫子？”孔子读出了子贡写在脸上的话，所以才会问：“你以为我是一个多学多记的人吗？”子贡正在气头上，所以很快答了个“然”，接着反问一句：“不是吗？”孔子知道子贡聪明，所以只是说了句：“非也。予一以贯之。”

有人认为这里的“一以贯之”讲的是治学，是说“我用一个基本的内容将各种知识贯穿起来”。也有人说这是讲忠恕，与对曾子的回答相同。仅从这一孤立的文本而言，似乎都不错，但如果将其与“在陈绝粮”联系在一起，即放在旷野激辩这一大文本中，就有些理解错位了。子路所疑，孔子所答的核心是信念问题；子贡所疑，孔子所答的核心亦应是信念问题。此志此道应为天下大道及躬行此道的方法。说白了，孔子的意思是，我不是耍嘴皮子的，而是一直在躬行大道。

看来，要解决信念问题仅靠唇枪舌剑还不行，还必须做更深入细致的思想工作。于是，尽管《论语》中没有记载，《史记》中还是记下了孔子与子路、子贡、颜回的一次座谈会，紧接着“子贡色作”之后，《史记》记载“孔子知弟子（而不是仅指子路）有愠心”，乃召子路、子贡、颜回开座谈会，讨论的是同一个问题：“《诗》云：‘匪兕匪虎，率彼旷野。’吾道非邪？吾何为于此？”

子路认为，问题出在自己身上，可能是自己做得还不够：“意者吾未仁邪，人之不我信也。意者吾未知邪，人之不我行也。”

对于子路的思想疙瘩，孔子几句话就轻轻解开了：“譬使仁者而必信，安有伯夷、叔齐？使知者而必行，安有王子比干？”

子贡则将怀疑指向了道本身：“夫子之道至大也，故天下莫能容夫子。夫子盖少贬焉？”

孔子听出子贡的思想疙瘩更大，在歧路上走得更远，甚至想搞“修正主义”了。因此，孔子严肃地指出了子贡逻辑上的错误，并给予尖锐的批评：“良农能稼而不能为穑，良工能巧而不能为顺。君子能修其道，纲而纪之，统而理之（这不正是一以贯之的另一种说法吗？），而不能为容。今尔不修尔道而求为容。赐，而志不远矣！”

颜回则将问题的症结指向了天下，即道的接受主体：“夫子之道至大，故天下莫能容。虽然，夫子推而行之，不容何病，不容然后见君子！夫道之不修也，是吾丑也。夫道既已大修而不用，是有国者之丑也。不容何病，不容然后见君子！”

听了颜回的话，孔子欣然而笑，就跟颜回开了个玩笑：“有是哉颜氏之子！使尔多财，吾为尔宰。”

师徒通过这样一次深入的交流，澄清了糊涂认识，端正了思想，也顺利地走出了绝粮困境，“于是使子贡至楚。楚昭王兴师迎孔子，然后得免”。

笔者觉得这次座谈会，开得如此成功，靠的是民主精神，靠的是心与心的贴近与交流，是“当仁，不让于师”的好传统。

《论语》趣读七

孔子之歌哭流浪路——高手过招

孔子周游列国的举动，除引起了各国政要的高度紧张，密切关注孔子的行踪外，还引起了另外一个社会群体的注意，那就是各国的隐士高人。

据《论语》记载，这样的高人有卫之荷蒉者，陈、蔡绝粮之间的长沮、桀溺及荷蓧丈人，楚狂接舆以及石门晨门等。《史记》中的记载则多了一人，即称孔子为丧家之狗的郑人。

说这些人是高人没有问题。《论语》是颇重细节真实的一部书，依据这些细节，人们不难判断，这些人的道德、学问颇高，绝非凡夫俗子可比。比如，荷蒉者知音，楚狂人好歌，荷蓧丈人懂礼，长沮、桀溺都言语机敏，可谓智者。

隐士们密集地出现在孔子周游列国的路上，并以一种极为特殊的方式与孔子对话。他们是什么样的人？他们与孔子的对话，碰撞出了怎样的思想火花？这样的碰撞在中国文化史上具有怎样的意义？这些都是很有趣的问题。

据考据家们说，蔡国原是周之古国，后来因种种原因衰落了、“瘦身”了，蔡国那些原在体制内的官吏、士人便丢掉了原来的饭碗，或主动，或被动地隐入了民间，当起了隐士。

笔者认为，孔子周游列国所遇到的隐士并不完全来自蔡国，陈国、卫国、郑国、楚国的也有不少，他们未必都是被甩出政治轨道的人物，很有可能与孔子一样，是学过道、行过道的士人。“文、武之道，未坠于地，在人。贤者识其大者，不贤者识其小者。莫不有文、武之道焉。”这是子贡对卫公孙朝的问题“仲尼焉学？”的回答。依此推理：文、武之道，天下皆有，孔子可学，人亦可学？。诸国隐士可能都是学过此道的人。

孔子多次说过，“天下有道则见，无道则隐”。他自己也多次表达过要做隐士的意向，只不过未能成行而已。孔子周游列国路上的隐士们恰恰是其思想的另一半的践行者。

“嘤其鸣矣，求其友声”，正是由于这些高人都是孔子的同道同志，对礼崩乐坏的现实有共同的感受，并对拯世处己进行着孤独的探索，所以才会格外关心同道的脚步和心声。

但他们与孔子对话的方式很特别，自己不与孔子会面，不是叫人传话，就是与孔子擦肩而过，扔下话就走。为什么会这样？笔者想原因有二。

一是孔子周游列国还是想以入仕的方式行道，这当然也是高人们想一试的好方法，只是他们没有孔子的名气高，入仕无门而已。孔子入仕一次次失败，这些高人看在眼里，疼在心上，所以他们也想给同道一些建议、忠告，甚至要孔子改弦更张。

二是他们也知道“事君数，斯辱矣；朋友数，斯疏矣”的道理，何况孔子冰雪聪明，响鼓不用重锤，所以他们点到为止，并不多说。

孔子与几位高人的对话，更像一部连续剧，是一个统一的大文本，有开端、发展、高潮、尾声，各个独立的文本似乎都分担着不同的任务，处于连续剧的不同阶段。

据《史记》记载，孔子周游列国时最早遇见的隐士是卫之荷蒉者。

子击磬于卫。有荷蒉而过孔氏之门者，曰："有心哉！击磬乎！"既而曰："鄙哉！硁硁乎！莫己知也，斯己而已矣。深则厉，浅则揭。"

子曰："果哉！末之难矣。"(《论语·宪问》)

这个背草筐的人懂乐，是以孔子的知音的形象出现的，他从孔子的击磬声中听出孔子心事很重，认为孔子的问题在于思路太偏狭，钻了牛角尖，所以说"鄙"，"鄙"就在于感到没人了解自己。为了帮孔子走出鄙境，他开导说："没人理解自己又有什么了不起，此路不通，另找别路嘛，水深了穿着衣裳过河，水浅了就撩起衣服过河嘛。"

这件事，应该是在孔子两次仕卫失败之后发生的，孔子正为未来的行止烦恼、彷徨，荷蒉者的这番话似乎在说，"哥哥你大胆地往前走""走自己的路让别人说去"，正好打开了孔子的心结。所以孔子才赞叹说："好坚决啊，没有办法来说服他了。"

台湾诗人余光中有一组诗曰《六把雨伞》，其一是友情伞，朋友不就是把伞吗？晴天收起，雨天撑开。荷蒉人是萍水相逢的朋友，也是雨天撑起的一把雨伞。有了这一番加油打气，孔子又有了三四次仕卫之行，但又是一连串的失败。正在徘徊于叶、蔡之间时，长沮、桀溺与荷蓧丈人出现了。他们的出现，不是鼓励，而是讽刺、批评、劝诫。

"长沮、桀溺耦而耕，孔子过之，使子路问津焉。"(《论语·微子》)

问津，即打听渡口，前提当然是找不到渡口。孔子为什么会找不到渡口呢？那时没有现代的指路牌，是很容易迷路，找不到要找的地方的。究其深层原因恐怕还在于此时的人生之路不好找，孔子有些彷徨了，所以派子路向他们打听渡口。

正是由于兼有这二重迷失，所以长沮回答子路的是，既然那人是孔子，应该知道渡口在哪里。子路不解，所以又问桀溺，桀溺的回答还是不在旷野之路，而在心灵之路："如今天下动乱不安，谁又能改变现状呢？

你与其跟随避人之人，不如跟随避世之人。”弦外之意是，劝劝你的老师，不要再走求仕行道之路了，不妨走走隐居守道之路吧！

子路对这番话当然不可能马上心领神会，他原原本本地告诉了孔子，孔子对这弦外之音心知肚明，所以才既像是答人，又像是自语地对子路发了这样一番感慨：“我们总不能与飞鸟走兽一起生活吧？我们不与同类生活在一起，又跟谁在一起呢？如果天下有道，我才不追求改变什么呢！”

话说得虽然有些隐曲，但对未来的选择说得还是很明白的：既然天下无道，我们就求仕弘道。

那时虽然没有报纸、电视、互联网，但孔子问津的事还是“速于置邮”般传播开来。在这不久后，又发生了子路与孔子失去联系，从而问人一事。

子路从而后，遇丈人，以杖荷蓧。

子路问曰：“子见夫子乎？”

丈人曰：“四体不勤，五谷不分，孰为夫子？”植其杖而芸。

子路拱而立。

止子路宿，杀鸡为黍而食之，见其二子焉。

明日，子路行以告。

子曰：“隐者也。”使子路反见之。至则行矣。

子路曰：“不仕无义。长幼之节，不可废也；君臣之义，如之何其废之？欲洁其身，而乱大伦。君子之仕也，行其义也。道之不行，已知之矣。”(《论语·微子》)

老人是答非所问吗？孔子之自然人的行止去向并不难回答，你看第二天子路不就找到孔子了吗？老人想传的话是，孔子作为一个文化人的行止去向问题。孔子“少也贱，故多能鄙事”，也曾管过牛羊和谷仓，哪能五谷不分？老人批评孔子“四体不勤、五谷不分”，不过是批评他轻视自食其力的农人，只想走上层路线，不关注下层人的生活，如是而已。而抑此正是为了扬彼，即借此告诫孔子，不妨也学着向下看，走一条不依赖他人而自食其力的路。后来樊迟就曾向孔子请教种庄稼和蔬菜的问题，笔者认为这就是想寻找一条自己走得通的路，那路却被孔子否定了。荷蓧丈人与樊迟一样，也是个重农主义者。这种思想一路发展下去，出现了孟子时代的许行诸人，以及二十世纪的梁漱溟、晏阳初。中间就是陶渊明了，他曾说过："先师有遗训，忧道不忧贫。瞻望邈难逮，转欲志长勤。""人生归有道，衣食固其端。孰是都不营，而以求自安？"这似乎是另一个荷蓧丈人在对孔子进行批评。

可以肯定地说，老人对孔子师徒并无厌恶之心，多的倒是尊重。为了表示这份尊重，他"止子路宿，杀鸡为黍而食之，见其二子焉"，这都是很重的礼节。笔者读杜甫的诗，觉得几首乞食诗特感人，最为感人之处不仅在于多年不见的朋友感情如故，雪中送炭，还让妻子拜见落魄的客人，使人心里格外温暖。

从老人的批评和敬意中，孔子判断这是个高人、隐者。"来而不往，亦非礼也"，所以让子路回拜老人。老人却像一条见首不见尾的神龙，把话传到，又隐而不见了。

这个故事的最后一段，即子路说的一番话，历来歧见很大，如有人认为"子路曰"应为"子曰"，等等。而笔者认为批评老人的话可能都是后来的冬烘先生、道学家加的，都不是孔子或子路的话。因为孔子是个明白人，不至于糊涂到认定天下的高人都该入仕为官，行君臣之义，更不会认为自食其力就是废了君臣之义，就是乱大伦。何况荷蓧丈人并没有说仕或不仕这类话，桀溺倒是明确说过要避世及不与统治者合作的话，孔子也没有批评他乱大伦。

"君子之仕也，行其义也。道之不行，已知之矣。"这既是自辩，也是自慰，但也明确表达了不会改变主意的意思。

接舆对孔子的批评就更严厉了。

楚狂接舆歌而过孔子曰："凤兮！凤兮！何德之衰？往者不可谏，来者犹可追。已而！已而！今之从政者殆而！"

孔子下，欲与之言。趋而辟之，不得与之言。（《论语·微子》）

朱熹注曰："凤有道则见，无道则隐，接舆以比孔子，而讥其不能隐为德衰也。来者可追，言及今尚可隐去。"

也有人考证接舆是楚国的高人，楚王曾几次请他做官，都被他拒绝了。这人正是庄子式人物，宁为曳尾泥涂的活龟，也不做供骨庙堂的死龟。李泽厚则认为接舆出名早于孔子，道家早于儒家。笔者认为与其说道家早于儒家，不如说儒道伴生。或隐或仕，或知其不可为而为之，或知其不可为而不为，都是对时代课题的不同应答。

孔子与隐者的几次对话实在大有意味。这是中国文化天空的一次群星荟萃，其璀璨星光几千年而未衰，灌溉得中国文化之树根深叶茂。

《论语》趣读八

孤独孔子

哀公十一年，季康子重礼召孔子。孔子终于结束了十四年的政治流浪，回到了日思夜想的父母之邦，这年他已年近七十[①]。

孔子五十多岁时已是司寇，因看到朝政日益混乱，才离职而去。当年，他理想坚定，信心满满，很想到别的地方去碰碰运气，行其大道。那时虽然终日栖栖惶惶，如丧家之犬，甚至一度被围于匡，被困于宋，绝粮于陈、蔡，但他还是觉得毕竟是行走在希望的田野上，所以一路弦歌。那时，他的每个日子都被希望、事业填得满满的，所以他不知苦，不知累，不知老，不知愁。六十多岁过叶，楚国叶县县令沈诸梁（即叶公）见其精神头儿那么好，就问子路，孔子是个什么样的人。子路感到不好回答，孔子听说后，对子路说："你为什么不这样说：他的为人呀，发愤读书，忘记了吃饭，自得其乐，忘记了忧愁，以至于不知道衰老将要到来，如此罢了。"[②]

初回鲁国，孔子抱着很大的希望和满腔的热情，以为可以大有作为。

① 关于孔子确切的出生日期，史料记载存有争议。本书采纳《史记·孔子世家》记载，即孔子生于鲁襄公二十二年（公元前 551 年），后同。

② 叶公问孔子于子路，子路不对。子曰："女奚不曰：其为人也，发愤忘食，乐以忘忧，不知老之将至云尔。"（《论语·述而》）

在他回鲁之前，他的弟子冉有、子贡等人已先后在鲁任职，做出了很多政绩。比如，就在孔子回鲁这一年的春季，齐侵鲁，冉有力主反击，带领左师奋勇杀敌，大败齐师，而孟孙氏、叔孙氏的右师则接敌即败，只是因孟之反“奔而殿”才挽回点面子。后来有人问冉有的军事才能是跟谁学的，冉有回答得之于孔子。总之，经这一战，孔门弟子威望大增，孔子的威望也大增。鲁国一般人都会认为，孔子如果回国，定会被重用，孔子自己也抱着这一想法。但是统治者为了自身的利益，绝不会让他人染指自己的权力。

当年楚国的统治者就认识到，孔子及其弟子已成为一个极富政治能量的学术和政治集团，子路的政治才能、冉有的军事才能、子贡的外交才能都为当时各国政要所不能比。这种政治能量更是为鲁国统治者所见证，当年孔子为司寇，“堕三都”，弱私门，强公室，就曾大有成效，也很为“三桓”所忌惮，所以不久即被排挤出鲁国。如今鲁国的掌权者还是“三桓”子弟，他们可以让孔门弟子为自己服务，但绝不会将大权拱手相让。况且，孔子主张的是王政，需要的是施仁政而得民心的慢功夫。但是，在竞于智、竞于力的时代，已没有如当年周文王施展仁政的空间，在连年争战，急于求生存的各国统治者看来，这样的慢功夫就是等死，谁也不想实行什么王政，只想借王道的名声行霸道。所以，孔子的名声可以借用，孔子其人却不可重用。

因此，孔子回国后，并没有恢复原职，而是被投闲置散，成了他说过的“挂在墙上能看而不能食的葫芦”。当然，礼遇还是有的，鲁哀公、季康子等人还是会装模作样地问问政，那不过是表示一下安慰而已。这，很令孔子失望；这，也注定了孔子晚年的孤独。

更使孔子痛苦的是，命运好像要故意考验他，一波连着一波的灾难与打击向他袭来。

哀公十二年，即孔子回国后的第二年，孔子之子孔鲤死去。老年丧子，白发人送黑发人，其痛何堪！

哀公十四年，孔子最得意的弟子颜回病死，孔子“哭之恸”，连呼：“天丧予！天丧予！”

哀公十五年，孔子最喜欢的弟子子路在卫战死，被人砍成肉酱，孔子听说后，连忙让人撤去了正在食用的肉酱。

对一般人来说，面对这一连串的打击，会晕眩、消沉、颓唐。然而孔子是一个有信仰、有定力的人，他“五十而知天命”，知道自己应担负的大任，那就是行道、弘道，生命不息就应自强不息。所以，他在短暂的痛苦之后，坚强地站了起来，还是要“知其不可而为之”。既然行道的路走不通，那就在传道、弘道上下功夫吧。于是他一头扎进了自己热爱的教育事业之中，并且要让这教育重上一个新台阶，有个新起色。

教育的好坏，教材是关键之一，之前一直没有一套成系统的、固定的教材，那么就从重新编教材开始吧。

“克己复礼，天下归仁”，礼是立身之本。那么，教材的编定就先从礼开始吧。这一深入下去，还真是奥妙无穷、乐趣无穷。他感到：“夏代的礼，我能说得出，它的后代杞国不足为证；殷代的礼，我能说得出，它的后代宋国不足为证。这是因为两国的文籍和贤才都不够用的缘故，如果够用，那么我就能引以为证了。”①“周代的礼仪制度借鉴于夏、商两代，多么丰富而有文采呀！我赞同周代的。”②

礼又总是与乐，与舞，与歌，与诗相伴，联为一体的，于是随着对礼的整理，孔子也开始了对乐、诗的整理。孔子本是个音乐家，懂乐理，会作曲，所以对古乐的整理进行得很顺利，也很快。他曾自豪地说：“我从卫国回到鲁国，然后音乐才得到整理，《雅》《颂》各自归于它们应在的位置。”③

在对音乐的重新整理与欣赏中，他有时感到其乐陶陶，进入忘我之境。他谈到《韶》乐，认为声音美极了，内容也好极了；谈到《武》乐，认为声音美极了，内容却未好到极致④；他感叹《关雎》这一乐章，欢乐而不过分，悲哀而不伤情⑤；他说从太师挚开始演奏的乐曲，到结尾时的《关

---

① 子曰：“夏礼，吾能言之，杞不足征也；殷礼，吾能言之，宋不足征也。文献不足故也，足，则吾能征之矣。”（《论语·八佾》）

② 子曰：“周监于二代，郁郁乎文哉！吾从周。”（《论语·八佾》）

③ 子曰：“吾自卫反鲁，然后乐正，《雅》《颂》各得其所。”（《论语·子罕》）

④ 子谓《韶》：“尽美矣，又尽善也。”谓《武》：“尽美矣，未尽善也。”（《论语·八佾》）

⑤ 子曰：“《关雎》乐而不淫，哀而不伤。”（《论语·八佾》）

雎》乐，美盛已极，充耳不绝[①]；他领悟到一支乐曲演奏的基本规律，曾高兴地对鲁国的音乐主官太师说："音乐，那是可以通晓的：开始演奏，繁盛热烈；展开以后，纯一和谐；皦然清晰，绎绎不绝，然后完成。"[②]

在完成《诗》三百篇的编辑整理后，他感叹："《诗》三百篇，用一句话来总括它，就是'思想主旨纯正无邪'。"[③]而且《诗》的内容极为丰富，功用极多，他多次对弟子们说："弟子们，为什么不学《诗》呢？《诗》可以即景抒发人的思想感情，可以用来观察风俗民情、政治得失，可以用来交往朋友，可以用来讽刺评论不平的事情。近则可以用来侍奉父母，远则可以用来侍奉君主，并且认识许多鸟兽草木的名称知识。"[④]

然而，正当孔子在礼乐的理想世界中自由徜徉时，现实里却不时传来一些不祥的杂音，使他心头不时飘过一片乌云。他想恢复周礼，然而掌握鲁国大权的"三桓"氏却天天干着越礼、非礼的事，好像故意与人作对。早在昭公二十五年，季氏就曾"八佾舞于庭"[⑤]，惹得鲁昭公怒而围攻季氏，鲁昭公后败逃于齐。几十年过去，季平子、季桓子都已经死去，权力棒传到了季康子的手中，此人更为霸道，竟然想行天子之礼，去祭祀泰山。孔子想叫已为季氏宰的冉有说服季氏，冉有却公然以"无能为力"回绝老师。这真是很叫孔子生气。更为可气的是，鲁国国公也敢举行禘祭，孔子在禘礼举行到一半时就走开了，有人故意问他有关禘礼的事，他说："我不知道。知道的人对于了解天下事来说，就像把它们展现在这里一样清楚吧！"一面说，一面指着自己的手掌[⑥]。"三桓"氏三家在祭祖结束时演奏天子之歌《雍》诗来撤除祭品。孔子说："'助祭的是诸侯，天子肃穆地主

---

① 子曰："师挚之始，《关雎》之乱，洋洋乎盈耳哉！"（《论语·泰伯》）

② 子语鲁大师乐，曰："乐其可知也：始作，翕如也；从之，纯如也，皦如也，绎如也，以成。"（《论语·八佾》）

③ 子曰："《诗》三百，一言以蔽之，曰：'思无邪'。"（《论语·为政》）

④ 子曰："小子！何莫学夫《诗》？《诗》可以兴，可以观，可以群，可以怨。迩之事父，远之事君。多识于鸟兽草木之名。"（《论语·阳货》）

⑤ 孔子谓季氏："八佾舞于庭，是可忍也，孰不可忍也？"（《论语·八佾》）

⑥ 或问禘之说。子曰："不知也。知其说者之于天下也，其如示诸斯乎！"指其掌。（《论语·八佾》）

祭'，这歌辞哪一句适用于三家祭祖的厅堂呢？"①

面对这汹涌而来的礼崩乐坏的形势，孔子真有点只手撑天难胜任、众人皆醉我独醒的感觉，彻骨的孤独感时时涌上心头。

然而更让孔子生气的是，他的学生们也不能理解老师的这片苦心，有时也随波逐流、推波助澜。冉有不制止季氏攻打颛臾，被孔子批评了一顿，没敢妄动，还算听话，可他不愿制止季氏祭泰山，且帮季氏聚敛钱财，就更像是与老师对着干了，所以，孔子生气地说："非吾徒也，小子鸣鼓而攻之，可也。"

宰我也不叫人省心，他虽然很聪明，思维很活跃，但也不能理解老师那种要克己复礼、挽狂澜于既倒的雄心，泽被万世的远图，整天喊着要变革旧礼，要把三年之丧改为一年。鲁哀公问社，这个宰我也不想想哪些该说，哪些不该说，竟然说出夏代用松木，殷代用柏木，周代用栗木为社主，是为了"使民战栗"这样的话！

樊迟是孔子回鲁后收的弟子，是协助冉有取得抗齐斗争胜利的英雄青年，孔子常让他侍坐、驾车，想不到此人羽毛未丰，便不想学习礼乐，要去学什么耕田种菜，气得孔子大骂樊迟为"小人"，骂完之后，又把学礼的重要性大讲了一通。

还有更气人的事，有人不认真学习，没弄懂老师讲了什么，却大怪老师有所隐瞒，孔子只得耐心地解释说："你们这些学生以为我有所隐瞒吗？我对你们没有隐瞒呀。我没有任何行为不向你们公开的，这正是我的特点。"②讲完这话，巨大的孤独感不自觉地从心底涌出，他深深感到了不被理解的痛苦。

从前，他总是教导弟子们不被理解，要"反求诸己"，而今，他敞开了心胸，剖出了心肝，怎么还是与人有如此隔膜呢？过去，他教导弟子们一心向前，不要追求出名，不要害怕"人不知己"，现在他却要为这"人不知"而恐惧了。有一天，他对天长叹："没有人了解我啊！"子贡说：

---

① 三家者以《雍》彻。子曰："'相维辟公，天子穆穆'，奚取于三家之堂？"（《论语·八佾》）

② 子曰："二三子以我为隐乎？吾无隐乎尔。吾无行而不与二三子者，是丘也。"（《论语·述而》）

“为什么没有人了解您呢？”孔子说：“不怨恨上天，不责怪别人，不懈地学习，上通于天命。了解我的大概只有天吧！”[①]不久，孔子再次感叹：“我不想说话了。”子贡说：“老师如果不讲话，那么弟子们传述什么呢？”孔子说：“上天说了什么呢？春夏秋冬四季照样运行，众物照样生长，上天说了什么呢？”[②]

形格势禁，天下滔滔，道之不行，已知之矣，又能说什么呢？还能说什么呢？孔子将在这刻骨的孤独中老去，老去。

《论语》趣读九

国老孔子亦疏狂

孔子在谈到他的人生历程时说过，他十五志学，三十而立，四十不惑，五十知天，六十耳顺，七十而从心所欲，不逾距。这七十不逾的“七十”，乃是一个约数，指的应是从他六十八岁回鲁到七十三岁去世这一段人生时光，这一段也正是他被投闲置散的国老时期。

所谓从心所欲，不逾距：一是指人到老年已修养极高，渐入至大至刚、炉火纯青之境，举手投足都已中规中矩，合乎中庸；二应指身为国老，无职无权但又名高望重，地位超脱，因而能无私无畏、见义勇为、直道而行而能有惊无险。所以这“从心所欲，不逾矩”的话，一般人是说不得的，而孔子做得到，说得出，话里也自有一种愤激、一份疏狂。

这种从心而不逾的人生境界、疏狂心态，表现在日常生活中就是多情

① 子曰：“莫我知也夫！”子贡曰：“何为其莫知子也？”子曰：“不怨天，不尤人；下学而上达。知我者其天乎！”（《论语·宪问》）

② 子曰：“予欲无言。”子贡曰：“子如不言，则小子何述焉？”子曰：“天何言哉？四时行焉，百物生焉，天何言哉？”（《论语·阳货》）

重义、适情率性。比如，颜回死，子哭之恸，连说“天丧予！天丧予！”表面看似乎有些失态，实乃孔子至性至情的自然流露。而表现在学术活动上，则显示出一种自信与自豪，比如，他说“吾自卫反鲁，然后乐正，《雅》《颂》各得其所”，还说无论是夏礼还是殷礼，只要有证据，他都能说得出。看上去似乎有点自大，实则是自信的表现。

晚年孔子的疏狂性格，更多也更明显地表现在政治生活上：无论是应对权贵的政治咨询，还是面对政治变动的政治批评，他都能放言直陈、快语如刀，愤激之情、讥刺之意溢于言表，但又不失温恭之态，似把权贵者玩弄于股掌之上，但又不越位、不僭礼。

就在哀公十一年孔子回鲁不久，季康子想按田亩征税，派冉有上门征求意见，这是想借孔子威望聚敛财赋。孔子先是以“丘不识也”表示拒绝，再以三问而不对表示反感，最后则对冉有说出自己的反对意见：“君子办事，当依礼而行，施舍要丰厚，做事要适中，征税要轻薄。季氏欲依礼行，自有周公典章在，要想随意而为，又何必征求我的意见？”①

这等于公然批评季康子办事不合礼度，当然很令季康子不爽。哀公十二年，田赋制照样推行，孔子说了也白说。但在孔子看来，仗义执言是士之权力，白说也得说。既然站在这个政治平台之上，就得宣传正义，弘扬大道，沉默就等于弃权。

不久，季康子会见孔子，问冉有、子贡、子路可否从政。事实上，此时冉有已为季氏家宰，子贡也多次在外交活动中展现才华，子路更是早在鲁定公时就显现出了很高的军事政治才能，此三子的才能不但为各国政要所公认，且已得到实践验证。季康子此时问：“可使从政也与？”应是问他们可否被荐为大夫，获得重用。这不过是虚与委蛇、故作姿态，表面的犹疑掩不住其不想重用的真实用心。孔子于季康子的三问，对之以三答，都是斩钉截铁的同一句话：“由也果，于从政乎何有？”“赐也达，于从政乎

① 而私于冉有曰：“君子之行也，度于礼，施取其厚，事举其中，敛从其薄。如是则以丘亦足矣。若不度于礼，而贪冒无厌，则虽以天赋，将又不足。且子季孙若欲行而法，则周公之典在。若欲苟而行，又何访焉？”（《左传全译·哀公十一年》）

何有？”“求也艺，于从政乎何有？”[①] 这斩钉截铁的回答中无疑包含着一种荐贤的急切，更包含着一种对弃贤者的愤激。

话说得如此明白，季康子还是只当秋风过耳，照样对贤才弃之不用。

所以，当哀公十四年，颜回死后，季康子问到“弟子孰为好学？”时，即装模作样要孔子荐贤，孔子的愤激之情就难以抑制了。孔子及其弟子的才能，当权者不会不知，孔子更是心知肚明，他知道现在的弟子中好学者也不在少数，但孔子偏以颜回好学作对，说：“不幸短命死矣！今也则亡。”[②]

孔子回国之时，冉有和子路虽都没有获得朝廷重用，却都做了季氏家臣，这使得季氏很是得意。有一次，有个叫季子然的季氏子弟问孔子：“仲由、冉有可称得上是大臣吗？”孔子感到这人问得很可笑，就讽刺他说：“我还以为你在问别人呢？原来是问由与求啊！大臣应当以道事君（怎么该屈居你们季氏门第呢？），君如不听劝谏，也就作罢。现今的由与求，不过是有才干的办事之臣而已。”想不到这个人没听出孔子的话中之话，又问：“他们是能绝对服从上级的人吗？”孔子听了这话，便撂给他一句重话：“如果上级弑父弑君，也不会服从的。”[③]

孔子出游列国时，各国政要都曾向孔子问政，季康子当然也得做做样子，常向孔子问政。那时，季康子与孔子虽从地位上说有上下之分，但从年龄辈分上说却有长幼之别。所以孔子对季康子的回答往往毫无客套的恭维，多的是训斥、反诘。比如，有一次季康子问政，孔子答：“政者，正也。子帅以正，孰敢不正？”再有一次，季康子患盗，问于孔子，孔子对曰：“苟子之不欲，虽赏之不窃。”这些话的分量就很重，训斥的意味也很浓。因为孔子回国后第一年，季康子欲实行田赋制，遭孔子反对，第二年

---

① 季康子问：“仲由可使从政也与？”子曰：“由也果，于从政乎何有？”曰：“赐也可使从政也与？”曰：“赐也达，于从政乎何有？”曰：“求也可使从政也与？”曰：“求也艺，于从政乎何有？”（《论语·雍也》）

② 季康子问：“弟子孰为好学？”孔子对曰：“有颜回者好学，不幸短命死矣！今也则亡。”（《论语·先进》）

③ 季子然问：“仲由、冉求可谓大臣与？”子曰：“吾以子为异之问，曾由与求之问。所谓大臣者，以道事君，不可则止。今由与求也，可谓具臣矣。”曰：“然则从之者与？”子曰：“弑父与君，亦不从也。”（《论语·先进》）

季康子照样实行；哀公十二年，鲁昭公夫人吴孟子死，季康子不脱帽服丧，这都是多欲、不正之举。

还有一次，季康子问政于孔子曰："如杀无道，以就有道，何如？"孔子对曰："子为政，焉用杀？子欲善而民善矣！君子之德，风；小人之德，草；草上之风，必偃。"从开头强烈的反诘语气中，可以看出，孔子在直斥季康子骄狂滥杀。

读过《论语・乡党》篇的读者一定会对孔子五十多岁为鲁司寇时的行状印象深刻。那时，他生气勃勃，彬彬有礼，在朝廷上表现得非常谦恭，甚至有点谨小慎微。比如，上朝经过君主之位时立即脸色庄重，举步小心，好像不能说话的样子；回答鲁定公之问时，平心静气，小心有加，虽不失刚直，但也颇多忠顺。经过十四年的流浪再回鲁国后，孔子依然不时出现于朝堂之上，也不时面对国君的垂问，虽仍彬彬有礼，但多了些刚直和硬气。比如，鲁哀公问："弟子孰为好学？"孔子就偏挑颜回好学作答，又强调"不幸短命死矣！今也则亡"[①]，对朝廷弃贤不用的悲愤之情溢于言表。颜回好学之举甚多，孔子也偏以"不迁怒，不贰过"作答，也暗含讽刺。据《左传》记载，鲁哀公以个人喜好行事，曾于哀公元年、七年侵略邾国，招致吴国讨伐；十年又会吴侵齐，招致齐人于十一年侵鲁；他事大国无信，事小国无仁，反复无常，当政十来年，战乱不断，国人失望，这是典型的一错再错了，岂止是"贰过"而已！

再如，鲁哀公问："何为则民服？"由于鲁哀公当政十余年来，政治混乱，人民失望，显然是奸邪当位、贤者失位所致，所以孔子直接答："举直错诸枉，则民服；举枉错诸直，则民不服。"这话中之话，也是不言自明的。

这次答问后不久，鲁哀公"举枉错诸直"的事就再一次得到了验证。哀公十四年，陈成子弑简公，孔子沐浴而朝，建议鲁哀公伐齐，鲁哀公不听，却推说要告诉三子，三子也不听。气得孔子退下后怨言不止，连说："因为我在大夫的行列之后随行，不敢不报告这样重大的事啊。君主却说

---

① 哀公问："弟子孰为好学？"孔子对曰："有颜回者好学，不迁怒，不贰过。不幸短命死矣，今也则亡，未闻好学者也。"（《论语・雍也》）

出‘报告孟孙、叔孙、季孙三人’的话！”[1]

不少人认为，齐强鲁弱，孔子建议伐齐，是迂阔之论。事实上，持此论者才有点迂阔。以臣弑君，当时公认为不义，以义伐不义，正可占据道德高地，树立鲁国正义的形象。何况哀公十一年，已经有抗齐胜利之事，此时伐齐，只要做做姿态，再订盟约，打下齐、鲁和平相处的根基。这样一种发展趋势，也很快为事实证实。哀公十五年，陈成子之兄陈欢前往楚国，经过卫国，子路就建议齐国善待鲁国，因为齐、鲁结盟，双方都有好处。不久，齐、鲁议和，子服景伯为正使，子贡为副使，受到陈成子盛情接待，谈到两国多年的不快，陈成子甚有愧意，为表达诚意，齐国归还了鲁国的成邑。

哀公十五年，孔子在连续遭遇了孔鲤、颜回与子路之死的打击，以及政治上的排挤冷落之后，终于感到心力交瘁，他感叹说："甚矣吾衰也！久矣吾不复梦见周公。"一天，子贡去看望孔子，孔子正携杖逍遥于门外，对子贡说："赐，汝来何其晚也？"说过之后，浩叹且长歌："太山坏乎！梁柱摧乎！哲人萎乎！"悲凉慷慨而又浩气干云，一个狂狷哲人的形象便定格于天地之中。

哀公十六年四月，孔子去世。鲁哀公假惺惺地作诔曰："旻天不吊，不慭遗一老。俾屏余一人以在位，茕茕余在疚。"子贡听了这话，实在气愤不过，便对人说："国君恐怕不能在鲁国善终吧！夫子的话这样说：‘失去了礼就会昏昧，丧失了名分就是过错。’丧失了意志就会昏乱，失去了本位就是过错。生时不能用，死了作诔文哀悼他，这是不合乎礼的。自称‘一人’这是不合名分的。国君两样都丧失了。"[2]果然，几年后，鲁哀公因强立夫人、太子，遭国人怨恨，又得罪"三桓"，逃亡国外。

---

① 陈成子弑简公，孔子沐浴而朝，告于哀公曰："陈恒弑其君，请讨之。"公曰："告夫三子！"孔子曰："以吾从大夫之后，不敢不告也，君曰‘告夫三子’者。"之三子告，不可。孔子曰："以吾从大夫之后，不敢不告也。"（《论语·宪问》）

② 子赣曰："君其不没于鲁乎！夫子之言曰：‘礼失则昏，名失则愆。’失志为昏，失所为愆。生不能用，死而诔之，非礼也。称一人，非名也。君两失之。"（《左传》）

第二章

对话孔子，体悟夫子之道

《论语》趣读十

仁爱孔子——见贤思齐

孔子不仅是仁学的倡导者，更是仁学的忠实实践者、率先垂范者。他一生行走在求仁的路上，始终信心满满、干劲十足，用他自己的话说是：“发愤忘食，乐以忘忧，不知老之将至云尔。”

世上没有永动机，万物运行都有某种力量做支撑。孔子求仁的信心来自何处？力量来自哪里？

笔者认为，这力量和信心就来自对“天下为公”的大道的坚信，来自榜样的力量。

榜样的力量是无穷的。在求仁的路上，孔子总是不断地在上下古今的人群中寻找榜样，寻找师友，从而为自己的前行注入永不枯竭的力量。他曾说：“三人行，必有我师焉！择其善者而从之，其不善者而改之。”还说：“见贤思齐焉，见不贤而内自省也。”

贤者为师，可做前行的引导者；不贤者亦可为反面教员，可做前行中禁止通行的路标。这样一来，何处无师？何时无师？

韩愈说：“圣人无常师。孔子师郯子、苌弘、师襄、老聃。”（韩愈：《师说》）这四人可以说是孔子的专业之师、学问之师，如孔子曾向郯子问官名，向苌弘学音律，向师襄学琴，向老聃学礼。如果就为仁之师来说，就多得很了。在《论语》中，孔子提到的老师，就可列一份很长的名单，这份名单中包括一些人们熟知的古圣先贤，也包括一些当时的达者仁人。

不仅如此，孔子在开列这份名单时，还特别提到自己向他们学习的重点。比如，对尧，孔子主要赞美他效法天地、尊重民意、广泛学习；对舜，主要赞美他为政以德、使贤任能，不独专其政；对禹，主要赞美他严于律己、注重实干、生活俭朴、敬畏神灵。

伯夷、叔齐兄弟是孔子明确肯定的仁人。孔子认为他们能礼让，甚至能以国相让，与周文王的大伯——泰伯一样，具有高尚的品质。而且伯夷、叔齐兄弟还不念旧恨，怨恨因此很少。

郑国子产是孔子颇为心仪的政治家，孔子称赞他具备君子之道的地方有四点：自我修养严肃认真，侍奉君上恭敬谨慎，教养人民多用恩惠，役使人民合乎道义，并说子产是个宽厚慈惠的人。

孔子适齐、适卫期间，曾拜访过齐国政要晏婴，卫国政要公叔文子、蘧伯玉，也了解了卫国史官史鱼的事迹。孔子认为这些人都是他学习的好榜样。

据《史记》记载，孔子在齐期间，齐景公想重用孔子，但晏婴说孔子学说太烦琐，学不来，齐景公因而放弃了重用孔子的打算。这样看来晏婴应是批评过孔子的人，算不上好朋友，但孔子却取人以长，而不取人以短，还是说："晏平仲善与人交，久而敬之。"

对于史鱼和蘧伯玉，孔子曾用诗一样的语言赞美他们说："正直啊史鱼！国家政治清明，他像箭一样直；国家政治昏乱，他也像箭一样直。君子啊蘧伯玉！国家政治清明，就做官；国家政治昏乱，就可以把自己收起来不做官。"①

适卫期间，孔子与蘧伯玉、公叔文子交往甚多，成了好朋友，不见面时，还互相问候。孔子总是不放弃一点一滴向人学习的机会。有一次，孔子见到卫国的公明贾，就向他打听公叔文子的情况，孔子说："当真吗？这位先生不讲话，不笑，不索取吗？"公明贾说："这是传话人的错。这位老先生到该讲话的时候才讲话，因此别人不讨厌他说话；高兴了才会笑，因此别人不讨厌他笑；合乎道义才会索取，因此别人不讨厌他索取。"孔子说："原来是这样，难道真是这样吗？"②

孔子听说公叔文子与他的家臣僎一起升任卫国公室的大夫，这说明文子能荐贤，不嫉妒，便说："公叔文子可以称为'文'了。"③

---

① 子曰："直哉史鱼！邦有道，如矢；邦无道，如矢。君子哉蘧伯玉！邦有道，则仕；邦无道，则可卷而怀之。"（《论语・卫灵公》）

② 子问公叔文子于公明贾曰："信乎？夫子不言、不笑、不取乎？"公明贾对曰："以告者过也。夫子时然后言，人不厌其言；乐然后笑，人不厌其笑；义然后取，人不厌其取。"子曰："其然，岂其然乎？"（《论语・宪问》）

③ 公叔文子之臣大夫僎与文子同升诸公。子闻之曰："可以为文矣。"（《论语・宪问》）

一天，蘧伯玉派使者拜访孔子，孔子问使者："你们先生在做什么？"使者回答："我们先生想尽量减少自己的过错却还未能做到。"使者出去后，孔子说："好使者啊！好使者啊！"[①]

孔子为什么如此赞扬使者？我认为在于使者传达了一个极为重要、极为使孔子高兴的信息：蘧伯玉注重个人修养，总是思考着改过自新，那他一定身心康泰，不会招惹祸殃。

孔子不仅以上下古今的圣贤为师，勤于学习，就是面对那些后生晚辈和自己的学生，也从不放弃学习的机会。"教学相长"是孔子教学的重要原则，他善于发现并学习学生身上的长处。比如，他多次夸奖颜回好学，能"不迁怒，不贰过"；夸奖子路勇敢守信；夸奖子贡明达；夸奖冉有多才多艺；夸奖闵子骞孝；夸奖宓子贱有君子品格；夸奖子夏能启发自己，等等。细心体察，孔子同样具有"果""达""艺"等诸多长处，这正是他日积月累、潜移默化地向他人学习的结果。每一个品行高尚的人都是善于向他人学习的人，这是亘古不变的真理。

《论语》趣读十一

克己复礼，天下归仁

"克己复礼"是孔子对颜回说的。

颜渊问仁。子曰："克己复礼为仁。一日克己复礼，天下归仁焉。为仁由己，而由人乎哉？"

颜渊曰："请问其目。"子曰："非礼勿视，非礼勿听，非礼勿言，非礼勿动。"

---

① 蘧伯玉使人于孔子。孔子与之坐而问焉，曰："夫子何为？"对曰："夫子欲寡其过而未能也。"使者出。子曰："使乎！使乎！"（《论语·宪问》）

颜渊曰："回虽不敏，请事斯语矣！"（《论语·颜渊》）

初读此章时，笔者很困惑：对"仁"孔子不是给出了一个最为简明扼要的"仁者爱人"的定义吗？在《论语·颜渊》篇中，紧接"颜渊问仁"的就是"仲弓问仁"，孔子答能行忠信恭恕之道即是仁，还是重复"仁者爱人"的老调，怎么到了颜渊问仁就另起炉灶，说"克己复礼"为仁了呢？礼与仁又是什么关系呢？

后来笔者了解到，不仅是我辈这样的初学者有疑问，就连一些研究儒学的顶尖学者也有。据说有学者因"克己复礼"等类似语录就认定"礼"是孔子思想的核心，或就仁与礼之体用关系展开过辩论。

人们之所以会产生这样的疑问，是因为孔子思想跳跃得太厉害了，由"仁者爱人"到"克己复礼为仁"这一步跨得太大。

为什么会跨这么大一步？因为孔子答弟子问是因材施教，同问不同答。颜回是孔子弟子中最聪明的，闻一知十，连孔子都说本人"不如也"。所以，同样问仁，对有些鲁笨的樊迟，孔子给了"仁者爱人"这最简明的回答；对稍不如颜回，但也足够聪明的子贡、冉雍、曾参，孔子的回答则更高深一些，把爱人更为具体化，化为忠恕，而对颜回这样的学生，孔子则充分相信他的悟性，把事物最深层的内涵告诉他，由此及彼、由表及里的推理过程则由颜回自己去完成。

在这个回答中，孔子给出三个重要概念：己、礼、仁，组成了一个思维三步跳：克己、复礼、归仁。

只要深入理解，就会发现"克己""复礼"实际上都是走向"忠恕"，走向"爱人"，从而走向"仁"的途径。说"克己复礼为仁"，比简单地说"仁即忠恕"要具体得多，深刻得多。但要完成这一系列的推理，首先要把三级跳的第一级跳好，即要先搞清楚为何要"克己"，何为"克己"。这一跳在颜回看来也有点难，所以他要求老师再给点启示，说详细一点。孔子回答四个"非礼勿"，就把问题讲清楚了。为何要"克己"？因为己之视听言动，即肉体感官、欲望意志这些近乎纯自然的东西，没有也不可能完全社会化、文明化。完全听凭这些自然力量的主宰，就可能做出一些非礼之事。孔子答颜回为邦之问时就说过"放郑声，远佞人"，因为"郑声淫，佞人殆"——二者都非礼，这"放"和"远"，也是"非礼勿"。

要完成这思维的三级跳需要跨过的第二个坎，就是要弄清楚这几个问题：礼是什么？合礼为何就会近仁？仁与礼的关系如何？

礼是什么呢？“礼”字的原始形态可能会给人透露更多的信息。礼的繁体字“禮”，由“示”“豊”两部分组成，“示”表示祭祀，“豊”则像是高脚碗里盛满了玉圭或米肉等祭品的样子。这表明“礼”最初与巫术礼仪有关，是祭祀天地、神灵、祖宗的仪式，既是宗教，也是政治。

后来礼的宗教功能逐渐减弱，而其政治教化、道德培育功能则逐渐加强，至商周时期已形成一套关乎祭祀、宴饮、朝会、婚丧以及待人接物方面的典章制度、仪式规范，更进一步则化为兼有法律和道德功能的外在律令。

由于礼最初与祭祀天地、神灵、祖宗有关，其基本精神则是对天地、神灵、祖宗的诚信敬畏，后来礼虽然发生了很大变化，但这种诚信敬畏精神并没有变，只不过诚信敬畏的对象由仅仅指向天地、神灵、祖宗转向了人而已。所以，谈到礼的本质，《论语》中说得很明白，其本质就在诚信、敬畏、礼让。

子曰：“居上不宽，为礼不敬，临丧不哀，吾何以观之哉？”（《论语·八佾》）

子曰：“能以礼让为国乎？何有！不能以礼让为国，如礼何！”（《论语·里仁》）

曰：“为国以礼，其言不让，是故哂之。”（《论语·先进》）

“君子敬而无失，与人恭而有礼，四海之内，皆兄弟也。君子何患乎无兄弟也？”（《论语·颜渊》）

林放问礼之本。子曰：“大哉问！礼，与其奢也，宁俭；丧，与其易也，宁戚。”（《论语·八佾》）

而诚信、敬畏、礼让，就是对人的尊重、关爱，即“仁”的表现。所以合礼或曰复礼（实行、践履礼）就会近仁。“仁”是内在规范（自律），“礼”是外在规范（他律）。这“仁内礼外”的思想在《论语》中也表现得很清楚。

子曰：“人而不仁，如礼何？人而不仁，如乐何？”（《论语·八佾》）

子夏问曰：“‘巧笑倩兮，美目盼兮，素以为绚兮。’何谓也？”子曰：

"绘事后素。"

曰："礼后乎？"子曰："起予者商也，始可与言《诗》已矣！"（《论语·八佾》）

人作为具有自然和社会双重属性的存在，既需要他律的引导，也需要自律的约束，而自律的形成恰恰需要他律的训练。所以，孔子说"克己复礼，天下归仁"。

《论语》趣读十二

礼之用，和为贵？

读书之趣在于求知，求知之趣在于有疑，去疑之趣在于贯通。贯通是一种高级的知、透彻的知。读《论语》之趣往往也正在这种知、疑、通之中。

《论语·学而》篇三次谈到"礼"，提出了关于"礼"的三个重要命题："礼之用，和为贵""恭近于礼，远耻辱也""贫而乐，富而好礼"。如何理解这些话？

《论语》的特点是只给结论，并不做论证，至于为什么会得出此类结论，只能靠读者自己去摸索、领悟。《论语》所用之语言，即孔子及其弟子课堂教学及日常生活之语言，集诗书礼乐之雅语及日用俗语于一体，生动而又朴实，歧解歧义频现。比如，"礼之用，和为贵"一章，歧见纷出，就需要参酌众见，再结合《论语》这个大文本以及《左传》之类更大的文本寻找解锁的钥匙，如此才能找出大致说得通的结论，并融会贯通。

先说"和"。

皇侃注：和即乐也。

朱熹注：和者，从容不迫之意。

刘宝楠注：刚柔得道谓之和，反和为乖。

杨树达注：和即事之中节，恰到好处。

杨伯峻注：和为恰当。

孙钦善等注：和为和谐、调和。

中国训诂学（亦可称中国阐释学）有一个重要的定理，一般概括为“以某解某”，如以孔解孔、以杜解杜之类，即是说对于某一作家的某一文本中的某个词或某个句子，不能自以为是，或是仅用《辞典》所列的通用意义去解释，而应将这某词某句放到全文中，或作家特有的语言习惯中，甚至是作品产生的时代之文化文本中去理解。这也正是鲁迅所说的不仅要顾及全篇，也要顾及作者的全人以及作者所处的社会状态。

就“礼之用，和为贵”而论，“和”作何解，最好联系《论语》全书以及《左传》《国语》等文献中记载的孔子的有关言论来理解。《论语》中谈到“和”的地方不多，最为著名的一句是“君子和而不同，小人同而不和”，与此相关意义相近的是“君子周而不比，小人比而不周”。这些地方的“和”，总与“多”“众”相关，而与之相对应的则是“一”“同”。综合而论，“和”是讲人际关系的和谐、调和。这和谐、调和造成的连带性效应或曰引申义可能是和乐、恰当、雍容。但在“礼之用，和为贵”中，“和”只能作和谐、调和讲，而不能用其引申义。

现在通常说的家和万事兴、社会和谐、世界和平，用的是“和”的基本义，即和谐、调和。

再说“用”。仅就“用”字本身来说，基本没什么分歧，即作功能、作用、施用讲。但与礼相连，谈到“礼之用”，这分歧就大了。有子说“礼之用，和为贵”，而孔子则多次说“礼之用在约（约束、规范），在齐（整顿），在节（节制、约束），在立（立身）”。

子曰：“君子博学于文，约之以礼，亦可以弗畔矣夫。”（《论语·雍也》）

子曰：“道之以政，齐之以刑，民免而无耻；道之以德，齐之以礼，有耻且格。”（《论语·为政》）

有子曰：“礼之用，和为贵。先王之道，斯为美，小大由之。有所不行，知和而和，不以礼节之，亦不可行也。”（《论语·学而》）

子曰："兴于《诗》，立于礼，成于乐。"（《论语·泰伯》）

总之，礼之用，在约，在齐，在节，在立。

《千字文》给出了一个更为通俗的说法："乐殊贵贱，礼别尊卑"，即礼之用在别，即区分上下、尊卑、贵贱的身份、地位、职权、责任。

这种说法也是大有来头的。如《左传·隐公十二年》中载，齐鲁郑联军伐许，获胜后，郑庄公并未吞并许国，而是给许人以改过自新的机会。对此，有君子评论说："郑庄公于是乎有礼。礼，经国家，定社稷，序民人，利后嗣者也。"一般认为"君子曰"即是"孔子曰"，而这"经""定""序"的大意，也是划界线、讲秩序、论区别之意。

为什么礼之用在别，在经，在定，在序呢？荀子给出了理由："礼起于何也？曰：人生而有欲，欲而不得，则不能无求；求而无度量分界，则不能不争；争则乱，乱则穷。先王恶其乱也，故制礼仪以分之，以养人之欲，给人之求，使欲必不穷于物，物必不屈于欲，两者相持而长，是礼之所起也。"（《荀子·礼论》）

据说孔子之后，儒分为八，荀子又是最得孔子真传的一家。这样看来，荀子的意见基本可视同于孔子的意见。

这样一来，就热闹了。就"礼之用"来看，古圣先贤，各执一词，或曰孔子自己也持有多见，"打"起来了。但静下心来看这场争论，实际上还是"吾道一以贯之"的，只是从不同角度立论而已。

荀子所说的"人"，乃是社会人、群体人、众人。人之有欲，有求，有争，乃是因人众，人多而有争，有乱。因有争乱就必须定出个秩序，定个先后、上下、尊卑、贵贱，然后各就其位，各安其分，各守其职，各享其利。此之谓"礼之用在分，在别"，这是就"礼"的原初目标设定、功能企求而言的。但目标设定与目标达成之间还有很大的距离，这个距离要靠实践来缩短。如果有人不服"分"，不服"别"，不承认你这个"序"怎么办？那就必须依靠强大的外在约束力量、制约机制来约之，齐之，节之，导之。前面说，"礼"的本质是一种集宗教、政治、道德、法律为一体的外在规范，有了这种外在规范，这种他律，才能体现"礼"的基本精神——敬畏、仁爱、礼让，个人才能自立、自尊、自强，从而达到社会的和谐、和平。"礼之用，和为贵"，只是指"礼"最后达成的目标、结果，产生的效应而已。

社会秩序很好，人也很讲礼貌，已达“和为贵”境地的国家想必也是经过了一番治理、整顿的。看来，只讲礼之用在和，不讲在分，在别，在序，也是不行的。

《论语》趣读十三

三十如何立？

孔子晚年，细检其人生历程时说过这样一段值得玩味的话：

“吾十有五而志于学，三十而立，四十而不惑，五十而知天命，六十而耳顺，七十而从心所欲，不逾矩。”（《论语·为政》）

如今笔者自己也一把年纪了，但看看孔子在他几个人生阶段达到的目标，深恐自己是难以达到了。四十有惑，五十不知天命，六十耳根不顺，七十从心所欲的事更是办不到。勉强可以说的是前两样：八九岁入学，但也难说是“志于学”；三十能独立谋生了，但也难说是“立”了。

为什么“不惑”“知天命”之类都达不到呢？恐怕与自己所志、所立有关。孔子的“志”“立”“不惑”“知天命”等是个系统工程，环环相扣，缺了哪一环，都会走样。

孔子“志”的是什么呢？他自己说是“志于学”，后来又说“志于道”。恐怕这学与道也大有关系。我等凡人，至今不知“道”为何物，所以其立也难。

孔子“立”的是什么呢？他自己多次说过是“立于礼”。

子曰：“兴于《诗》，立于礼，成于乐。”（《论语·泰伯》）

这句话说的是什么呢？有人认为是为政之序，如朝聘宴饮、赋诗言志之类。但大多数注者认为这句话说的是为学之序、修身之序，这笔者是赞成的。“兴于《诗》”，即起于《诗》，从《诗》学起。现在，孩子未入学时，父母也是先教儿歌和唐诗宋词，这可能就是对“兴于《诗》”的传承；“立于礼”是讲以礼约束自己，事事合礼，从而能立于社会；“成于乐”是说对诗礼之类的人生价值，乐之好之，已进入审美之人生也。

据《左传》《史记》等资料记载，孔子少年时代就喜欢学礼，青年时代曾入周问礼，刻苦学习加上身体力行，很快便成了远近闻名的礼仪专家，连鲁国执政大臣孟僖子都因出访不习礼而闹过笑话，临死时交代要让他的儿子跟着孔子学礼。孟懿子、孟武伯都是孟僖子的后代，他们都曾向孔子问过孝，即是明证。正是由于有了这样的名声，孔子三十来岁就开始设帐授徒，开办私立学校，这可以算是“立于礼”了。

当孔子五十岁，“知天命”之后，又告诫孔鲤说：“不学礼，无以立！”（《论语·季氏》），这是他自己的经验之谈。

孔子曰：“不知命，无以为君子也。不知礼，无以立也。不知言，无以知人也。”（《论语·尧曰》）

这《论语》最后一章可以看作是对孔子思想最精练的概括。

为什么孔子如此看重礼，一而再、再而三地强调要“立于礼”“不学礼，无以立”呢？

笔者认为，在孔子时代，礼是集宗教、政治、道德、法律于一体的一种文化规范、社会公德、法律条令、政治游戏规则，是一个人自我修养的他律，是做人的底线（正如自律中的忠恕一样）。守定这一底线，遵守这种他律，才能保持对他人，对社会的尊重，从而保有自尊，让别人把你看作一个人，一个堂堂正正的人。

对于孔子是如何“立于礼”的，《论语》中有很多记载，《论语·乡党》篇的记载尤为详细生动。这些记载现在读来让人觉得有些迂，甚至感到可笑，其实当年也有人因此取笑过他。如孔子入太庙，每事问，就有人笑他不知礼，而孔子回答“是礼也”。为什么“是礼也”？太庙为何地？太庙即鲁国先祖周公之庙也。且不说孔子对周公“一往情深”，连做梦都梦到过周公，一入圣地便循规蹈矩、礼敬有加，就是现在的人，进入宗庙场所，也应保持恭敬严肃的态度，不能大大咧咧、随随便便的，更不能随便攀爬、随地拍照、随地吐痰等。

再如，孔子说：“事君尽礼，人以为谄也。”可见那时候就有人不理解孔子，以为侍奉君主尽礼为谄媚。孔子认为“君使臣以礼，臣事君以忠”，而且主张君可犯也，不可欺也。他是主张诤谏的，而且确实尽到了一个作为社会良心的公知的责任，屡次诤谏。有人只看到了孔子事君尽礼的一面，以为“谄”，这是误解。孔子事君尽礼而又保持独立人格，错了吗？没错。即是在今天看来，对人，对事也应以礼相待。有个段子说，“领导端酒我先喝，领导开门我上车，领导开会我先说”，这个“我”，不仅“二”，也愚，按孔子的话说，这叫“躁”，叫“乱”，叫“绞”（尖酸刻薄）。

子贡欲去告朔之饩羊。子曰：“赐也，尔爱其羊，我爱其礼。”（《论语·八佾》）

子曰：“麻冕，礼也；今也纯，俭，吾从众。拜下，礼也；今拜乎上，泰也。虽违众，吾从下。”（《论语·子罕》）

子疾病，子路使门人为臣。病间，曰：“久矣哉，由之行诈也！无臣而为有臣，吾谁欺？欺天乎？且予与其死于臣之手也，无宁死于二三子之手乎！且予纵不得大葬，予死于道路乎？”（《论语·子罕》）

宰我问：“三年之丧，期已久矣。君子三年不为礼，礼必坏；三年不为乐，乐必崩。旧谷既没，新谷既升，钻燧改火，期可已矣。”

子曰：“食夫稻，衣夫锦，于女安乎？”

曰：“安。”

“女安，则为之！夫君子之居丧，食旨不甘，闻乐不乐，居处不安，故不为也。今女安，则为之！”

宰我出。子曰：“予之不仁也！子生三年，然后免于父母之怀。夫三年之丧，天下之通丧也。予也有三年之爱于其父母乎？”（《论语·阳货》）

以上这些例子说明，有一些礼仪规范，在孔子生活的时代，可能限制了权势者的利益，或已与现实生活脱节，因此，人们——特别是受此礼约束最多、最大的贵族、君子，已对之进行了简化、修正，甚至已经将其抛弃、毁坏。比如，告朔之礼，连鲁国国君都已经不当一回事，只是杀一只羊祭奠而已，并不上朝，所以子贡干脆就想连祭祀之羊也去掉；跪拜之礼太烦琐，拜上拜下的，次数太多，所以有些人干脆省掉了拜下，一步到位只拜上；丧葬之礼改动更大，子路等人（不少学者认为此事不过因子路年长，挑了个头儿而已，参与者可能还有颜回、冉有、闵子骞等高足）在孔子病重时提前搞了个“治丧委员会”，并用同门弟子做家臣来治丧，因死者为大，想尽量把丧事办得隆重些，这在贵族们可能已成了习惯，这不过是随了当时的新俗，并无大错；三年之丧事实上已很难做到，宰我举出的理由其实也都是孔子常说的一套理论，他是以子之矛攻子之盾，想让孔子在这件事上通融一下。

在孔子看来，“礼”的形式是与“礼”的内容、“礼”的精神连为一体的，正如质与文不可分裂一样——“质胜文则野，文胜质则史，文质彬彬，然后君子”。“礼”的精神必须依托于某种形式，礼的形式必须体现礼的精神。“礼云礼云，玉帛云乎哉？乐云乐云，钟鼓云乎哉？”“礼”的基本功能是“殊贵贱、别尊卑”，是规范行为、节制欲望，是调和人际关系，而“礼”的基本精神则是对神灵，对他人的敬畏和尊重。孔子所处的时代是个礼崩乐坏的时代，为了挽救这种文化颓势，对能体现礼之精神的事情，孔子都要坚守、笃行，哪怕遭人讥笑，遭人反对，也绝不退让。同时，孔子认为任何一种损害礼之精神的退让都是助纣为虐。比如，去掉告朔之羊，实际上就意味着抛弃了告朔之礼，所以孔子反对，说：“赐也，尔爱其羊，我爱其礼。”臣子拜见君主，先在堂下行礼，是符合礼的。而在堂上拜的做法却显得臣子太骄纵了，所以孔子坚持在堂下行礼。孔子认为人在出生三年后才免于父母之怀，父母对孩子都有三年之爱，所以父母死后，子女也应该守丧三年。“三年之丧”是保持父慈子孝这一人性根本的重要仪式，对这一仪式的简慢，实际上意味着对父母之爱的轻蔑，所以孔子说宰我“不仁”。

有人以此认定孔子为保守主义者、复古主义者，这也是误解。对“礼”的坚守是对人道主义理想的坚守，这与“为艺术而艺术”，在任何时代都表现为一种为了艺术而追求进步一样，对人道主义理想的坚守在任何时代都意味着一种向上、一种进步。而孔子认为冠冕之礼稍作变革，由麻改为丝，省工又省料，更体现礼之精神，可见，孔子也是乐于接受这种变革的。是否由此可以认定孔子为激进主义呢？当然也不能，其实这也是对礼的坚守。

正是由于这样日复一日、年复一年持之以恒的坚守，孔子成了人之师表，有了弟子三千，培养出贤者七十二，也成了各诸侯国上至国君下至庶民都仰慕的君子达人——不少当年权倾一时的君主、大夫都曾向孔子请教。孔子退休后也成了鲁国的国老。也正是由于这样的坚守，孔子完成了人生的几次精神飞跃，由“志于学”而成为“从心所欲，不逾矩”的哲人。

这也正可以进一步解开开头的疑问。如果说“志于学”和“三十而立”与“礼”相关的话，“四十而不惑”等也同样与“礼”相关。我们知道，世界之大，无奇不有，变化之快，超乎想象，每天都有新情况、新问题，“生也有涯”的个人哪能样样都通，不会有惑呢？有人说“四十而不惑”，这牛就吹大了吧？可是如果他知道孔子的志与立都与“礼”有关，应该知道“四十不惑”也不虚，这里应是指孔子对何为“礼”、何为“非礼”，已了然于心，不会糊涂。同样，“从心所欲，不逾矩”中的“矩”，也主要是“礼”。不逾矩者，不逾礼也。

《论语》趣读十四

不学礼，无以立

2014年春，一对大陆年轻夫妇赴港，因自家幼童尿急，厕所难觅，就让孩子在路边撒尿，但用纸接住了。此事被一香港男子发现，他立即拿出手机拍照，上传到网上，指证大陆人无礼。年轻夫妇不允，与之争吵，最终升级为肢体冲突，引发网上热议。

如今该事件热力渐退，人们的反思却逐渐深入。大陆游人应从这事接受教训。香港市民也渐觉拍照男子不够厚道，随便拍照，挑动事端，同为无礼。因为礼的本质在于尊重、在于关爱，而不是互相歧视，挑动仇恨。

就此事，笔者想到了孔子，想到了他所持的观点——“不学礼，无以立”。

在那个礼崩乐坏的时代，孔子之所以反复告诫他的弟子“不学礼，无以立”，绝不仅仅是因为礼这个东西在他看来很好，更重要的是“不学礼，无以立”这个命题，是无数惨痛历史教训的总结。“春秋之中，弑君三十六，亡国五十二”，这桩桩件件的弑亡事件，几乎都因无礼而起。不学礼，不仅不能立人，也不能立家、立国。这些血的教训，孔子常提起，他的弟子们也极为熟悉，只需稍微熟悉一下相关历史资料，就能体会到《论语》中“不学礼，无以立”的分量。

隐公七年，陈国与郑国讲和，陈国的五父至郑国参与结盟，“歃如忘”（歃血时心不在焉）。郑大夫泄伯说：“五父必不免，不赖盟矣。”即是说五父不免于祸，因为他不认为结盟是国家大事。

果然，不久，桓公六年，五父为蔡人所杀。

庄公十年，蔡哀侯在陈国娶妻，息侯也在陈国娶妻。息侯夫人出嫁时路过蔡国，“蔡侯曰：‘吾姨也（这是我妻子的妹妹）。’止而见之，弗宾”，“弗宾”，即不很礼貌。息侯听说后大怒，便挑动楚文王攻打蔡国。不久楚在莘地击败蔡军，蔡哀侯也成了楚国的俘虏。

僖公十一年，周天子派召武公、内史过为晋惠公册封并赐予荣宠，晋惠公“受玉惰”——在接受瑞玉时懒洋洋的，不当一回事。内史过回去说：“晋侯的后代恐怕不能继承禄位了。天子赐予荣宠，而他接受时无精打采，这是自暴自弃，哪里还会有后继者？礼仪是国家的躯干，恭敬是载礼的车子，不恭敬则礼仪不能施行，礼仪不行则上下昏乱，又怎么能长盛不衰？”

晋惠公是晋献公的儿子，晋文公重耳的弟弟，靠出卖晋国土地获得秦国的支持，当了国君。周王朝给他册封，本来是件大好事，而他却懒洋洋、毫不领情的样子，全然不把周天子放在眼里，所以内史过才会说他自暴自弃，预言他的后代不会再受禄位。这还真叫内史过说着了，不久，晋惠公因对秦背信弃义，成了秦的俘虏，当然也失掉了君位。他的儿子晋怀公继位后仍拒绝重耳回国，且加上滥杀大臣，最后被重耳杀死。

僖公二十四年，郑国子华的弟弟子臧逃亡到宋国，“好聚鹬冠”。郑文公听说后非常讨厌他，就派人把他骗出来，杀死在陈国、宋国的交界处。君子说：“服饰不合适，是躯体的灾祸。”

服饰不合适怎么就成灾祸了呢？据说鹬鸟为知天之将雨的鸟，故古以为知天文者冠鹬冠，因此“鹬冠”也指通晓天文之士。子臧之兄子华当年挑动诸侯国铲除他在郑国的政敌，得罪诸侯，逃亡被杀，子臧也因此逃亡。作为一个流亡公子不知修身养德，却僭礼胡闹，由此郑文公看出他有犯上作乱的苗头，所以才把他杀了。

文公九年，楚国的子越椒来鲁国聘问，“执币傲”，即手持礼物时态度傲慢。鲁大夫叔仲惠伯说：“这个人必定会使他的家族若敖氏灭亡。对他的先君如此傲慢，神不会保佑他。”

楚国的子越椒，即子越，此人熊虎之状而豺狼之声，令尹子文早就预料他会灭若敖氏之族。后来子文死，子越做了令尹，发兵攻打楚成王，被成王灭族。

文公十七年，鲁大夫襄仲到齐国去，拜谢齐鲁谷地之盟，回来后对文公说：“臣听说齐国打算来鲁国吃鲁国的麦子。但在臣看来，恐怕不可能。齐国国君说话草率。臧文仲说过：‘民主偷，必死。’”

齐懿公果然于第二年五月被杀，齐军也没能吃上鲁国的麦子。

为什么“民主偷，必死”呢？道理很清楚，君主说话粗鲁草率，公然对鲁国使者说要吃鲁国的麦子，就是公开宣布要对鲁开战。而在会盟之后即背盟弃信，必然会引起国内人的反感，积怨就会借机发酵，从而导致内乱。

齐懿公为公子时，就和邴歜之父争田，没能得胜，即位后就把邴歜父亲的尸体挖出来并砍断了脚，同时让邴歜为他驾车。他还抢夺了阎职的妻子，而让阎职做他的骖乘。一天，齐懿公在申池游观，邴歜、阎职在申池里洗澡。邴歜用马鞭鞭打阎职，阎职怒。邴歜说：“人家夺你的妻子你不怒，我打你一下算什么？”阎职说：“那与被人砍了父亲的脚而不敢发怒的人比又怎样？”于是两人商量杀死了齐懿公，并把他的尸体扔到了竹林里。

宣公十七年，晋景公派郤克到齐国去请齐顷公参加盟会。齐顷公接见郤克时用帷帐当作屏风让妇人观看。郤克跛脚，登上台阶时，妇人在厢房里看他一瘸一拐的样子便笑了起来，这笑人者中就有齐顷公的母亲萧桐叔子。郤克听到笑声，大怒。出来时发誓说：“如果不报此仇，就再也不渡过黄河。”

回国不久，郤克做了晋国执政大臣。成公二年，齐侵鲁、卫，鲁、卫使者向晋国求援，后鲁、晋、卫伐齐，郤克率军主战，这就是著名的齐晋鞍之战。晋军从济南一直打到齐都临淄。齐顷公请求割地求和，但晋军开出的条件是齐国的田垅一律改为东西走向，以便晋国的战车开进，同时让齐顷公之母萧桐叔子到晋国做人质。这两个条件显然太苛刻了，这是对齐国的羞辱与报复。齐顷公当然不能接受，声称要不惜一切代价进行反抗。加之鲁、卫两国也从中劝说，郤克才算见好就收，放了齐顷公一马。

成公五年，宋国的公子围龟在楚国当人质后回到宋国。宋国执政大臣华元设享礼招待他。公子围龟仗着自己是宋文公之子，曾代华元在楚为质，便不知天高地厚，要求打鼓呼叫进出华元的大门，还说："我这是演习攻打华氏。"宋国的国君宋共公听说这件事后，便把他杀了。

"不学礼，无以立"，此类例子不胜枚举。仅从以上几例来看，也够惊心动魄的了。郑国的子臧好鹬冠，宋国的公子围龟要求鼓噪进出主人的大门，这属于典型的不学无术、任意胡闹，身死名裂也是咎由自取。会盟之时，说话草率；朝会之际，取笑使者，这都是典型的失礼，被人指责，惹人发怒，甚至引起谋杀和战争，教训可谓深刻。"歃如忘""受玉惰""执币傲"之类都发生在行礼的过程中，当然不是无礼，但由于结盟、朝聘都是极其庄重、严肃的事情，而在此类事情上表现慢、惰、傲，就是对礼的精神即敬畏、尊重的亵渎，也是对主人的不敬，是严重的失礼，所以才会为人笑、为人厌。这也说明，礼在当时的社会，是极重要的政治游戏规则，可称之为一种铁律。对这种铁律的任何一点不敬，都会招至惩处。之所以会称为"铁律"，是因为这后面都有或显或隐的制约力量、惩处机制存在。显的是杀伐暴力，隐的则是世道人心。没有这样的惩处机制，到处搞什么"上有政策下有对策"或"下不为例"，任何道德或法律条文都会成为儿戏。

这些例子还说明，当时各国的政要、达人、君子、史官、太卜之类的人物，眼光之所以如此犀利、预言之所以如此准确，正在于他们对这条铁律的谙熟、精通。

还有一点需要注意的是，如"歃如忘""受玉惰""执币傲"之类的事情，都可以说是一些极为琐屑的历史细节。现代人常说历史只记一个整数，往往会把细节忽略不计。但《左传》《诗经》等史书和诗书，却都正儿八经地记了下来，而且不止一条，从而确立了"礼"在中华文明的独特地位。

《论语》趣读十五

君子知天亦知命

孔子相信天命吗？这又是一个聚讼纷纭的问题。无论是肯定者还是否定者，都言之凿凿，都能从孔子的言论及行为中找到依据。不仅如此，随着争论的深入，什么唯物唯心呀，进步落后呀，一大堆问题又出来了，对孔子的研究最终变成了一场口水战。这种理论研究上的怪圈、陷阱，确实很值得人们警惕。

面对这样聚讼纷纭的问题，怎么办？其实，还是要回到对象本身，回到原点，回到具体的历史语境，甚至要先回到语言本身才能找到答案。

为什么要先回到语言本身呢？因为争论往往是因对语言的不同理解而起的。这正如人们对路向发生争论，不知哪一条是正路时，需要回到岔路口重新分辨一样，宋、明学者就曾因心学、理学的不同路向而产生过争论。比如，不少人说孔子相信天命，依据的都是《论语》中的一些记录。

子见南子，子路不说。夫子矢之曰："予所否者，天厌之！天厌之！"（《论语·雍也》）

子曰："天生德于予，桓魋其如予何？"（《论语·述而》）

子畏于匡。曰："文王既没，文不在兹乎？天之将丧斯文也，后死者不得与于斯文也；天之未丧斯文也，匡人其如予何？"（《论语·子罕》）

颜渊死。子曰："噫！天丧予！天丧予！"（《论语·先进》）

这些话其实都是孔子情绪激动时的愤激之言，这些句子也都是典型的抒情句式，当不得理性判断，也当不得真的。比如，"天厌之！"不过是人们赌咒发誓时的常见语；"天丧予！"不过是人们在极度悲伤时的呼天抢地。古人也说过，"穷极则呼天，痛极则呼父母"。这些话只是在于表明自己态度的真诚，说者、听者都不会相信老天会有那么大的能力。至于"天生德于予"及"天之未丧斯文也"之类的话，只是为了在遭受困厄时给弟子们打气加油，兼为自己壮胆，并非是对天的性质、功能的判断，也不是对自己德行的评价，如坐实理解，孔子真就成了自吹自擂了。这与他平时说过多次的那些对自己的评价的话就互相矛盾了[①]。

人在处境危急、情绪激动时的急不择言之言，虽不是显意识的真实表达，却往往是深层欲望的自然流露，这样的深层欲望或可称之为“集体无意识”。孔子在情绪激动时的呼天抢地以及在情势危急时的呼天壮胆，恰恰说明在他的意识深处还残留着古代的天命观，那种天命观认为上天是决定人间吉凶祸福的主宰，是各种不可抗拒的力量的源泉，是人世价值的最终依托。

从原始社会至商周时代，人与自然的关系极为亲密，如同婴儿离不开母亲的怀抱，人也离不开自然，其生活主要靠的是渔猎与种植。人征服自然，利用自然的能力很低，多受自然的限制，所以产生听天、顺天、靠天、畏天的天命观就不足为奇了。值得注意的是，商周时代时由于生产力的大力发展，天命观已经开始解体，天道下移，人道上升，人道正逐渐代替天道。《左传》中的很多事例就显示出天道、人道更替的痕迹。

隐公十一年，郑灭许，郑庄公对许国守臣说：“这是鬼神降祸于许国，只是借我们的手灭亡了你们而已。”（“天祸许国，鬼神实不逞于许君，而假手于我寡人。”）

桓公六年，楚欲灭随，想先示弱以离间随之联盟。随大夫季梁看穿了楚之阴谋，告诫随国国君不要去追楚师，而要修明政治，先强大自己。他说“老百姓才是神的主人，所以圣王总是先注重百姓生活，然后才致力于敬神的事情。”（“夫民，神之主也。是以圣王先成民而后致力于神。”）

庄公十年，齐侵鲁，庄公欲战，他列举了三条可以一战的理由：一曰衣食所安，必以分人；二曰牺牲玉帛，致敬鬼神；三曰大小狱讼，都亲自考察。曹刿认为，鬼神的事不可信，只有认真为百姓办事，才是取胜的关键。

僖公五年，晋侯复假道于虞攻打虢国，虞公以晋国、虞国为同姓国，且鬼神会保佑虞为由，同意假道，虞国大夫宫之奇说，晋国、虢国也是同姓国，晋国会灭虢国，也会灭虞国，鬼神并不可靠，“鬼神非人实亲，惟

① 孔子多次说过自己不是什么“天纵之圣”，甚至否认自己是圣者、仁者，只是说自己是个学而不厌、多学而志的好学者而已。

德是依”“皇天无亲，惟德是辅”。虞公不听，结果上了晋国的当，不久便被晋国灭亡了。

以上这些事例说明：在天道与人道的更替中，天道事实上已成虚位，而人道成了真正的本体。

在这样的历史文化语境中，你要说孔子思想中没有一点天道观念的残留，那是不可能的。

可贵的是孔子并没有被古老的天命观念拖住，而是勇敢地走出了天命的阴影，创建了以“仁”为核心的人道观念，从而把中国文化推进到了一个新的境界。所以，有不少学者认为孔子最伟大的贡献，即在于以他的创造，完成了对天命的改造，实现了从天道到人道的置换。所谓“天不生仲尼，万古长如夜”，就是说如果没有孔子这样伟大的人物，我们还会长久地在天命的阴影中摸索。

也许有人会说，孔子在谈论天命的时候使用的并不都是情感性的语言，他还用非常冷静的理性语言谈论过天，这该如何解释呢？笔者认为在这里恰恰显示出了孔子的智慧。天地自然，这是一个存在事实，“天”是一个谁也无法从语言学中抹去的字眼，孔子不相信古老的天命观，但并不影响他仍要使用“天”这个词汇。他在使用这个极富哲学意蕴的词汇时，对之进行了哲学化的改造。

首先，对于传统观念中那种神秘荒诞的天，他主张加以悬置，存而不论，所以，“子不语怪、力、乱、神”；他告诉樊迟“务民之义，敬鬼神而远之”才算是聪明的；批评子路“未能事人，焉能事鬼”；极为聪明的子贡也曾感叹“夫子之文章，可得而闻也；夫子之言性与天道，不可得而闻也”。

其次，他主张对于自然之天，特别是大自然的各种运行规律，应积极探索，从这个意义上要知天、敬天、畏天、顺天，从而为天人合一的中国智慧奠定了基础。比如，他曾对子贡说过：“上天说了什么呢？春夏秋冬四季照样运行，众物照样生长，上天说了什么呢？”（“天何言哉？四时行焉，百物生焉，天何言哉？”）对于这样的天，你难道不应该保持一份探究的兴趣、一种敬畏的态度，从而知之、敬之、畏之、顺之吗？所以孔子尽管不再相信那种可以主宰人间祸福的天道，但仍重视对天地鬼神的祭祀。每到天气巨变时，他都会改变脸色（“迅雷风烈，必变”），主张人与自然的和谐，不要过分索取自然的赐予（“子钓而不纲”），等等。

最后，他主张汲取古老天命观中的合理成分，将其融入到新的人道观念之中，从而铸造出一种健朗的个体生命观。人们都知道“子罕言利，与命，与仁”，这里所说的“命”，实指个体的生命、命运、使命、历史责任。他从对天道的研究中领悟到，人也是自然的一部分，大自然及人类社会中许多偶然性因素、各种不可抗的力量，时时摆弄着个人的命运，人应当正视这种偶然性和不可抗性，但又不可俯首听命于偶然性和不可抗性，而要通过自己的努力，掌握自己的命运，为自己立命、正命、造命，这才算知命。

孔子在看望得了恶疾的冉伯牛时说：“亡之，命矣夫！斯人也而有斯疾也！斯人也而有斯疾也！”在得知公伯寮诬告子路时，孔子也感叹：“道之将行也与，命也。道之将废也与，命也。公伯寮其如命何！”在这两件事中，孔子都谈到了“命”，这“命”是指个体的生命或命运。个人的生老病死、命运的穷通，确有很多偶然性的因素在起作用，并非个人能够把握的。孔子的感叹正说明了他对这种偶然性的无奈与默认，却绝不能认为这是一种屈服。相反，孔子力主人在顺命的同时，也要向上天学习那种“天行健，君子以自强不息”的精神，正命、造命，积极进取。他一生都“学而不厌、诲人不倦”“志于道，据于德，依于仁，游于艺”，向着知天、不逾矩的人生境界努力。到了五十岁，他还说要学《易》，这样才能无大过。这才是孔子天命观的真谛、灵魂。

《论语》趣读十六

再谈孔子天命观

笔者在写完《君子知天亦知命》以后，颇不自信，于是翻书、上网，查找资料。这一来，果然有所得，现把一些感想写出来，算是一点补充。

有篇谈荀子的文章将儒家天命观从意蕴上分为了三种：自然之天、神学之天、义理之天。其中的“自然之天”已在前文中有详细讲叙，故不再做深入的解读，而在笔者看来，这“神学之天”大概是指鬼神之天，“义理之天”应该是指哲学之天。而笔者之前从语言的角度谈到的一个“情感之天”，大概也是能够成立的。又读了几家，虽意见不一，但大体说来，意见还是集中在对义理之天与神学之天的不同理解上。

关于“义理之天”，李零在他所著的《丧家狗：我读〈论语〉》的附录中针对孔子的天命观说了下面这些话：

孔子敬畏天命，但并不关心天本身。他重天命，不是重天命的天，而是重天命的命，即天对人事的影响。他说的命分两种：一种是死生寿夭，性命之命；一种是穷达祸福，命运之命。他认为，这两种命，都是穷人力，竭智巧，最终不能控驭的东西。“死生有命，富贵在天”，是贵族血统论所强调。

李零认为孔子重视天对人事的影响，这基本可以支持笔者之前所说的孔子引天道入人道，从而将天加以哲学化改造之意的想法，别外，他还认为孔子有拯救天下的使命感。不过加上这样一个使命感，说命分两种就有疑问了：使命之命，该属于哪种命？若说属于命运之命，那么它就不是什么不能控制的；若说另属一命，这命分两种就欠妥当。

关于“神学之天”，意见集中在对祭祀的态度上。《论语》说得很清楚，“子之所慎：齐（即斋戒）、战、疾”“所重：民、食、丧、祭”。孔子称赞大禹“菲饮食，而致孝乎鬼神”，他坚持认为“三年之丧，天下之通丧”。这一切都说明他很重视祭祀鬼神，但他并不相信鬼神。当年墨子攻击孔子，说他不信鬼神，使天神不悦，但又重视祭祀，这样非鬼神而学祭，如同家中无客却还要学待客之礼一样，是矛盾的。那么，该如何理解这种矛盾呢？

其实，祭祀乃是一种重要的礼仪。孔子时代的祭祀绝不同于原始巫术时代的祭祀，那时的祭祀要用巫、尸之类的人，以聆听天意，孔子时代的祭祀已剥离了巫术时代的内容，仅仅保留了一种形式，目的在于引天道入人道，从而使人能敬畏自然，尊敬祖先，维持社会的稳定。比如，告朔之礼，到孔子时代只剩下一具“空壳”，只是到时候杀一只羊表示表示而已，子贡因此主张连羊也不必杀了。孔子却说：“赐也，尔爱其羊，我爱其礼。”

曾参说得更明白，他认为：“恭敬慎重地办理父母的丧事，虔诚静穆地追祭历代的祖先，老百姓的道德就会趋向敦厚了。”①

再如“三年之丧”，宰予认为应根据社会的变化进行适当的改革，由三年改为一年，孔子无法从历史的角度反驳宰予，只是从心理的角度为“三年之丧”辩护：“子女生下三年，然后才脱离父母的怀抱。三年的丧期，是天下通行的丧礼。宰予难道没有在他父母的怀里得到过三年的爱抚吗？”②

至于对天地鬼神、山灵河伯的祭祀，那更多是一种公共性的活动，目的在于感恩自然的赐予，凝聚民族的向心力，很难说是对鬼神的迷信。比如，我国每年都要举行国家级祭祀活动，祭黄帝、炎帝、孔子，一些渔民每年还要祭海神、妈祖，都是为了上述目的，这不能说是搞封建迷信。所以中国当代哲学家冯友兰认为这种祭祀可称为一种诗情表达。

关于命或天命，关键还在于对它的认识及态度。李泽厚认为天命不过是指一种偶然性以及来自自然或社会的某种不可抗拒的力量。他认为孔子的可贵之处在于，一方面承认这种偶然性及不可抗拒性的存在，从而在面临命运的打击时，能始终保持一分旷达、一分清醒，同时又积极地应对这种偶然性、不可抗拒性，从而为自己立命、正命、造命，这才算知命，显示主体性的高大。（李译厚：《论语今读》）笔者认为这样的理解还是很接

① 曾子曰：“慎终，追远，民德归厚矣！”（《论语·学而》）

② 宰我问：“三年之丧，期已久矣。君子三年不为礼，礼必坏；三年不为乐，乐必崩。旧谷既没，新谷既升，钻燧改火，期可已矣。”

子曰：“食夫稻，衣夫锦，于女安乎？”

曰：“安。”

“女安，则为之！夫君子之居丧，食旨不甘，闻乐不乐，居处不安，故不为也。今女安，则为之！”

宰我出。子曰：“予之不仁也！子生三年，然后免于父母之怀。夫三年之丧，天下之通丧也。予也有三年之爱于其父母乎？”（《论语·阳货》）

近孔子精神的。下面笔者将从“生死寿夭”和“用舍行藏”这两方面讲一下孔子对天命的态度。

“死生有命，富贵在天”，这是子夏安慰司马牛时引用的一句谚语，并不能代替孔子对生死的真正态度。孔子也确实在面对冉伯牛和颜回的死时，感叹过这是命运的安排，但这绝不意味着他主张听从命运的摆布。在不可测度的“死生寿夭”面前，孔子力主用积极的态度为自己立命、造命。他重视养生，强调体能锻炼，不断地提示弟子们要趋利避祸，“危邦不入，乱邦不居”，这其实表现了要把命运牢牢地把握在自己手中的思想，从而让有限的生命为社会做出更多贡献。孟子是很得孔子这种生命观的精髓的，他把“正命”的思想表达得更清楚。孟子说：“殀寿不贰，修身以俟之，所以立命也。”“莫非命也，顺受其正。是故知命者不立乎岩墙之下。尽其道而死者，正命也；桎梏而死者，非正命也。”

对于人的穷达祸福，命运之命，孔子有知，孔子很重视个人的选择。

子曰：“富与贵，是人之所欲也；不以其道得之，不处也。贫与贱，是人之所恶也；不以其道得之，不去也。君子去仁，恶乎成名？君子无终食之间违仁，造次必于是，颠沛必于是。”(《论语·里仁》)

正是这种健朗的人生态度，铸造了中华民族那种重气节、讲义气，历经磨难却衰而复振的文化精神，造就了苏武、文天祥等一大批民族英雄人物。所以仅仅以“不可控”来认定孔子的生死观，真是小看了我们的民族精神。

再从“行藏用舍”的角度看孔子对命运的态度，可能更清楚。孔子多次说过，“用之则行，舍之则藏”“天下有道则见，无道则隐”，其中“行”是以身行道，“藏”是藏道于身。他一生的行状已为这种命运观做出了最好的解说，笔者在此就没必要再重复了。

《论语》趣读十七

走近中庸

孔子认为："中庸作为一种道德，是至高无上的了！百姓缺少它已经很久了。"①

既然中庸这么好，又这么稀少，那就该大力宣扬才是。然而《论语》中提到"中庸"的地方实在不多。孔子的弟子们问仁，问礼，问知，问政，却没有问中庸的，是弟子们都明白了，还是因为孔子很少谈起？细细想来，恐怕还是后者。

因此，有人说"中庸"是孔子内家秘籍，必须悟性很好的弟子才能口授心传，并非人人都有学习的机会。也许正因如此，学生中有人私下抱怨老师有所隐瞒，弄得孔子连忙辩解说："二三子以我为隐乎？吾无隐乎尔。吾无行而不与二三子者，是丘也。"

孔子去世后，他的孙子子思专门作了一篇名曰《中庸》的专著，公之于众，这文章到了宋代就成了"四书"之一，算是破除了中庸的神秘性。然而读过子思之《中庸》的人都会发现，此"中庸"非彼"中庸"，不过是自我教育的教材而已，与孔子所说的作为"至德"的"中庸"恐怕还相差很远。不过，子思在开篇谈起中庸之本质时，将"中"与"和"连在了一起，为理解中庸开启了一个新思路：

喜怒哀乐之未发，谓之中；发而皆中节，谓之和。中也者，天下之大本也；和也者，天下之达道也。致中和，天地位焉，万物育焉。(《中庸》)

"和"与"节"相连，使天地各就其位，万物发育成长，这真是一种神奇的力量。有了这个"和"字，人们的思路大开，《论语》中的诸多论述就可以连成串了。

子曰："过犹不及。"(《论语·先进》)

① 子曰："中庸之为德也，其至矣乎！民鲜久矣。"(《论语·雍也》)

子曰："《关雎》乐而不淫，哀而不伤。"（《论语·八佾》）

子曰："不得中行而与之，必也狂狷乎！"（《论语·子路》）

允执其中。（《论语·尧曰》）

我叩其两端而竭焉。（《论语·子罕》）

有子曰："礼之用，和为贵。先王之道，斯为美，小大由之。有所不行，知和而和，不以礼节之，亦不可行也。"（《论语·学而》）

子曰："君子和而不同，小人同而不和。"（《论语·子路》）

子曰："君子周而不比，小人比而不周。"（《论语·为政》）

子曰："君子泰而不骄，小人骄而不泰。"（《论语·子路》）

把这些话联系起来，再结合春秋时期的著作，特别是《左传》中记载的一些思想家对此问题的论述，关于中庸的思想便渐渐清晰起来了。这就是一种儒家辩证法，一种中国智慧，中国人的实用理性。择其要点而论，大致有五：

一曰多元主义，多样性原则。

谈"中"总以端、边为基础，没有两端就无所谓"执中"。但此"中"并非两端之中，而是多边之中，多样性之综合。"和而不同"，即共处于一个统一体中的各种事物或事物的各个方面，都有其存在的合理性，它们互相对立，互相渗透，互相制约，互相补充，相生相克，使这个统一体充满了生机和活力。"和"，即多样性和谐；"同"，即一统江湖的死寂。古人曾打比方说，五味共存且调和才有美味，五音共存且调和才有乐音，五色共存且调和才有美色。如果五味、五音、五色都统一为一味、一音、一色，此谓之同，如此之同则是死寂的开始。因此，从某种意义上说，中庸也是现代生态学的滥觞。

二曰公平思想，用中原则。

有人解中庸，即是用中，这倒是抓住了中庸的本质。中庸，即一种实用理性，此理性是从无数次的客观实践中总结出来的，是具有普适性、有效性的真理、原则。而公平、公正的原则是最易为各方所接受的，因为只有如此才会达到各方的共生共长、共荣共赢，一个有机体才会保持动态平衡。因此"用中"的灵魂在公平、公正，"用中"之"中"并不是折中调和、半斤八两、各打五十大板，而是公平、公正，保持平衡和谐。这正如在政治或商业谈判中要照顾各方利益而各自妥协退让一样。“不得中行而与之，必也狂狷乎！狂者进取，狷者有所不为也。”这“狂”“狷”也是一种“中”，次一等的“中”。“求也退，故进之；由也兼人，故退之”，这或进，或退，都是“用中”。

在对待事物的矛盾性上，中国的法家主张让矛盾极端发展，从而达到一方消灭另一方的目的，这就是人们常听说的所谓“天无二日，民无二王”“一山不能容二虎”之类。中国的道家则高度强调事物的统一性，主张在想象中泯灭矛盾，最有名的就是庄子所强调的“齐生死”“一寿夭”“等祸福”“泯是非”的思想。儒家则承认矛盾双方存在的合理性，既不主张一方消灭另一方，也不主张泯灭是非，而是主张矛盾的双方能互相对话，互相理解，互相节制，互相礼让，从而达到互相补充、互相渗透、互相参照、和谐共存、共同发展的目的。这“互相对话”“互相礼让”正是“用中”的灵魂。

《周易》将这种“用中”思想作为基础理论，比如：每卦六爻，总以阴阳爻各半为好，阴盛阳盛都失中，不好；二、五两爻为内外卦之中爻，是君位，能得中就是合位、吉利，而僭越则有凶咎。

三曰动态平衡，适度原则。

何谓“中庸”？不少人给出了一个标准，叫不偏不倚，无过无不及，也就是说一个生态系统中的各个独立事物之发展应有一个度。任何事物都有质和量的规定性，这种规定性，即“度”。中庸首先就是讲的中和适度，不能过分，从而维持事物的平衡，这也叫“发而中节”。但此度、此节又是什么呢？古人大多没有讲清楚。验之以孔子的其他论述，笔者认为这度、这节起码应从三个方面理解。

一是合礼。礼，即氏族、贵族成员或曰君子参与祭祀、宴饮、朝会及待人接物诸方面应遵循的仪式、规范，是保持上下尊卑和谐的典章制度，因此，“合礼”，即意味着合度中节。“子曰：‘道之以政，齐之以刑，民免而无耻；道之以德，齐之以礼，有耻且格。’”“子曰：‘恭而无礼则劳，慎而无礼则葸，勇而无礼则乱，直而无礼则绞。’”“齐之以礼”，即以礼节之，故“有耻且格”；无礼，就会“劳”“葸”“乱”“绞”，即过度。

二是顺民。春秋时代正是由重天命而向重人事转变的时期，天命即民心，天听自民听的观念为进步思想家所普遍接受。因此，所谓中庸，即顺民心，合民意，使民以时，“因民之所利而利之”“择可劳而劳之”“君子信而后劳其民，未信，则以为厉己也”。因民之利、择民而劳、顺民所信，都可以说是中度、中节。

三是循恕道。子贡问曰：“有一言而可以终身行之者乎？”子曰：“其‘恕’乎！己所不欲，勿施于人。”忠恕是为人之原则、底线，恕道而行，总是离中庸不远。所以孔子教导樊迟“居处恭，执事敬，与人忠；虽之夷狄，不可弃也”，教导子张“言忠信，行笃敬，虽蛮貊之邦，行矣”。

人为什么会偏，会倚，会过，会不及？《礼记·大学》给出的解释是“蔽”，即灵性受遮蔽。见利忘义是利蔽；因忿忘义是情蔽；只考虑个人得失而忘记社会公德是私蔽，等等。以恕道作为思考起点、衡量标尺，往往也是解蔽、祛蔽之良方，所以说忠恕之道也可作为取舍之标准、中庸之途径。

四曰灵活性，权变原则。

这是对原则性的一种补充。

子曰：“可与共学，未可与适道；可与适道，未可与立；可与立，未可与权。”（《论语·子罕》）

李泽厚先生认为：“‘经’与‘权’是孔学的一大问题，我以为可译为‘原则性’与‘灵活性’最贴切’，……‘权’与个体性相关，它是个体的自由性、自主性的实践和显现。因既是灵活性，即非可普遍搬用之教条，‘权者，反经而善者也’‘常谓之经，变谓之权，怀其常经而挟其变权，乃得为贤’……。儒家不强调一成不变的绝对律令、形式规则，而重视‘常’与‘变’、‘经’与‘权’的结合。”因而“权”比“经”更近于“道”，因“道”必须因“权”才能实现，仍重在实践与实行，此即“实用理性”。

孟子认为，“执中”而不知“权”，是谓“执一”。中庸是动态平衡，仅有原则性而无灵活性，必然导致偏狭过分。所以在谈中庸时，孔子也高度强调“权”，即灵活性。在战争中，敌我情势瞬息万变，这就要求主官因势而动，不可按部就班、纸上谈兵。比如，宋襄公按古礼作战，非要等到敌方完成陈列后才开始攻击，“不重伤，不擒二毛”，结果大败。

但权变是有条件的，必须是在大仁大义与小仁小义有矛盾时，需要舍小仁小义而就大仁大义。孔子与子路、子贡之间曾就“管仲是否仁？”进行过一场辩论。子路、子贡以小仁小义为标准，认为管仲曾事公子纠，纠死而管仲不死，是谓不仁①。孔子认为，为个人而死是小仁小义，管仲事齐桓公，九合诸侯不以兵车，造福天下，这才是大仁大义②。

还应指出，强调权变的原则、条件很重要，因为各种机会主义、投降主义都曾拿灵活性为自己的行为进行辩护。如果权变成为了朝秦暮楚、朝令夕改，那就是瞎折腾，会给国家和人民带来极大的伤害，我们必须引以为戒。

五曰日常性、普适性、实践性原则。

不少人以常释庸，以用释庸，这都很好。子思在《中庸》中强调的正是这种日常性、普适性。“君子之道，费而隐（广泛而精微）。夫妇之愚，可以与知焉，及其至也，虽圣人亦有所不能焉。”又说：“道不远人。人之为道而远人，不可以为道。”还以忠恕之道为例，说：“忠恕违道不远，施诸己而不愿，亦勿施于人……。庸德（平常之德）之行，庸言（日常语言）之谨，有所不足，不敢不勉。”

以常释庸、以用释庸，中庸之德就是一种最日常，最易行的道德，如忠恕、孝敬等。由于它简单易行，愚夫愚妇都可行，所以是形成公序良俗的最大力量。

以常释庸、以用释庸，中庸之理就是一种最接近常识的理，是被千万人的实践所证实的理，是天下定理。这样的理正是抵抗各种欺骗性理论的最有力的屏障。学者徐复观认为：“所谓‘庸’，是把‘平常’和‘用’连

① 子路曰：“桓公杀公子纠，召忽死之，管仲不死。”曰：“未仁乎？”子曰：“桓公九合诸侯，不以兵车，管仲之力也。如其仁！如其仁！”（《论语·宪问》）

② 子贡曰：“管仲非仁者与？桓公杀公子纠，不能死，又相之。”子曰：“管仲相桓公，霸诸侯，一匡天下，民到于今受其赐。微管仲，吾其被发左衽矣！岂若匹夫匹妇之为谅也，自经于沟渎而莫之知也。”（《论语·宪问》）

在一起，以形成其新内容的……。所谓平常的行为，是指随时随地，为每一人所应实践、所能实现的行为……。因此‘平常的行为’实际是指‘有普遍妥当性的行为’而言……。这即表明了孔子乃是在人人可以实践、应当实践的行为生活中，来显现人之所以为人的‘人道’。”李泽厚则认为：“‘中庸’者，实用理性也，乃不可改易的民族精神，它着重在平常的生活实践中建立起人间正道和不朽理则，此‘人道’，亦‘天道’。虽平常，却乃‘道’之所在。所以孔子才有‘中庸之为德，甚至矣乎’的赞叹。”

善哉斯言。

《论语》趣读十八

寻找狂狷

孔子哲学中有一个极重要的理论范畴——中庸。孔子认为这是一种最高的道德，至真至善至美。其实，中庸还应有超乎道德之上的意义，它应是一种实用理性、中国智慧。但何谓“中庸”，孔子论述却甚少。笔者在《走近中庸》一文中做过很粗浅的分析，撮要而言，再思之，总结中庸思想要点大致有五：一曰多元主义，多样性原则；二曰公平思想，用中原则；三曰动态平衡，适度原则；四曰灵活性，权变原则；五曰日常性、普适性、实践性原则。

孔子认为，能达到中庸的人极为稀少，大概已经是长久缺乏它了[①]。那么问题就来了：孔子自己是否达到中庸了呢？这还真不好说。正如孔子绝不承认自己为圣、为仁一样，他也否认自己达到了中庸。他多次说过自己离仁、智、勇的境界还很远，只不过是一个勤学的人而已。但他晚年在

① 子曰：“中庸之为德也，其至矣乎！民鲜久矣。”（《论语·雍也》）

总结自己人生历程时也说过，他“四十而不惑，五十而知天命，六十而耳顺，七十而从心所欲，不逾矩”，这实际是达到中庸之境了，只不过孔子不愿“自矜”“自伐”而已。

怎样走近中庸呢？孔子对此也没有多少明确的论述，但他多次谈到要“志于道，据于德，依于仁，游于艺”，更要循于礼，这些其实都可视为走近中庸的途径。除此之外，他还提出了一个重要的交往原则，那就是即使不能与具有中庸品质的人交往，也要争取与狂狷者交往。

子曰：“不得中行而与之，必也狂狷乎！狂者进取，狷者有所不为也。”（《论语·子路》）

孔子在修身交友上标准甚高，取法乎上，比如，他曾教导子贡“工欲善其事，必先利其器。居是邦也，事其大夫之贤者，友其士之仁者”。这样才能修养成君子品格。为了保证取法乎上的纯正性，他甚至提出过一个不无偏激的口号——“毋友不如己者”，那么，“不得中行”云云的退而求其次的原则，是否与取法乎上的原则矛盾呢？如何理解呢？狂狷是什么样的呢？“必也狂狷”交往原则的合理性在哪里？联系中国文化中的狂士文化与隐士文化传统，以上问题可能就是一些很有意味的话题。

何谓“狂狷”？孔子给出了一个极为简略的答案：“狂者进取，狷者有所不为。”那么，何谓“进取”？何谓“有所不为”呢？历来注家们众说纷纭，最为读者所认可的意见大致如下：“狂者进取”是指志向远大、积极进取、有所作为，但也有些偏激，锋芒毕露，有点不切实际；“狷者有所不为”是指志向高洁、狷介耿直、严于选择，有所为也有所不为，但也有些谨小慎微、畏缩不前。总之，可以肯定的是，无论是狂者还是狷者都是有人格缺陷的人中俊杰、离中道不远的志士。大夫中的贤者、士中的仁者同样都有人格缺陷，正如孔子所称道的管仲一样，不是十全十美的人。但这样的贤者、仁者能称得上狂者、狷者的并不多，正如能把某些优秀才能发挥到极致，把某些缺陷也显露无遗的人才并不多一样。

如此说来，还是有点空疏，有点抽象。也许正因如此，且由于“必也狂狷”的问题过于重大吧，有些学者曾追问过这个问题。比如，孟子的弟子万章就问过“何如斯可谓狂矣？”的问题，孟子给出的答案是狂者有点志大才疏，狷者是洁身自好的狷介者。孟子虽被称为“亚圣”，但他这个说法并不为后辈学者广泛认可。为什么有人不认可呢？一是因为他对狂狷的负面评价过多，二是因为他举出的例子也不能服人。比如，他认为琴张、曾皙、牧皮就是孔子认定的狂者，这种说法就很武断。一般认为，琴张是子张，此人为狂者自是不错。曾皙，即曾参之父，在“子路、曾皙、冉有、公西华侍坐”一章中表现很另类，他追求的是“浴乎沂，风乎舞雩，咏而归”的审美化人生，很有道家风范、隐士气度，应算是狷者。

万章的问题是从“孔子在陈，何思鲁之狂士”引起的，这个问题本身便给人们指出了一个寻找答案的途径。

子在陈，曰：“归与！归与！吾党之小子狂简，斐然成章，不知所以裁之！”（《论语·公冶长》）

哀公三年，执掌鲁国大权的季桓子去世，接替他的季康子召请冉有回国，客居陈国的孔子得知后，感到有了一线希望，便说了上面一番话。“狂简”一般解释为志向远大、狂放不羁，但也有些疏落。值得注意的是，孔子在“狂简”后面又提出“斐然成章”，即很有文采，很有能力的意思，这四字应是对狂简的补充。更有意思的是，孔子这段话也指出了狂简的具体对象，那就是“吾党之小子”。“吾党之小子”具体指哪些人，恐怕已难以考证，但可以肯定的是已回国的冉有应是主要代表。孔子多次说过冉有多才多艺，有政治才能（“求也艺，于从政乎何有？”）。冉有优点突出，缺点也很突出，有时甚至敢公开挑战老师，是很当得起“狂简”二字的。那些还没有回国的是否也应包括在内呢？笔者想恐怕也没有问题。比如，子路、子贡、子张、宰予等，虽然未必都是鲁国人，但都是孔子的高足，是和冉有一样棱角分明、锋芒毕露的才子。对这些弟子，孔子常常是既夸又骂，夸得厉害，也骂得厉害。孔子曾以“由也果”“求也艺”“赐也达”“师也辟”等词语评说过他们，这“狂”“狂简”“斐然成章”等字词就应是对他们集体性格的评价了。

如果上述说法不错的话，那么，可以肯定的是，狂放、狂简人格应该是一种肯定性人格，或按时髦的话说是正能量；同时狂放或狂简的含义中还应加上创造性、不合流俗、不守常规、不按规矩出牌等内容。

狷者的代表人物有哪些呢？孟子并没有给出答案，他甚至认为狷者是比狂者更次一等的人物，孔子找不到狂者才退而求其次寻找狷者。这个说法更是难被人认同。那么，孔子是否给出过答案呢？也没有。不过，孔子的弟子不会是清一色的狂者，从人情事理的角度考量，他在陈国所日思夜想的弟子中包括狷者应该也不错。这样说来，“吾党之小子狂简”中的“狂简”一词当为偏义复词，况且，从在“狂简”后面追加“斐然成章”一词来看，更应包括那些狷者。

那么，孔门弟子中的狷者主要指哪些人呢？学者们一般认为指曾参、子夏、原宪、高柴等人，这些人也都是孔子的高足。就志向远大、斐然成章等方面看，他们与狂者并无不同，只是他们更为注重道德修养，更为循规蹈矩，更为爱惜羽毛而已，他们与狂者并无天壤之别。回头再看狂者，人们同样也可以说，就志向远大、耿介正直来说，他们与狷者也无不同，只是更为自信自大，有些离经叛道，更富于创造性而已。狂者、狷者都是孔子的高足，都是孔子的最爱。

据此，笔者认为可以大胆地下一个结论，“必也狂狷”的追求与友贤友仁的追求并不矛盾，狂狷恰恰应是贤、仁中的道德、才能更为突出者，“必也狂狷”其实应是更高层次的友贤、友仁。多与这样的狂者、狷者交往才能砥励志节、活跃思想，向着人生的至高境界攀升。《三国志》的作者陈寿评诸葛亮说：“然亮才，于治戎为长，奇谋为短，理民之干，优于将略。”为什么“奇谋为短”呢？后代学者认为“亮所与言，尽众人凡士，故其文指不得及远也”“昔舜、禹、皋陶相与语，故得简大雅诰；与凡人言，宜碎，孔明与言者无己敌，言教是已碎耳”。

如此，人们就会理解孔子为什么特别厌恶乡原了。他说过：“乡原，德之贼也！”原者谨厚也，乡原者，即一乡人都认为其人谨厚。这样的人为什么会被称为“德之贼”呢？孟子解释说：“阉然媚于世也者，是乡原也。”“非之无举也，刺之无刺也（这不就是极为圆滑的琉璃蛋吗？），同乎流俗，合乎污世（面面俱到、与世沉浮、同流合污），居之似忠信，行之似廉洁，众皆悦之，自以为是，而不可与入尧、舜之道，故曰‘德之贼’也。”笔者认为孟子的这个说法倒是很贴近孔子真义的，孔子就曾多次表达过对乡原的不满。

子曰："巧言、令色、足恭，左丘明耻之，丘亦耻之。匿怨而友其人，左丘明耻之，丘亦耻之。"(《论语·公冶长》)

子曰："论笃是与，君子者乎？色庄者乎？"(《论语·先进》)

子贡问曰："乡人皆好之，何如？"子曰："未可也。"

"乡人皆恶之，何如？"子曰："未可也。不如乡人之善者好之，其不善者恶之。"(《论语·子路》)

子曰："君子易事而难说也。说之不以其道，不说也；及其使人也，器之。小人难事而易说也。说之虽不以道，说也；及其使人也，求备焉。"(《论语·子路》)

大家看，这一乡皆曰好的老好人、"论笃是与"的色庄者、"难事而易说"或匿怨而能友其人的两面人、巧言令色的佞人，不都是乡原的画像吗？

这样看来，乡原的性格特点是伪，那么与其相对立的狂者、狷者的性格特点则可概括为诚。乡原者，德之贼，实即伪者；狂狷者，德之邻，实即诚者。

"五四"时代的先驱者曾呼唤过狂狷一类的人物，那是为了打破旧传统。而今，我们的时代处于一个批判继承传统文化的时期，同样也需要呼唤狂狷，但这是为了创造新时代。

《论语》趣读十九

狂狷与乡原：德邻与德贼

写完《寻找狂狷》，意犹未尽，觉得有些话不吐不快。恰好有几个朋友读了该文后也提出了几个问题，比如：孔子是狂者还是狷者？乡原的历史代表人物有哪些？"狂狷"与"乡原"在中国文化史上产生了什么样的作用？这些问题很有趣，值得讨论，所以想就这些问题再讨论一下。

孔子不承认自己已达中庸之境，很愿与狂狷交往，那么，他是狂者还是狷者？记得郭沫若在“五四”时期写过一首向人类文化史上的革命者致敬的诗歌，题目竟然叫作《匪徒颂》，说东西南北古往今来，凡具有大胆破坏、大胆创造精神，引领人类文化前进的思想家、科学家、政治家、革命家，如卢梭、哥白尼、马克思、列宁等，是“政治革命”“社会革命”“宗教革命”“学说革命”“文艺革命”和“教育革命”的“匪徒”，都应给予尊重。笔者认为这个名单中还可以加上儒家创始人孔子。他们都是有理想，有信仰，有创造才能，有实践精神的人中精英，当然也都高度自信、自豪、自尊，称之为“狂者”或者“狷者”都可以。郭沫若名之为“匪徒”，只不过是一种诗意的称呼而已。因为“五四”时期的口号是“打倒孔家店”，所以《匪徒颂》中没有孔子的名字，但他后来写的《十批判书》中的《孔墨的批判》一文，则把孔子与墨子相对比，认为孔子相当于当时的革命党、造反派，看来他还是认为孔子身上也具有马克思、列宁等人一样的“匪徒”精神的。

孔子志向远大、才能超群，自然不待多说，他既狂且狷，也不用多说。比如，他离开齐景公、离开卫灵公，甚至因齐人馈女乐而挂冠鲁国城门，扬长而去，也大有“此处不留爷，自有留爷处”的狂劲和狷味。如此看来，狂狷不可截然二分。狂者必狷，只是自视太高了点而已；狷者也必狂，只是在行动上略显谨慎了点而已。

大概由于孔子本人既狂且狷，而儒学在中国文化中影响又太大太深，所以后来的中国文化精英也大都有此等文化基因。比如，汉代的陈平，穷得住在城墙根上，只因分社肉时公平，被人夸奖了两句，就自信将来也可公平地“宰天下”；三国时的诸葛亮隐居隆中，好“梁父吟”，自比于管仲、乐毅，尽管时人“莫之许”，但还是我行我素。再如唐代的马周，宋代的范仲淹、欧阳修等，又哪一个不是狂者、狷者？至于诗人，那就更多了，独醒屈子，自比芳草香花，宁可沉水而死，也不与浊世同流；李白自称“我本楚狂人，凤歌笑孔丘”；杜甫大半生过着乞食生涯，但始终头颅高昂，自认“老更狂”；苏东坡屡遭放逐，风雨任平生，自比昂昂千里之孤鸿；辛弃疾大半岁月被投闲置散，却还是高唱“不恨古人吾不见，恨古人、不见吾狂耳”，真是狂得可以。

不错，历史是人民创造的，而狂狷，正是人民品格的代表。“天视自我民视，天听自我民听”，他们是人民的一员，也是民视的眼睛，民听的耳朵，是松动历史的板结土壤的蚯蚓，是敢于揭穿“皇帝没穿衣服”的那个孩子，是第一个勇于吃螃蟹的食客，是不合理的旧制度的大胆的破坏者。

如果说狂狷在推动历史进步上发挥了一定作用的话，那么乡原则可以说是公序良俗的腐蚀剂，是社会大厦的白蚁、健康肌体里的蛀虫，是小人中的人精。在社会生活中寻找小人并不难，但寻找这样的人精，就难了。孔子、孟子都没有举出乡原的例子，历代学者也极少有人能指出谁为乡原，只是曾有学者说汉代之孔光、后汉之胡广、五代之冯道是乡原。这一说法近乎信口开河，是很难叫人信服的。孔光是孔子第十四世孙，谨守儒家信条，也曾为不合礼仪的事情进行过谏诤，显得有些死脑筋，也没少得罪权贵，一生也算是三眠三起，虽在权势者面前保持过沉默，但绝对算不上乡原。胡广与孔光的情况差不多，仕途上也是多次起落，但总的看来大节不亏，当时甚至有这样的谚语评价他：“万事不理问伯始（胡广字伯始），天下中庸有胡公。”冯道一生侍四朝十帝，算是有名的“不倒翁”，薛居正主修的《旧五代史》多客观地记述其嘉言懿行，赞许多多，欧阳修主修的《新五代史》则斥其寡廉鲜耻。总之，冯道其人可否作为乡原的代表争论很大，不可贸然作结。

乡原代表的难以指实，说明一个问题，即此类人善于伪装，他们如空气般散布于四周，随时随处可闻到他们的气味，见到他们的影子，却很难结结实实地抓住他们。此类人最大的一个特点，即做人无道德底线，只以自己的名望利益为核心。为讨好君子，他绝不指责君子的过错；为讨好小人，他绝不制止小人的恶行。大众利益、社会规则等都可以拿来做他获取利益的筹码。正因往往助恶而不觉其恶，所以才称之为“德之贼”。如果非要为此类人画像的话，笔者认为《论语》说的“巧言、令色、足恭”倒是很传神，再有就是孔子所说的微生高，倒也颇有乡原的影子。

子曰：“孰谓微生高直？或乞醯焉，乞诸其邻而与之。”（《论语·公冶长》）

你看，为了讨好他人，不惜如此作伪，这人城府也太深了。

另外，辛弃疾的一首《千年调》也是为此类人画像的：

千年调

蔗庵（郑舜举）小阁名曰卮言，作此词以嘲之。

卮酒向人时，和气先倾倒。最要然然可可，万事称好。滑稽坐上，更对鸱夷笑。寒与热，总随人，甘国老（甘国老者甘草也）。

少年使酒，出口人嫌拗。此个和合道理，近日方晓：学人言语，未会十分巧。看他们，得人怜，秦吉了（秦吉了者如能言鹦鹉也）。

然而，纵览历史，令人唏嘘的是，才华横溢、德行高洁的狂狷往往命途多舛，一生或无位无势，或失位失势，而乡原却往往顺风顺水。当然，古代社会，“世胄蹑高位，英俊沉下僚”是常态常势，出身草根的狂狷得位得势很难，这是一个原因。另外一个原因是狂狷的自信、自尊使然，他们不会“巧言、令色”，更不会对权势者“足恭”，即保持过分的恭敬，这就会被上级领导看作狂傲，看作刺头，受到压制、打击就是常见的事了。要想走出这样的历史怪圈，还是要靠建立一套确实能够使庸者下能者上的制度，靠法治，而不仅仅是靠人治。

附记：

写完此文后，读钱穆先生的《论语新解》，发现钱穆先生对孔子的狂狷性格早有极通彻的论述，笔者做一回“文抄公”，与读者共享。

孟子所谓中道，即中行。退能不为，进能行道，兼有二者（指狂狷）之长。后人舍狂狷而别求所谓中道，则误矣。又按：伊尹圣之任，狂者也。伯夷圣之清，狷者也。狂狷皆得为圣人，惟不如孔子仕止久速之时中。时中，即时时不失于中行，即时而狂时而狷，能不失于中道。故狂狷非过与不及，中行非在狂狷之间。《中庸》“贤者过之，不肖者不及”。不能移说此章之中行。

《论语》趣读二十

聆听智者

何谓明智、智慧？孔子没给出定义式的答案，却在多处谈论怎样做才算智，把这样一些散章片段集合起来，即可接近一个整体性的答案。

比如，樊迟曾两次“问知”（即“问智”），孔子一答以“务民之义，敬鬼神而远之”；一答以“知人”“举直错诸枉，能使枉者直”，即知贤为智。

看起来，这都是关乎一个人为仕从政应有的政治智慧。从这些政治智慧来看，“智”绝不仅仅指聪明伶俐，而是与修齐治平、仁义礼信等联系在一起的，或者说修身养德、好仁喜义，才是“智”的必要条件。

也许正因如此，他批评臧文仲“居蔡，山节藻棁”为不智，也曾说过“里仁为美，择不处仁，焉得知（智）”。

仔细想来，这些回答又不仅只代表一种政治智慧，还超越了政治的视域，是正确认识天、地、神、人之间关系的综合思考，是一种社会智慧、人生智慧。

据考证，夏、商、周三代都极重天地鬼神，神权观念极重，但也开始了由重神向重人的文化意识的转变。孔子自称“述而不作”，其实是述中有作，创造性地继承并发展了夏、商、周三代的优秀文化传统，创辟了以“仁”为核心的仁学。中庸则是体现仁学观念的孔子智慧，理解了这一点应是理解孔子智慧的前提，不然的话，一事当前，疑神疑鬼，或者为政“不问苍生问鬼神”，那就会走上邪路。

明白了这一点，就会更容易明白孔子关于“智”的其他论述。比如，关于智者，孔子曾说过下面这些话：

子曰：“知者乐水，仁者乐山；知者动，仁者静；知者乐，仁者寿。”（《论语·雍也》）

子曰：“君子道者三，我无能焉：仁者不忧，知者不惑，勇者不惧。”

子贡曰："夫子自道也。"（《论语·宪问》）

这两章或"智""仁"并称，或"仁""智""勇"并称，意在强调其互相依存的关系。孔子在其他地方还说过"仁者必有勇，勇者不必有仁"。可见无论谈"智"，还是谈"勇"，都离不开"仁"这个基础。

仁者为何乐山、无忧、长寿？这是因为泰山不让细土，大度能容，与万物和谐共存，尊人能使人尊己，所以无忧而长寿。智者为何乐水、不惑、长乐？这是因为水性主动，川流不息，时时于运动中保持平衡，且因流动而新鲜，所以会不惑、长乐。而这包容精神、权变思想恰恰是中庸哲学的主要内容。

如何才能无惑，再看看孔子在其他地方的论述：

子张问明。子曰："浸润之谮，肤受之愬，不行焉，可谓明也已矣。浸润之谮，肤受之愬，不行焉，可谓远也已矣。"（《论语·颜渊》）

子张问崇德、辨惑。子曰："主忠信，徙义，崇德也。爱之欲其生，恶之欲其死；既欲其生，又欲其死，是惑也。'诚不以富，亦祇以异。'"（《论语·颜渊》）

樊迟从游于舞雩之下，曰："敢问崇德、修慝、辨惑。"子曰："善哉问！先事后得，非崇德与？攻其恶，无攻人之恶，非修慝与？一朝之忿，忘其身以及其亲，非惑与？"（《论语·颜渊》）

其实，问"明"问"惑"都是在问"智"。孔子的回答有两点需要注意：

一是智、情、意三者总是紧密相连的，要想心智清明，必须警惕过激的情感与强烈的欲望的干扰，更不能听凭情感欲望做决断。事实证明，很多人之所以会做出一些不通情理，甚至违法犯罪的事，就是因为不能节制情感欲望。"一朝之忿，忘其身以及其亲"，铸成大错，悔之晚矣。据说，诸葛亮微时，其妻赠给他一柄鹅毛扇，并告之曰："君即将出山，肩负重任，千头万绪，全系一身，遇事必须从容、冷静。古人云：'喜不大笑，怒不暴跳，乐不轻佻。'我与君交谈时，见君高兴面则喜，畏难面则愁，今赠鹅毛扇，可做遮面之用。"人说，诸葛亮一生谨慎，其实就"慎"在这个不感情用事上。

二是要防微杜渐、除蔽益智。知真相，知真情是"智"的主要内容，而人往往会被各种东西所遮蔽，如名利诱惑、利益驱动、情感干扰等都会遮蔽真相，遮蔽真情。那些打着关心你、爱护你、为你好的旗号，出之于亲近之人的温情脉脉的闲言碎语、甜言蜜语最易使人放弃警惕，受到蒙蔽。所以孔子说“浸润之谮，肤受之愬”都行不通才是真明智。据统计，近几年查出的贪腐案件中，多有亲属参与，这说明为政者很易被亲情利益“绑架”，为“浸润之谮，肤受之愬”欺瞒。所以，主张防腐应正家风，家风中尤应注意“枕头风”“亲子风”，这也应是一种古老而新鲜的政治智慧。

孔子是仁者，也是智者。他在总结自己一生经历时曾说过：

子曰：“吾十有五而志于学，三十而立，四十而不惑，五十而知天命，六十而耳顺，七十而从心所欲，不逾矩。”（《论语·为政》）

从仁者的角度看，这谈的是修身成仁之阶梯；从智者的角度看，这谈的是养德成智之层次。

“十五志学”，当然是学文学礼，这是成仁成智之必要条件。

“三十而立”，一般是说“立于礼”。但礼中有仁，礼中有智，这也是不言而喻的。所以这个“立”，从更宽泛的意义上讲，应指立于确定的信仰、理想、价值观，这三者可规定成仁成智的方向，提供向真向善的动力，是成仁成智的基础和前提。孔子三十岁左右便开始设帐授徒，为人师表，“有教无类”“学而不厌，诲人不倦”，没有信仰是立不起来的。

“四十而不惑”，是指立足于坚定的信仰，并具有丰富的学识、经验之后，能清楚地分辨是非善恶，准确地做出各种判断。有几件事可了解孔子已达不惑的智慧：一是据《史记》记载，在孔子三十五岁那年，鲁昭公被逐奔齐，鲁国大乱，孔子于是年适齐并仕齐。在答“齐景公问政”时，提出“君君、臣臣、父父、子子”的政治纲领，可见他对治国平天下的政治思路已十分成熟，十分清楚了。后来，齐国混乱，他便离开齐国回到鲁国，可见其“用之则行，舍之则藏”的行道原则已十分坚定。以后他多次仕于鲁国而又离开鲁国，仕于卫国、陈国等国又多次离开，不过是一再重复他选定的“用舍行藏”的人生模式而已。二是选曾蹲大狱的公冶长为婿，孔子能顶着极大的压力，果断地拂去蒙在公冶长身上的“污垢”，发现其金子一般的人格，并选其为女婿，可见其不为世俗偏见所蒙蔽的明智。三是于“子路、曾皙、冉有、公西华侍坐”时，迅速指出子路出言不让是个大缺点。另外从微生高乞醋于邻而再借于人这样的小事，认定其“不直”。批评子贡“方人”，说自己没这闲功夫批评人，当在孔子过了也曾“方人”的壮年之后。

“五十而知天命”，这应是更高一级的智慧。人们知道，“子不语怪、力、乱、神”，孔子曾批评子路“未能事人，焉能事鬼”，子贡也说过不闻夫子谈论性与天道，但在不少地方，孔子也谈天说命，《论语》最后一章带有总结意味：“不知命，无以为君子也。”这是否矛盾呢？如何理解这种矛盾呢？其实，孔子不言或少言天命，是教育弟子们力学笃行，不要陷入对某些玄虚空洞的问题的追索之中，他说“五十而知天命”，是总结的自己的人生历程。

何谓“知天命”？重点有二。一是应了解远高于社会人事的宇宙自然之运行规律。人也是自然的一部分，人事逃不脱自然的制约。不知天，就会违天、逆天、欺天，就会受天罚、天谴。孔子曾说，“逝者如斯夫”“四时行焉，百物生焉”，川流不息，生生不已，乃是天之规律。二是应知道于人事之外，还有不可抗拒的力量、不可知的偶然性因素左右着人的命运，对此等天命，人应该知之、顺之，尽人事而听天命，但有时知其不可为也要为之。孔子在离开鲁国去卫国之后，多次遭遇人生困境，也多次大谈天命。比如，“子畏于匡。曰：‘文王既没，文不在兹乎？天之将丧斯文也，后死者不得与于斯文也；天之未丧斯文也，匡人其如予何？’”孔子在宋，遭桓魋围攻，“子曰：‘天生德于予，桓魋其如予何？’”这表现出了他那种敬天、畏天而又能知天、顺天的精神。

“六十而耳顺”，何谓“耳顺”？这又是一个聚讼纷纭的问题。一般认为“耳顺”即对一切声音、话语都已顺熟、不生涩了。这样的解释大有太阳底下已无新鲜事之感，似乎说得过去，却很皮相。笔者认为“耳顺”之说应结合上下文综合理解才行。就智慧之进境而言，“不惑”“知天命”还主要是说理性认识或曰知性的进步，而“耳顺”“不逾矩”则主要是说感觉、行为的进步。这里似乎从理性退回到了感觉，其实此感觉乃是理性化了的感性、感性化了的理性，即一种悟性。所谓智慧，从根本上说就应指临事而能决断的直感、直觉能力。比如，作战时，按照战前部署打下去，说不上有智，能在作战过程中始终心怀全局，且能随变化了的战况调整战法，最终取胜，才算有智。因此，“耳顺”，即耳聪目明、得心应手之代称。另外，耳之所感的声音，主要指话语，带有强烈的价值规约性。“耳顺”还应指对价值的坚守，以及在与其他价值观的对抗或对话中能互相包容，互相补充。孔子六十岁后，行走在周游列国的路上，时遇困境，经常要与各国政要周旋，与各地的隐者对话，与弟子们辩论，但总能进退自如，应对从容。这正是“耳顺”的最好解释。

“七十而从心所欲，不逾矩”，对于这句话一般没什么争论，是说孔子在经历了“而立”“不惑”“知天命”“耳顺”之后，已如百炼钢化为绕指柔，进入人生之化境，举手投足、视听言动，都已中规中矩、合乎中庸了。但细品此话，也颇有点自足自满之意味，似与孔子自强不息的精神有点儿矛盾。蘧伯玉欲改过而未能，自称“年五十而知四十九年非”，很受孔子的赞扬；孔子答鲁定公问一言丧邦，说是乐于自己的话没人违背，就会导致国家丧亡。谁又能自称修炼到“从心所欲，不逾矩”的地步呢？

所以笔者认为要想辩证理解孔子这句话，须注意以下几点：

一是孔子此时的地位。孔子六十八岁由卫返鲁后，即被投闲置散，成了一个宁静的学者，温和的老师，无权却很受尊敬的国老。此等年龄、地位，可自由地言说，大胆地批评，即使有错也不负行政责任了。比如，他此时回答鲁哀公、季康子之问，颇有居高临下之气势，甚至火气很大，但两位鲁国政要还是要恭敬请教，这在他人肯定是不行的。

二是孔子的修养高深，确乎已入化境，“从心所欲，不逾矩”已非虚言。比如，答鲁哀公及季康子之问时，火气虽大，但说的都是至理名言，挑不出什么毛病来。所以，“从心所欲”，其实是以“不逾矩”为前提的。忽略这一点，“从心所欲”就没有不犯错的。

附记：

“十五志学”一章乃孔子对其一生的总结，值得认真阅读、思考。《聆听智者》写出了笔者的一点体会，自以为有新意者为以下几点：其一，“三十而立”，应指立于确定的信仰、理想、价值观。其二，“四十而不惑”，是指立足于坚定的信仰，并具有丰富的学识、经验之后，能清楚地分辨是非善恶，准确地做出各种判断。其三，“五十而知天命”，应是一种更高的人生智慧，“知天命”一为知自然之天，二为知命运之命。其四，

“六十而耳顺”，“耳顺”即耳聪目明、得心应手之代称。耳之所感的声音主要指话语，带有强烈的价值规约性。“耳顺”还应指对价值的坚守，以及在与其他价值观的对抗或对话中能互相包容、互相补充。其五，“七十而从心所欲，不逾矩”，指孔子作为国老可自由言说而不用负行政责任，另也指确入此等化境。同时也认为，一般人不可轻言已入“知天、耳顺、从心所欲”之境。总之，说了很多，仍觉言不及义。读钱穆的《论语新解》，发现钱老在这些问题上说得很透彻，兹将其主要观点抄于下：

志于学：志者，心所欲往，一心常在此目标上而向之趋赴之谓。故有志必有学，志学相因而起……

而立：立，成立义。能确有所立，不退不转，则所志有得有守……

不惑：人事有异同，有逆顺，虽有志能立，或与外界相异相逆，则心易起惑。必能对外界一切言论事变，明到深处，究竟处，与其相互会通处，而皆无可疑，则不仅有立有守，又能知之明而居之安……

知天命：虽对事理不复有惑，而志行仍会有困。志愈进，行愈前，所遇困厄或愈大。故能立不惑，更进则须能知天命。天命指人生一切当然之道义与职责。道义职责似不难知，然有守道尽职而仍穷困不可通者。何以当然者而竟不可通，何以不可通而仍属当然，其义难知。遇此境界，乃需知天命之学……。孔子为学，至于不惑之极，自信极真极坚，若已跻于人不能知，惟天知之之一境。然既道与天合，何以终不能行，到此始逼出知天命一境界。

……

耳顺：……耳顺者，一切听入于耳，不复感其于我有不顺，于道有不顺。当知外界一切相反相异，违逆不顺，亦莫不各有其所以然。能明得此一切所以然，则不仅明于己，亦复明于人。不仅明其何以而为是，亦复明其何由而为非。一反一正，一彼一我，皆由天。斯无往而不见有天命，所以说耳顺。

……

从心所欲不逾矩：……此乃圣人内心自由之极致，与外界所当然之一切法度规矩自然相洽。学问至此境界，即己心，即道义，内外合一……

此章乃孔子自述其一生学之所至，其与年俱进之阶程有如此。学者固当循此努力，日就月将，以希优入于圣域。然学者所能用力，亦在志学与立与不惑之三阶程。至于知天命以上，则非用力所及，不宜妄有希效。知有此一境，而悬以存诸心中则可，若妄以己比仿模拟之，则是妄意希天，且流为乡愿，为无忌惮之小人，而不自知矣……

《论语》趣读二十一

不逆不亿，如何先觉？

说起来，孔子还应是预测学的祖师，不是靠占卜，不是靠推算，而是靠一点直感、直觉，或者说是灵觉，就能预知未来。不信，就请先看他的这段“广告词”：

子曰：“不逆诈，不亿不信，抑亦先觉者，是贤乎！”（《论语·宪问》）

什么意思？意思是：“不预先揣度别人的欺诈，不凭空猜测别人的不诚实，却又能及早发觉欺诈与不诚实，这样的人该是圣贤吧？”

这样的圣贤是谁呢？孔子没说，但其实是夫子自许。

这样一段话，从认知心理学的角度看，极有价值，可视作认知心理学的一个重要课题，即“不逆不亿而能先觉”。可是对这样一个课题，新旧儒家多是从道德、心理的角度解释，如邢昺疏说：“此章戒人不可逆料人之诈，不可亿度人之不信也。”朱熹说得还较全面，他借别人话说：“君子一于诚而已，然未有诚而不明者。故虽不逆诈、不亿而不信，而常先觉也。若夫不逆不亿而卒为小人所罔焉，斯亦不足观也已。”看来说的是君子诚明则万能，不诚明也会为人所欺。但诚明真的就那么灵吗？他自己也不太相信，所以又说了什么“不足观”的话。

孔子真的能“不逆不亿而能先觉”吗？如果是真的，他是怎样做到这一点的呢？这倒真是该好好琢磨的话题。

孔子是一个伟大的教育家，他提出的一些教学原则至今仍被认作是教育学的准则，如因材施教、启发式教学等，这些科学的教学原则应是建立在其对教育心理学的准确把握之上的。换句话说，这些教学原则都有认知心理学的规律做支撑，孔子想必是极谙熟这些认知心理学规律的。孔子对他的这些弟子们的心性、脾气极为熟悉，《论语》中就评说了十多位弟子，如“柴也愚，参也鲁，师也辟，由也喭”，以及“赐也达”“求也艺”等，这些评说都极为准确、传神。正因为孔子对他们的心性了解得比较清楚，教学中才能对症下药、因材施教，从而赢得学生的信任与尊重。

《论语》中，孔子曾多处谈“知”，“知”的意义之一即是求知，从他一以贯之的仁学之道看来，“知”的重点在于“知人”。在如何“知人”上，孔子确实创立了许多重要原则，至今仍行之有效。他一再强调要“听其言而观其行”，即不可偏听、偏信，无论是“乡人皆好之”，还是“乡人皆恶之”，都不可盲信、盲从，轻下结论。还有，“子绝四：毋意，毋必，毋固，毋我”，即是“不凭空揣度，不毫无变通，不拘泥固执，不主观武断”。由此可知，“不逆不亿”则是他对以上这些认知、经验的进一步总结。

但如何才能由“不逆不亿”到能“先觉”呢？其实，“逆者亿者”实际上是以先见先设来推定求知，这是一种逻辑认识、理性认识。“不逆不亿”则应属于另一种认识方式，即非逻辑、非理性的认识方式。这种认识方式也可以叫直觉思维，有时叫悟性。近来有些研究《易经》的学者认为《易》思维是综合了原始思维与文明思维双重本性的“象思维”。孔子喜《易》，他所说的“不逆不亿”其实也可以说是这种“象思维”的体现。

“象思维”是一种既不是纯感性认识又不是纯理性认识的思维方式，其特点是既不离感性，又不离理性，或曰感性中有理性，理性中又有感性，从而达到了一种理性具体。孔子说过的一段话可以作为这种思维方式的注脚：

子曰：“视其所以，观其所由，察其所安，人焉廋哉？人焉廋哉？”（《论语·为政》）

也可以说，“不逆不亿”同样离不开视、观、察，即离不开形象，但这些形象却不是一般的视听印象，而是更多携带事物本质特征的细节、片断。我们借用西方现代美学的一个概念，也可以把它叫做“有意味的形式”。这样的视、观、察是动态的而不是静止的，是整体的而不是局部的，三种感知方式具有连续性，代表一个由浅入深，由局部到全体的认知过程。不要认为“不逆不亿”式的直觉思维就是一瞥即可、一蹴而就。之所以说它感性中有理性，理性中又有感性，就是因为在“以”“由”“安”中就包含着难以觉察的理性判断：做了什么，怎么做的，为什么会这样做。尤其这个“安”字，更耐人寻味。《礼记·大学》中说：“知止而后有定，定而后能静，静而后能安。”“安”往往意味着一种目标确立、价值认定、精神皈依及习惯性动作。孔子批评宰予时也说过：“女安，则为之！”可见这个“安”字更多地体现了事物的本质特征，能体现安之的言语动作即是“有意味的形式”。

孔子一生阅人无数，之所以能知人甚明，做到了“先觉”，就与他这种认知方式有很大关系。试举几例说明：

子曰：“臧文仲居蔡，山节藻棁，何如其知也？”（《论语·公冶长》）

子曰：“孰谓微生高直？或乞醯焉，乞诸其邻而与之。”（《论语·公冶长》）

子曰：“孟之反不伐，奔而殿。将入门，策其马，曰：‘非敢后也，马不进也。’”（《论语·雍也》）

子谓卫公子荆：“善居室。始有，曰：‘苟合矣！’少有，曰：‘苟完矣。’富有，曰：‘苟美矣。’”（《论语·子路》）

阙党童子将命。或问之曰：“益者与？”子曰：“吾见其居于位也，见其与先生并行也。非求益者也，欲速成者也。”（《论语·宪问》）

“山节藻棁而居蔡”，这是典型的越礼，所以孔子会判定臧文仲不智；乞诸邻再借给人醋，这是明显的矫情，所以孔子认为微生高不直；奔而殿却说因为马不进，这真是典型的谦让了，所以孔子夸奖“孟之反不伐”；无论是“始有”还是“少有”，都感到满足，所以孔子说公子荆善于享受生活；少年童子而居于成人之位，且与先生并行，也是明显不知礼，所以孔子说他“非求益者”。

无论从当时还是从现在看来，孔子的这些判断都是很有说服力的，至今仍可作为我们知人论事的参考，这就是“不逆不亿而能先觉”的体现。

我们知道，本质、规律都是隐藏在现象后面的，没有裸露的本质。如何才能从现象后面发现本质，“不逆不亿而能先觉”呢？如何使直觉思维同理性思维一样具有科学性呢？这还真不是一件简单的事情。很多人会犯只见树木不见森林或者买椟还珠式的错误，还往往自称心明眼亮、洞察一切。要想眼亮，必须心明，这确实需要下一番功夫。《中庸》上说：“至诚之道，可以前知。国家将兴，必有祯祥；国家将亡，必有妖孽。见乎蓍龟，动乎四体。祸福将至：善，必先知之；不善，必先知之。故至诚如神。”就是说，欲有前知，必先心诚，先修成至诚之道、中庸之道。这样的道如何修呢？古圣先贤讲了很多，《论语》中讲得最明白、最直接的就是“答子张问”与“答樊迟问”二章。

子张问明。子曰：“浸润之谮，肤受之愬，不行焉，可谓明也已矣。浸润之谮，肤受之愬，不行焉，可谓远也已矣。”（《论语·颜渊》）

樊迟从游于舞雩之下，曰：“敢问崇德、修慝、辨惑。”子曰：“善哉问！先事后得，非崇德与？攻其恶，无攻人之恶，非修慝与？一朝之忿，忘其身以及其亲，非惑与？”（《论语·颜渊》）

笔者认为孔子讲的就是，要想心明眼亮，必须去欲，去忿，去蔽，必须警惕过激的情感与强烈欲望的干扰，更不能听凭情感、欲望进行决断。很多人之所以会干出一些不通情理，甚至违法犯罪的蠢事，就是因为不能节制情感、欲望。“一朝之忿，忘其身以及其亲”，铸成终身大错，悔之晚矣。“知”的主要内容即是真相真情，而真相真情却往往会被各种东西所遮蔽，如名利诱惑、利益驱动、情感干扰等。而那些打着关心你、爱护你、为你好的旗号，出自于亲近之人的闲言碎语或甜言蜜语，最易使人放松警惕，受到蒙蔽。所以孔子说，“浸润之谮，肤受之愬”都行不通才是真明智。

《礼记·大学》中讲：“所谓修身在正其心者，身有所忿懥，则不得其正；有所恐惧，则不得其正；有所好乐，则不得其正；有所忧患，则不得其正。心不在焉，视而不见，听而不闻，食而不知其味。此谓修身在正其心。”这些话正是对孔子去欲、去忿、去蔽思想的进一步发挥。

做到正心诚意是否就能前知呢？恐怕还不够。孔子在与子贡的一段对话中曾说，他的智慧不是来自于“多学而识之”，而是来自于“一以贯之”，教导曾子时也说过“吾道一以贯之”。何谓“一以贯之”？有人解释说指的是修身之道，也有人解释说指的是治学之道。笔者认为，这“一贯之道”应是识事衡人的一种价值尺度、坚定信仰、恒定标准。“不逆不亿而能先觉”，这里的“觉”就离不开判断，而想要做出判断就离不开标准。孔子的一个常见标准，就是“礼”。善恶美丑都往往从“礼”上认定。比如，他曾说过：“居上不宽，为礼不敬，临丧不哀，吾何以观之哉？”他之所以一眼即看出阙党童子非求益者，从一事即认定臧文仲不智，依据的就是“礼”。《论语》中还有几章专门强调“礼”在识人方面的重要性。

子曰：“恭而无礼则劳，慎而无礼则葸，勇而无礼则乱，直而无礼则绞。君子笃于亲，则民兴于仁；故旧不遗，则民不偷。”（《论语·泰伯》）

子曰：“由也，女闻六言六蔽矣乎？”对曰：“未也。”

“居！吾语女。好仁不好学，其蔽也愚；好知不好学，其蔽也荡；好信不好学，其蔽也贼；好直不好学，其蔽也绞；好勇不好学，其蔽也乱；好刚不好学，其蔽也狂。”（《论语·阳货》）

这里所说的“学”，当然主要是指“学礼”。这里所说的“愚”“荡”“贼”“绞”等，也正是对人的品行的一种判断，是对“诈”与“不信”的另一种解说。而这些也许正是“不逆诈，不亿不信，抑亦先觉”的秘密。

《论语》趣读二十二

文质彬彬，然后君子

“君子”一词，在《论语》中出现了一百多次。何谓“君子”？君子的本质是什么？特征是什么？作用是什么？现代社会是否还需要培养君子？最后一个问题，《论语》是不可能做出回答的，需要我们从后人所做的繁茂芜杂的论述中去粗取精、删繁就简，再根据当今现实做出新的解答。

“君子”问题，近几年研究者虽然多有讨论，但依然没有做出令人满意的回答，仍是一个值得深入探讨的话题。

在《论语》中，君子语义有二：一为身份君子，即以位论；一为道德君子，即以德论。道德君子其实是从身份君子转化而来的。从词源学上说，所谓“君子”，最初可能指的是国君之子。君子与公子、王子这类称呼一样，不过代表一种身份。也许因为这样的“官二代”大都受过良好的教育，从小知书达理，显得气度雍容、品德高尚，所以身份君子便渐渐转化为道德君子，人们一般就把道德出众的人尊称为君子了。

《论语》中，常常将君子与小人对举，对举中的君子、小人，虽然有时指德，有时指位，但不管指位还是指德，君子总是比所谓小人在德、智、勇诸方面高上一筹。如此看来，君子乃是一种道德理想人格之设定，或曰是道德理想人格之代表。这样的代表，在《论语》中已经有很多，如圣人、贤人、仁人、善人、有恒者、士等。既然有了圣、贤、仁诸种高人，为什么还要再设定一个君子呢？君子在诸种理想人格中处于何等位次，起何作用？这也是首先需要弄明白的。

圣人、贤人、善人都是有德有位且功业有成之人，如尧、舜、禹、汤诸人，而且都是已逝去之人，活人是没份的。仁人是孔子高悬的一个为人目标，“瞻之在前，忽焉在后”，似乎永远也达不到，但又似乎触手可及，所以孔子只是鼓励去追求，但又不轻易许人以仁。有恒者与仁人的情况差不多，只要你的生命还没有结束，就很难断定你是否是有恒者。

士在孔子时代已成为“四民之首”，指的是正在读书习礼，将来能为政理事、教化众民之人。孔子的学生都称之为“士”。这样的人最容易成为君子，是活人的榜样，君子也正是士人最现实的目标。孔子的几个学生就曾被孔子称为君子，如南容，如子贱。孔子更是被世人及学生们称为君子。也许正因君子与士、圣人之间存有这样一些差异，所以孔子答子路之问时，才会有下面一段话：

子路问君子。子曰：“修己以敬。”

曰："如斯而已乎？"曰："修己以安人。"

曰："如斯而已乎？"曰："修己以安百姓。修己以安百姓，尧、舜其犹病诸！"（《论语·宪问》）

这样看来，能修己以敬，就可以成为君子。而能做到这一点的，大有人在，所以君子与士，有时候可以等同，可以混称，《论语》中有些对士的要求同样也适用于君子。

子曰："士志于道，而耻恶衣恶食者，未足与议也。"（《论语·里仁》）

曾子曰："士不可以不弘毅，任重而道远。仁以为己任，不亦重乎？死而后已，不亦远乎？"（《论语·泰伯》）

子曰："士而怀居，不足以为士矣！"（《论语·宪问》）

子张曰："士见危致命，见得思义，祭思敬，丧思哀，其可已矣。"（《论语·子张》）

在这些章节中，把"士"换成"君子"一词，都没有太大问题。同时，从这些章节中也可以看出，孔子之所以一再鼓励士人努力做一个君子，绝不仅仅是为了修养自己，而是有着更重要的意义和价值，那就是能"安人"，能弘道，能持义。孔子反对君子"怀土""怀惠"，就是强调不要只为一己着想。他在答季康子问时说得更明白："君子之德，风；小人之德，草；草上之风，必偃。"如果士人都能修养成君子，以自己的高风亮节影响世人，从而形成淳朴民风、公序良俗，那就如同"《书》云：'孝乎惟孝，友于兄弟，施于有政。'是亦为政"一样，从修身，齐家而达于治国，平天下。

也许正因如此，孔子专门表彰过郑卫诸国的两大君子集团，一是卫国君子集团，一是郑国君子集团。

子言卫灵公之无道也，康子曰："夫如是，奚而不丧？"孔子曰："仲叔圉治宾客，祝鮀治宗庙，王孙贾治军旅。夫如是，奚其丧？"（《论语·宪问》）

子曰："为命，裨谌草创之，世叔讨论之，行人子羽修饰之，东里子产润色之。"（《论语·宪问》）

这两大君子集团的特点都是有一颗大公之心，善于合作，敢于担当。

基于以上理解，笔者认为，孔子对于君子的言论很多，但最为关键的是这一章：

子曰："君子义以为质，礼以行之，孙以出之，信以成之。君子哉！"（《论语·卫灵公》）

在这一章中，孔子指出了君子的本质、君子行事的方式、君子待人的态度、君子成事的依据，是对君子气质、风度等的全面论述，也是对君子的价值核心、精神皈依、社会作用的综合认定，可以作为其他各章的纲领。比如，以下各章其实是对这一章不同侧重性的强调：

子贡问君子。子曰："先行其言，而后从之。"（《论语·为政》）

子曰："君子之于天下也，无适也，无莫也，义之与比。"（《论语·里仁》）

子曰："君子怀德，小人怀土；君子怀刑，小人怀惠。"（《论语·里仁》）

子曰："君子喻于义，小人喻于利。"（《论语·里仁》）

子曰："君子博学于文，约之以礼，亦可以弗畔矣夫。"（《论语·雍也》）

子曰："君子和而不同，小人同而不和。"（《论语·子路》）

子曰："君子泰而不骄，小人骄而不泰。"（《论语·子路》）

在陈绝粮，从者病，莫能兴。子路愠见曰："君子亦有穷乎？"子曰："君子固穷，小人穷斯滥矣。"（《论语·卫灵公》）

这个纲领也是儒家要求的修为及识别君子的基本标准。

"义以为质"，义者宜也，指的就是社会公理、正义，比如，人与人之间应当仁爱和平、谦让诚敬等。"义以为质"，就是说一个君子应以社会公平、人间正义作为自己的基本操守，为了这种操守、这种信仰，他应当像孔子说的那样"君子固穷"，像孟子说的那样"富贵不能淫，贫贱不能移，威武不能屈"。为了这种操守和信仰，他更应当勇于担当，有强烈的社会责任感、历史使命感及个体主动性。这不仅需要对种种不仁不义的现象、行为，敢于拒绝，敢于反抗，敢于说"不"，还应当见义勇为，敢出头，敢负责，敢担责。

孔子说过"见义不为，无勇也"。对他的几个政治才能很高的学生，孔子也一再强调要见义勇为。比如，子路问成人，孔子要子路"见利思义，见危授命，久要不忘平生之言”；子贡问士，孔子则要他“行己有耻，使于四方，不辱君命”；子张说“士见危致命，见得思义”，则是对孔子言语的复述。战国时代出现了所谓的“战国四公子”，即信陵君、平原君、春申君、孟尝君，其实他们都是在国家危难时敢于担当之人。戊戌变法时期出现过“戊戌六君子”，如谭嗣同、康广仁等人，都是以自己的鲜血铺就了救国之路。抗日战争时期，中国出现过“七君子事件”，沈钧儒、李公朴、沙千里、史良等人也都是为了国家、民族的命运而不怕坐牢、不怕杀头、勇于担当的志士。这些君子的高德懿行，正是对“义以为质”的最好阐释。

“礼以行之”，礼在孔子心目中当然主要指周礼，但也可以做更宽泛的理解，指的是种种社会文化规范，这是大道流行、仁义普施的基础与保障。举凡一切法律制度、道德规范以及有利于社会幸福安康的风俗习惯都应包含在内。一个人要修养成君子，首先就要依礼而行。荀子说得更明白，他认为君子与小人的主要区别就在于君子循礼，小人违礼。君子要行义、守义，就必须尊重并模范地遵守这些规范，而不能以任何理由破坏它。毕竟，见义勇为的机会并不多，而能否循礼守法却在时时考验着一个人的品行。

在当代社会，有些人会以自己是官员、富豪，或者自己的亲人、朋友有权势等理由撒泼耍横，这是典型的“非礼”行为。一个君子，不管是独处还是与别人相处，都应该自觉依礼行事，从自身做起，维护道德法律、公序良俗。比如，在拥挤的公共汽车上，能主动给老弱者让座；在排队的行列中决不任意加塞；见到乱扔的垃圾要能随手捡拾，等等。这样做，与扑火抢险、跳水救人一样，都是义举，是君子之行。孔子在这方面可以做我们的榜样。比如，在《论语·乡党》篇中，弟子们就记录了“孔子于乡党，恂恂如也，似不能言者”“乡人饮酒，杖者出，斯出矣”“乡人傩，朝服而立于阼阶”“见齐衰者，虽狎，必变。见冕者与瞽者，虽亵，必以貌”。至于在朝堂之上，那更是行礼如仪、一丝不苟了。笔者想，正是因为孔子能以身作则、为师为范，他门下才会弟子三千，人才济济吧！

“孙以出之”，“孙”指的是谦逊、恭敬，有礼让之意。“孙”，看起来只是有关个人品德的小节，其实不然。任何一种社会治理，从本质来看，其实都是法治、礼治、德治、群治，最后发展为人民群众的自治，即他律必须归之以自律。而要想达到这样一种良性循环的效果，除强调外在规范，还要强调群体内部的合作精神。马克思主义认为，人的本质在其现实上是一切社会关系的总和，人类大多数的自由自觉的创造活动及成果，都是群体合作的结果。现代教育学也强调，教的主要内容应是教人学会生存，学会合作。而按韩非子的“人性自为论”，人皆自私，人皆自利，而有私有利则有争，争则乱。自私自利之心乃是群体合作的最大腐蚀剂。要想对抗这种腐蚀，必须强调谦恭退让，强调先人后己、先公后私，强调君子示范。打个比方，在分蛋糕时，应当均匀切割，而且主持者应当最后拿属于自己的那份，这样的行为就称得上做到了公平、礼让。

也许正是在这个意义上，孔子曾强调“能以礼让为国乎？何有！不能以礼让为国，如礼何！”在“子路、曾皙、冉有、公西华待坐”一章中，众弟子言志，子路“率尔而对”，不讲谦让，也受到孔子的批评：“为国以礼，其言不让，是故哂之。”孔子把礼让精神与治国理政联系在一起，正是为了强调君子礼让示范的作用。正是受到孔子的影响，孔门弟子也格外重视礼让的价值。比如，子路在受到批评后，孔子再让言志的“颜渊、季路侍”一章中，则说：“愿车马衣裘，与朋友共，敝之而无憾。”而颜回说：“愿无伐善，无施劳。”后来原宪问仁，问“克、伐、怨、欲不行”，是否就算是仁。共享、无伐无施、克伐不行，这些正是礼让精神的最好体现。而独享、自伐则往往是群体合作的腐蚀剂。

礼让谦恭的合作精神是儒家治平思想的重要组成部分，历史上一切成大事业、大学问者，无不与认真体现这种精神有关。比如，汉代的陈平，在穷困时担任社宰，分社肉公平，很受父老乡亲的拥护。陈平说，让他宰治天下也一样。后来他真的做了汉初的宰相，为维护大局、推动社会发展做出了很大贡献。再如，东汉的冯异，《后汉书》中说他“为人谦退不伐，行与诸将相逢，辄引车避道……。每所止舍，诸将升坐论功，异常独屏树下，军中号曰‘大树将军’。及破邯郸，乃更部分诸将，各有配隶，军中皆言愿属大树将军，光武以此多之”。这就是谦让的力量。

“信以成之”，“信”指的是诚信、忠信，最通俗的解释即是说话算话、信守承诺、不欺不诈。孔子说：“人而无信，不知其可也。大车无輗，小车无轨，其何以行之哉？”就是说，人如果无信，大事、小事都做不成、行不通。在回答子贡问政时，孔子甚至指出，在困难时期宁可“去兵”“去食”，但不可无信，因为“自古皆有死，民无信不立”。这就把一个政权的合理性、合法性及稳固性建立在执政者守信、民众信任的基础之上了。在回答子张问行，樊迟问仁时，孔子也说过几乎一样的话，即只要诚信笃敬，那怕是到了蛮夷之地，也照样受欢迎，如果不能这样，即使在乡里也行不通。由此可见，守信是真诚合作的基础与前提。如果说自私自利带来的争夺是群体合作的腐蚀剂的话，失信则是破坏群体合作的更大的力量。因为失信，意味着对应担负的责任、应付出的努力的放弃，这是一种无声的争夺，是比明抢更可怕的暗夺。在当今社会，我们已经领略到诚信丧失带来的危害：假冒伪劣、坑蒙拐骗事件屡有发生，一些大型企业或知名品牌，在利益的驱使或管理疏漏的情况下也加入了失信者的行列，让许多人都深刻地尝到了失信的苦果。从这些痛苦的教训中，人们可以更深刻地体会到孔子为什么要把“信以成之”作为君子的一个重要标准了。

孔子说：“文质彬彬，然后君子。”但何谓“文质彬彬”？笔者认为，质，即“义以为质”；文，即“礼以行之”“孙以出之”“信以成之”。如果没有这些，衣帽光鲜、风度翩翩之类不过都是皮毛，是作秀而已。

《论语》趣读二十三

小人穷斯滥矣

在《论语》中，君子与小人是对立设置的一组概念，谈君子就不能不谈小人。孔子为什么老是拿君子与小人对举说事呢？原因是小人的问题反映出的正是重要的道德问题、人性问题、文化问题及社会政治问题。但是历来《论语》的研究者对这个问题的重视还是不够。近几年，假冒伪劣、坑蒙拐骗等违法犯罪的“小人行径”让人们深受其害。更可怕的是，还有不少人在口头上为小人助威，说什么“宁要真小人，不要伪君子”，甚至当有人喊出“我是流氓我怕谁”的口号时，还有人为之鼓掌。这些另类的行为，让我们不得不重新重视对君子和小人的理论研究。

孔子为什么一再把君子与小人对举呢？从语言修辞学的角度看，这是为了在鲜明的对比中突显对象各自的特点，便于把问题说明白，但在语言修辞的背后却还有更值得重视的文化原因。孔子为了弘扬君子品格，即为了“立”，就不得不同时进行“破”；为了坚守，就不得不有所拒绝，所以在指明什么是君子的同时，也要指明什么是小人。笔者甚至认为，除了这种理论需要之外，还有一种现实的需要刺激着孔子，那就是孔子也曾受到了小人的打击与迫害。你看他曾非常气闷地说过：“二三子以我为隐乎？吾无隐乎尔。吾无行而不与二三子者，是丘也。”而大造这种孔子“有隐”的谣言的小人恐怕大有人在。比如，陈亢就曾问过孔鲤是否受到过孔子的私密传授；只因孔子说子路的弹瑟水平不足以在他的门下弹奏，就有“门人不敬子路”的事情发生，这都是典型的看人下菜的小人行径。更有甚者，孔门中也有卖身投靠、告密叛友的人，比如，有个叫公伯寮的就曾向季桓子进谄，说子路的坏话。

也许正是因为有了这些深切感受，孔子对小人才会格外警觉，对小人的刻画才会那么准确，入木三分、形神毕肖。有些近乎绝对的判断，更是给人以极深的印象。

子曰：“君子而不仁者有矣夫，未有小人而仁者也。”（《论语·宪问》）

子曰：“君子成人之美，不成人之恶；小人反是。”（《论语·颜渊》）

笔者认为，孔子在所有关于小人的论述中，称小人“穷斯滥”，这个“滥”字最为传神，可谓抓住了本质。

在陈绝粮，从者病，莫能兴。子路愠见曰：“君子亦有穷乎？”子曰：“君子固穷，小人穷斯滥矣。”（《论语·卫灵公》）

何谓“滥”？有人译为“胡作非为”，有人译为“如水放溢，四处横流，漫无轨道”。这些解释都很好。笔者认为，要想真正领会这个“滥”字的微妙，抓住小人的本质及特征，就要把孔子论君子的最为关键的一章，即“君子义以为质”的一段话，加上四个字“小人反是”，如此才能很好地理解。

“君子义以为质”，即君子有信仰，有操守，讲规矩，有底线，能担当，敢负责，讲谦让，顾大局，讲诚信，重守诺，在群体合作时能产生巨大的凝聚力量。小人的特点恰恰在于一个“无”字，即无信仰，无操守，无底线，无担当，无诚信，无大局，是社会腐败的加速器、群体合作的腐蚀剂。当然，说他们完全没有什么信念、章法也不对，他们唯一的、最高的信念就是“利”，就是他们个人的蝇头小利。对于这一点，孔子也说得极明白——“小人喻于利”“放于利而行，多怨”。

为了小利，他们绝对不讲什么规矩与底线，他们只信奉“人为财死，鸟为食亡”的丛林原则，信奉“有钱就是爹，有奶就是娘”的流氓哲学。君子认为最为重要的名誉、信誉、脸面、身份、影响、羞耻等，在小人看来都是多余的负担，是做人做事的枷锁，统统可以抛去。齐桓公后期，有三个弄臣整天侍候得齐桓公乐颠颠的：易牙煮了自己的亲生儿子给齐桓公尝鲜；竖刁阉割自己进宫为齐桓公服务；开方放弃卫国国君继承人的身份向齐桓公称臣，父母死后也不回去奔丧。齐桓公就认为他们是最忠诚的，管仲却对齐恒公一针见血地指出，易牙、竖刁、开方这三个人连自己的儿子、身体、父母都不爱，是不可能真正爱齐恒公的。

至于社会上的一些所谓“乞丐型”小人、“流氓型”小人，为了敲诈、欺凌他人而不惜自残自伤、自污自黑、自轻自贱的事更是屡见不鲜。发展到今天，这样的小人行径又有了新的变种，如那些在马路上碰瓷的，不惜先弄伤自己的筋骨；那些拍不雅照变相敲诈的，不惜先以自己做钓饵。

小人为了捞取个人利益而欺凌及掠夺他人时，使用的最方便、最廉价、最锐利的武器就是造谣中伤、挑拨离间与逢迎拍马、歌功颂德，可以分别称之为“棒杀”与“捧杀”，只不过“棒杀”与“捧杀”靠的都是言与色。“捧杀”的对象是能够给他带来好处的权势者，如上司、同乡、同学等；“棒杀”的对象则是可能阻碍他牟取好处的人，特别是他的批评者，对待这类人，他是六亲不认，翻脸无情，“芝兰当道，不得不涂”。

孔子一生爱憎分明，对小人总是保持着一种高度警惕。他多次说过类似的话：“巧言令色，鲜矣仁。”“巧言、令色、足恭，左丘明耻之，丘亦耻之。匿怨而友其人，左丘明耻之，丘亦耻之。”“恶称人之恶者，恶居下流而讪上者，恶勇而无礼者，恶果敢而窒者。”“恶紫之夺朱也，恶郑声之乱雅乐也，恶利口之覆邦家者。”在答复子张问明时，他说“浸润之谮，肤受之愬，不行焉，可谓明也已矣。浸润之谮，肤受之愬，不行焉，可谓远也已矣”。他的那句最受争议的话——“唯女子与小人为难养也，近之则不孙，远之则怨”，其实也正是历史经验的总结。比如，春秋时期一些诸侯国的政局动荡就往往与女子、小人的弄权有关：晋国的骊姬与小人弄权，导致重耳等人的出走与晋国的内乱；南子与小人弄权，导致卫国太子蒯聩的出走与卫国的动乱，等等。

民间有这样的俗语，“亲君子，远小人”“宁可得罪君子，不可得罪小人”。这些是历史经验的总结。为什么要远小人，不得罪小人呢？这是因为小人喜欢记人之恶，且报复心极强。报复的手段之一就是造谣，他会把对方的哪怕一点点毛病尽量放大、扩张、渲染，甚至会捏造一些莫须有的罪名，非要置人于死地而后快。历史上屈原被流放，岳飞被杀，都可以说是死于小人的谣言，所以屈原痛斥：“众女嫉余之蛾眉兮，谣诼谓余以善淫。”

逢迎拍马常见于官场，是小人牟取私利的常用方法。吹吹拍拍又常伴之以拉拉扯扯、结党营私。孔子说的“君子和而不同，小人同而不和”“君子周而不比，小人比而不周”，其实都是针对小人多朋比为奸而讲的。可怕的是这种小人之风，往往如空气、微尘一样散布于四周，人们对此习焉不察，以至于渐成气候，最终难以收拾。宋代王安石变法，利弊并存，而一些小人为了借机上位，就拼命吹捧王安石，有个叫吴孝宗的人还写了《巷议》十卷歌颂新法。好在王安石认出了其人的诈伪，还算保持了一份冷静。但大多数人却难有这种明智与冷静，往往会被“英明”“伟大”的高帽弄得昏昏然、飘飘然，不知其所以然。近几年我国在进行反腐工作时发现了一些新现象，即出现了“塌方式腐败”“家族式腐败”“群体性腐败”“部门性腐败”等大案、窝案，这里面都与群小的互相勾结有关。

朝秦暮楚、出尔反尔、背信弃义、变节反水，以至认贼作父、认敌为友，都是小人人生剧中的常见情节。既然无信仰、无操守，一切只围绕自己的利益旋转，就可以无所不用其极，就“滥”矣。善良的人们往往到了这时，才会真正认识到小人破坏能量的巨大、危害的巨大。这是历史反复上演的社会悲剧，不用多说，大家都会明白的。

最后，需要补充一点，世上并无多少所谓的“职业”小人、“完全”小人，多的只是小人行径、小人心性。这种小人行径、小人心性，应该算是人类的劣根性，无法根除。问题在于能否时时反省自己，像孔子说的那样，能否“义以为质，礼以行之，孙以出之，信以成之”，像曾子说的那样，能否“吾日三省吾身”，提高自身的修养，拒绝不义。

《论语》趣读二十四

君子之交淡如水

子曰：“学而时习之，不亦说乎？有朋自远方来，不亦乐乎？人不知而不愠，不亦君子乎？”（《论语·学而》）

这是《论语》开篇第一章，读来很像是校长的开学训词，又像是一本书的序言。也有人认为，这三句话实际上说的是“求学修身”的三种境界：第一句说的是初学、独学之乐，只要认真学习，且能付诸实践，就会有悟有得、其乐自生；第二句说的是同学之乐，学之既久，体会日深，就会产生交流的愿望，“有朋自远方来”，共同探讨，互相启发，所获更多，其乐无比；第三句说的是久学之乐，年龄渐长，所悟渐多，精义微理，探之愈深，有时难以形成共识，也能淡然处之，这也自有一份快乐。

此说是对，是错？王国维的治学三境界说倒是与此有很多相似之处。他认为“昨夜西风凋碧树，独上高楼，望尽天涯路”是第一境界；“衣带渐宽终不悔，为伊消得人憔悴”是第二境界；“众里寻他千百度，蓦然回首，那人却在，灯火阑珊处”是第三境界。这第一、二境界，似在说明探求的艰辛，第三境界似在说明发现的快乐。但此三境界之中，“独上高楼”与“众里寻他”两句，都使人看到了其对共同研求的渴望，第三境界更是说明发现知音的欢乐。《礼记·学记》中说，“独学而无友，则孤陋而寡闻”，现代学习方法也提倡交流与合作。从《论语》开篇第一章，正可看出孔子对朋友之间讲习的期待与渴望。

《论语》还谈到孔子与子贡、子夏论诗的故事，孔子受到两个学生的启发，高兴地说，可以和他们一起谈论诗歌了。而对于他认为最好学的弟子颜回，孔子有时也因他对自己说过的话“无所不说”，即从不发表不同意见，而感到“回也非助我者也”。

孔子重视友情，善于交友，他与卫国大夫蘧伯玉的交往就是历史上的一段佳话；他与子路、子贡、宰予、冉有诸弟子也能互相批评，亦师亦友，更是令人感动。这也说明，孔子重友，不仅是为了切磋学问，更多的则是为了砥砺品行。曾子对孔子这种思想体会最深，他说“以文会友，以友辅仁”。

正因如此，孔子择友标准甚严，他甚至说过“无友不如己者”。他认为“益者三友，损者三友”，即跟正直、诚信、博学多闻的人交朋友，就有益处；而跟逢迎谄媚、阿谀奉承、花言巧语的人交朋友，就有害处[①]。

除此之外，孔子认为最好的朋友应是能规过谏错的诤友，“士有争友，不为不义”。同时，他还提醒弟子们注意不要与骄横与吝啬的人交朋友。骄于人者必然也会骄于友，最后朋友关系就会变质；吝于财者也必会贪于财，最后会走上损人利己之路[②]。他自己则在轻财重义、乐于助人方面做出了榜样。如果朋友死了，没有归属之亲人，孔子总是说：“由我来料理他的丧事吧。”[③]他的弟子子路在这方面最得孔子真传，有一次孔子让子路谈谈自己的志向，子路说：“希望把自己的车马衣裘与朋友共享，即使用坏了也不感到遗憾。”[④]曾子每日三省，其中之一即是“与朋友交而不信乎”，后来他又把这种诚信发展成为朋友而勇于担当的君子情怀，他认为：“可

---

① 孔子曰：“益者三友，损者三友：友直，友谅，友多闻，益矣；友便辟，友善柔，友便佞，损矣。”（《论语·季氏》）

② 子曰：“如有周公之才之美，使骄且吝，其余不足观也已。”（《论语·泰伯》）

③ 朋友死，无所归。曰：“于我殡。”（《论语·乡党》）

④ 颜渊、季路侍。子曰：“盍各言尔志？”子路曰：“愿车马衣裘，与朋友共，敝之而无憾。”颜渊曰：“愿无伐善，无施劳。”子路曰：“愿闻子之志！”子曰：“老者安之，朋友信之，少者怀之。”（《论语·公冶长》）

以把年幼的孤儿托付给他，可以把国家的政令委任给他，面临重大的事情而不能动摇他的志向，这种人是君子吗？这种人是君子。”[①] 只有这样的人才是真正的好朋友。

也许正因如此，孔子高度推许管鲍之交、子皮子产之交。他认为齐桓公不以兵车而能九合诸侯，管仲用力不少。但真正使齐国强大的原因还在于鲍叔牙能进贤，即推荐了管仲；郑国一度强大，也不仅仅因为有子产，而更重要的是因为子皮能识贤，推荐了子产。

因此，“友”这个词在中国文化中具有很大的情感分量和道德分量。对于古人来说，在五伦之中，君臣、父子、兄弟、夫妇这几种关系，个人无法选择或选择受限，只有朋友一伦，有很大的个人选择性。朋友之间，平等地交流，会心地对话，真诚地相助，是可以提升人的生命质量，增强人的情感寄托的。所以一般认为，人与人在其他四伦之间的关系达到高度和谐时，多以朋友关系相比，如多年父子成朋友，君臣之间互为朋友，夫妇相敬如宾，等等。人类对大同世界的期望，也往往有“四海之内皆朋友”的内容。友之义，大矣哉！

孔子死后，在如何交友的问题上，子夏与子张曾产生过一场争论，子夏主张“可者与之，其不可者拒之”，子张主张“君子尊贤而容众，嘉善而矜不能”。蔡邕认为二子之论皆得之于孔子，这正透露出孔子在交友问题上的一些辩证思考。概括说来，孔子主张在选择能志道弘道的朋友时应严格，因为朋友也是分为不同层次的，“可与共学，未可与适道；可与适道，未可与立；可与立，未可与权”“无友不如己者”云云，当是指选择可与适道、与立、与权的朋友的标准。至于一般性的交往，孔子还是主张多多益善的：“三人行，必有我师焉！择其善者而从之，其不善者而改之。”他之所以每到一国，总是能广泛深入地了解一国的政事，靠的也正是用“温良恭俭让”的谦恭精神广交朋友的缘故。

在对待朋友的问题上，孔子主张要真诚、守信，尤其重要的是要尊重朋友的独立性和个体人格，平等待人，绝不能因自己的地位、学识等高

① 曾子曰：“可以托六尺之孤，可以寄百里之命，临大节而不可夺也，君子人与？君子人也。”（《论语·泰伯》）

于朋友而对朋友颐指气使，越俎代庖，更不能以我为你好的名义，强迫朋友。有一次子贡问如何对待朋友，孔子回答，朋友如果有过错，要“忠心地劝告他，好好地劝导他，不听就作罢，不要自讨羞辱”①。子游也学着孔子说过“事君数，斯辱矣；朋友数，斯疏矣”这样的话。笔者认为这正是交友的一个重要原则，即平等待人、互相尊重，但又要保持距离，尊重他人的私人空间。“数”，一般译为频繁无度，也可译为过于亲密，“朋友数”的后果，不是侵犯了朋友的私人空间，就是让度了个人的私人空间，很容易包办代替或受制于朋友，彼此之间失去了平等，也就无所谓朋友了。所以古人说“君子之交淡若水，小人之交甘若醴”，还有人说“得好友来如对月，有奇书读胜观花”。这“淡”，不是寡淡、冷漠，而是淡泊、纯净，是如月亮般的澄明。辛弃疾有首词说得好：“味甘终易坏，岁晚还知，君子之交淡如水。”这一个“淡”字，是很值得品味的。

《论语》趣读二十五

不学诗，无以言

孔子曾问他的儿子孔鲤说：“学《诗》乎？”孔鲤答：“未也。”孔子告诫他说：“不学《诗》，无以言。”于是孔鲤退而学《诗》。

太初有道，太初有言。婴儿出生后的第一声啼哭，即是言，但不是“《诗》”。“不学《诗》”怎么就“无以言”了呢？

原来孔子所谓的《诗》，并非后人认定的作为文学体裁之一的诗歌，而是专指常用于宴饮朝会聘问应答的《诗经》。这样的诗歌文本，不仅是文学文本，也是政治文本，甚至可以说是外交语言集锦之类。

孔子所谓的“言”，也不是指开口说话、交流表达，而是专指外交场

① 子贡问友。子曰：“忠告而善道之，不可则止，毋自辱焉。”（《论语·颜渊》）

合的语言交锋、抗辩应对。关于这一点，孔子说得很明白。

子曰："诵《诗》三百，授之以政，不达；使于四方，不能专对；虽多，亦奚以为？"（《论语·子路》）

何谓"专对"？专对，即独立应对。据《公羊传·庄公十九年》中记载，"大夫受命不受辞。出竟有可以安社稷、利国家者，则专之可也"，意思是说官员出国办理外交事务，一般情况下，只能奉命行事，不能独断专行，但是如果遇到对国家有利的事，则应当机立断，如何应对都要由外交官自己做主。但这是指通常情况，特殊情况也有授辞的。比如，《左传》记载僖公二十六年，齐侵鲁，"公使展喜犒师，使受命于展禽"。这里所说的"受命于展禽"，即是让展喜向展禽（柳下惠）请教犒劳齐师的辞令。展喜这次犒师，并未出境，故能从容应对，又因这是以外交途径制止战争，所以展喜犒师可以向善于辞令的展禽讨教辞令，而如果在出国之后，面对随时遇到的新问题，大都需要外交人员随机应对了。

孔子为什么如此强调学《诗》，学言？这是由孔子的教学目的决定的。孔子教学是为了培养学生为士，为君子，将来都能从政做官，造福人民，"仕而优则学，学而优则仕""耕也，馁在其中矣；学也，禄在其中矣"，只要做官，就少不了官场应酬，语言表达的质量如何，应对是否得体，不仅与个人的命运相关，也与国家的命运相关。所以，言语这一项格外为孔子所重视。"孔门十哲"中，子贡、宰予都以善言著称。

还应指出的是，为朝聘宴饮等活动赋诗，是当时的礼节，也是当时的风俗。因熟读《诗经》三百篇而应对自如者，多受称赞，而因不学无术或背诵不熟不能应对者，往往被视为失礼、无能、丢丑。《论语》因主要记载孔子及其弟子的言行，没有什么外交活动，故也没有赋诗应对之事。但在《左传》中此类事就多有所见了，现举几例，便于读者体会"不学《诗》，无以言"的尴尬。

襄公十六年，晋平公与诸侯在温地宴饮，让大夫们起舞，并要求舞时所唱之诗必须与舞相配。齐国大夫高厚所唱的诗与舞不相配，晋大夫荀偃大怒，认为高厚公然违背晋平公之命，并从其诗中知道齐有二心，就说："诸侯有叛离的念头。"且让各国大夫和高厚订立盟约，高厚不敢，连忙逃回齐国去了。于是，晋、鲁、郑、卫、宋等国结盟，约定"同讨不庭"，实指讨伐不顺从的齐国。

当时齐晋争霸，晋欲当盟主，齐国当然有点不服。但高厚赋诗不类，还主要在于此人不学无术之故，从而引发了外交纠纷，导致自己被孤立。

比高厚更愚蠢的是齐国的庆封。高厚只是赋诗“不类”，庆封则是真不懂诗，成了政治舞台上任人笑话的笑柄。

襄公二十七年，庆封来鲁国聘问，他的车子很华美，鲁国的孟孙对叔孙说：“庆封的车，不显得太漂亮了吗？”叔孙说：“我听说车马服饰的漂亮要和人的德行相称，否则，必将得到恶果，华美的车子又有什么用？”叔孙招待庆封宴饮，庆封表现得很不恭敬，叔孙为此赋《相鼠》，庆封也不明白其中的意思。人们知道，《相鼠》是一首讽刺诗，意在讽刺统治者的贪得无厌，其中有这样的诗句“相鼠有皮，人而无仪。人而无仪，不死何为？”庆封竟然不知道这是在讽刺他。

人车不相称必有恶果，这话叫叔孙说准了。到了襄公二十八年，庆封灭崔氏一族，不久就被卢氏、高氏所灭。庆封逃到了鲁国，献车给季武子，那车还十分华美、光彩照人。展庄叔见了说：“车子这么漂亮，人民必定憔悴，他的出亡是必然的。”叔孙穆子宴请庆封，庆封在宴会上先遍祭诸神，这不合礼。叔孙穆子很不高兴，让乐工为他诵读《茅鸱》。《茅鸱》是一首逸诗，是讽刺不敬的。庆封也没听懂。后来，他又从鲁国逃到了吴国，还是被人杀死了。

宋国的华定与庆封的情况差不多，不学无术，赋诗不答，最后也走向了流亡之路。

昭公十二年，宋元公新即位，华定来鲁国聘问，是为新君通好。鲁国设宴款待华定，为他赋《蓼萧》。华定不知诗意，又不赋诗回答。鲁大夫昭子从华定的这番表现，预言他一定会逃亡。《蓼萧》中有句诗“燕笑语兮，是以有誉处兮”，昭子认为华定对诗中所述宴会上的笑语不知怀念；诗中又说“为龙为光”，“龙”即是宠，昭子认为华定对主人谦称受宠和增光不知宣扬；诗中还说“宜兄宜弟，令德寿岂”，昭子认为华定对诵赞兄弟美德全然不知；同时诗中说“万福攸同”，昭子认为华定对同享万福不知所答，怎么能在这职位上长久呢？（昭子曰：“必亡。宴语之不怀，宠光之不宣，令德之不知，同福之不受，将何以在？”）昭公二十二年，华定果然没法在宋国待下去，逃亡到了楚国。

这些事都发生在孔子生前不久，且都被载入了史书。孔子整理过《春秋》，教学时也以《春秋》为主要教材，《春秋》中的历史经验与教训恐怕都是教学举例中经常提到的材料。只是《论语》整理者在记录孔子及其弟子的言行时，可能因一些材料与《春秋》重复，故省而不录，最后使《论语》只剩下干巴巴的结论，如“不学《诗》，无以言”之类。若把历史故事和这些结论联系在一起，一部《论语》就生动有趣得多了。

《论语》趣读二十六

诗可以怨，亦可以羡

《论语》中，“怨”也是出现频率很高的一个字，多次出现于否定句中，表否定性情感或品德，多与克、伐、欲、忿、恨等词语分为一类。所以，孔子总是不断告诫自己及其弟子应勿怨、远怨。他称赞古之贤人伯夷、叔齐“求仁而得仁，又何怨？”“不念旧恶，怨是用希”。他自称“不怨天，不尤人；下学而上达”，他夸奖颜回能“不迁怒、不贰过”，即“不怨”。

然而在现实生活中，孔子却很难做到不怨、无怨。只要看他对季氏、卫灵公的尖锐批评，对子路、冉有、宰予的严厉指责，就可以发现这老夫子的怨气大矣、多矣。

孔子大概知道怨实难克、难堵，于是便为怨气的释放、疏导安排了一个合理的出口，这便是《诗》。

显然，“《诗》可以兴，可以观，可以群，可以怨。迩之事父，远之事君，多识于鸟兽草木之名”。这一判断是就诗歌以及一切文学艺术的功能而言的，是中国文艺理论中的一个重要命题。

因为这个命题是孔子给出的，是“子曰”，权威性极大，以后这一命题便被引入了创作论，仍被认为具有无可怀疑的有效性。

20世纪80年代初，钱锺书去日本讲学，就是从创作论角度讲的“诗可以怨”。他认为，在创作论中“诗可以怨”可转换为多个面目但主旨相同的命题，如《诗》《书》《易》《史》多为圣贤发愤之作，“诗穷而后工”“物不平则鸣”，等等。

钱锺书是个聪明人，他从创作论的角度重新谈论这一话题当然不是为了显摆一下自己的好记性——说说中外古今理论家们是如何从不同角度谈论这一话题的，而是为了揭示这一论题本身的话语裂缝，寻求理论的发展。果然，他找到了裂缝，发现了一个“怨”字所难以涵盖的广阔天地。比如，他指出，《诗经》中并不都是《硕鼠》《伐檀》之类的怨诗，也有《雅》，也有《颂》，而颂中亦有讽谏。再如，韩愈说“大凡物不得其平则鸣”，而诗人的不平之气绝不只是怨怒，也包含喜乐。

既然不平中有怨怒也有喜乐，可见，这“怨”也可作为一个感情代表，进行多面解读。比如，《左传》中记载了那么多赋诗言志的事，这所言之志就多不是怨，而是愿，是羡，是谢，是喜，等等。

“诗可以怨”，一个“怨”字带有这么多的价值规约性，从这一点即可窥见诗的本质了。我国古代文论认为“诗言志”或“诗缘情”，这仅是从创作论的角度对诗进行的评说，说是因有情志之冲动才有诗。但同时也可从本质论的角度认识这一命题，情志即诗的主要内涵。但什么样的情志才可为诗呢？这似乎有一个只可意会而难以言说的界线，如少女能为失去爱情而歌，守财奴不能为失去金钱而歌，说的即是界线。总之，无论是怨还是羡，都有极强的价值规约性，都共同指向一个东西，即人类理想的生活、情感、环境等，这个东西是诗的魂、诗的灵。有之，即有诗；无之，即无诗。

由于“怨”表否定性情感，且孔子“远怨”，一旦“诗可以怨”时，注释家们往往一时转不过弯来，便竭力回护，有的人说“诗可以怨”是可以从诗中学习讽刺的方法，有的人说“诗可以怨”是因为《诗经》中的诗乐而不淫、哀而不伤、中正平和，等等。如果这些人明白诗之本质，知道此怨和愿、羡等相连，也就不必如此这般曲为回护了。

第三章
拜会孔门弟子，领略君子品格

《论语》趣读二十七

盍各言尔志

孔子教学讲究启发诱导、切磋琢磨，努力发挥学生自身学习的积极性，使之见性悟道，所以在教学方法上因材施教、灵活多样。其最为普遍且仍为现代教育所常见的方式即是引导学生“言志”，即谈理想、讲抱负。

但我们都知道，由于传统教育以知识灌输和分数判定为主要教学方式，多不注重对个性的关注、人格的养成，再加上教师多为教学所累，不能与所有学生深入交流，因此，言志多流于形式。教师看重的是学生是否文通字顺，学生多言说的可能也是一些敷衍应付的大话空话，即使具体一点也多是个人职业之理想，很少有言及“修身，齐家，治国，平天下”（以下简称“修齐治平”）之大抱负者，因而很少有人能从此类言志中得到切实的指导，从而在“修齐治平”上更进一步。

以现在的教育角度来看，孔子教的是本科水平的学生，即现在的高等教育，而且是本硕博连读。虽说弟子三千，但由于横跨四十多年时间，而且有些学生是终生受教，所以孔子对每个学生的心性脾气还是了然于心的。他对“言志”教学便有了现今教育所难以企及的几个特点，很值得现今教育取法。比如，因材施教，注重学生全面发展，教师能降下身段与学生平等交流对话，以身示范，等等。能从这一角度读《论语》的言志章，可能会读出更多的兴味。

《论语》有两章谈“言志”，即《论语·公冶长》篇中的“颜渊、季路侍”一章及《论语·先进》篇中的“子路、曾皙、冉有、公西华侍坐”一章。《荀子》《孔子家语》中也多有如此的“言志”章，可做参考。

据考证，《论语》中的两章“言志”，可能都发生在孔子入仕之前，具体说来应在“不惑”与“知天命”之间。但两章孰先孰后呢？现在按顺序读来是“颜渊、季路侍”在先，“子路、曾皙、冉有、公西华侍坐”在后，但笔者认为应为“子路、曾皙、冉有、公西华侍坐”在先，“颜渊、季路侍”在后。

为了讨论的方便，先把这两章抄在下面：

颜渊、季路侍。子曰：“盍各言尔志？”

子路曰：“愿车马衣裘，与朋友共，敝之而无憾。”

颜渊曰：“愿无伐善，无施劳。”

子路曰：“愿闻子之志！”

子曰：“老者安之，朋友信之，少者怀之。”(《论语·公冶长》)

子路、曾皙、冉有、公西华侍坐。

子曰：“以吾一日长乎尔，毋吾以也！居则曰：‘不吾知也！’如或知尔，则何以哉？”

子路率尔而对曰：“千乘之国，摄乎大国之间，加之以师旅，因之以饥馑，由也为之，比及三年，可使有勇，且知方也。”

夫子哂之。

“求，尔何如？”

对曰：“方六七十，如五六十，求也为之，比及三年，可使足民。如其礼乐，以俟君子。”

“赤，尔何如？”

对曰：“非曰能之，愿学焉！宗庙之事，如会同，端章甫，愿为小相焉。”

“点，尔何如？”

鼓瑟希，铿尔，舍瑟而作。对曰：“异乎三子者之撰！”

子曰：“何伤乎？亦各言其志也。”

曰：“莫春者，春服既成，冠者五六人，童子六七人，浴乎沂，风乎舞雩，咏而归。”

夫子喟然叹曰：“吾与点也。”

三子者出，曾皙后。曾皙曰：“夫三子者之言何如？”

子曰：“亦各言其志也已矣。”

曰：“夫子何哂由也？”

曰：“为国以礼，其言不让，是故哂之。”

“唯求则非邦也与？”

"安见方六七十如五六十而非邦也者？"

"唯赤则非邦也与？"

"宗庙会同，非诸侯而何？赤也为之小，孰能为之大？"（《论语·先进》）

以"修齐治平"论，"子路、曾皙、冉有、公西华侍坐"一章多讲"治平"，孔子则强调"修身"；"颜渊、季路侍"一章多讲"修身"，孔子则提升到了"治平"。所以两章虽都不大鼓励"仕进"，而强调"修身"，但亦有变化。"子路、曾皙、冉有、公西华侍坐"一章中表现出急于一试身手的心态，这正说明他们还未曾一试，孔子在有意鼓励之同时也适当抑制，目的在于使他们将来能有更为全面的本领和健康的心态走向社会。"颜渊、季路侍"一章中二弟子皆讲修身，向内之心收敛，外扩之心似弱，孔子补之以"治平"，正在于鼓励他们一试身手。

为何会发生这样的变化？

首先，在于孔子。孔子"四十而不惑"，不惑的是所学所志的"道"；"五十而知天命"，天命者何？是自己应承担的历史大任。两次"侍坐"时，他正处于将知天命之时，正欲由内敛而外扩，由修齐而治平，所以两次"言志"，其引导才会有如此变化。最能说明这种变化的是阳货欲见及公山弗扰召孔子二事。

阳货欲见孔子，孔子不见，归孔子豚。

孔子时其亡也，而往拜之，遇诸涂。

谓孔子曰："来！予与尔言。"曰："怀其宝而迷其邦，可谓仁乎？"曰："不可。好从事而亟失时，可谓知乎？"曰："不可。日月逝矣，岁不我与。"

孔子曰："诺。吾将仕矣。"（《论语·阳货》）

公山弗扰以费畔，召，子欲往。

子路不说，曰："末之也已，何必公山氏之之也？"

子曰："夫召我者而岂徒哉？如有用我者，吾其为东周乎！"（《论语·阳货》）

阳货欲见一事可能发生于公元前504年，孔子四十八岁之时；公山弗扰召孔子一事可能发生于公元前502年，孔子五十岁之时。"吾将仕矣"

与“如有用我者，吾其为东周乎”两句正可以看出孔子将仕而未仕且汲汲于仕进的心态。

其次，在于子路。人们不难看出，两次“侍坐”都有子路，两次“言志”，子路虽都是第一个发言，但态度不同。“子路、曾皙、冉有、公西华侍坐”时，子路“率尔而对”，心高气傲；“颜渊、季路侍”时，子路态度谦恭。这正可以看出子路的长进。之所以有此长进，则在于其在“子路、曾皙、冉有、公西华侍坐”时受到了批评、哂笑，所以下一次才会谦恭起来。

“夫子何哂由也？”孔子说是由于他出言不让，失礼。何谓“失礼”？一是抢先发言，不讲礼让。据《礼记·曲礼》说，“长者问，不辞让而对，非礼也”，又说“侍于君子，不顾望而对，非礼也”，这两条子路都犯了。二是发言内容失礼，子路大谈高论能治千乘之国，治国之法非战即勇，丝毫不及礼乐兴邦之事。

正因孔子有了这样的不满，下面的发言者都是勇虽不及子路，但智却远超子路，一个比着一个谦恭：一是老师点了名再说；二是尽量把大话改小了点，冉有不再说千乘之国，只讲了个“方六七十，如五六十”的小邦，公西华则只讲“愿为小相”；三是都讲到了“礼”，不过这“礼”与孔子所讲的内容离得太远。冉有称只胜政事，礼乐大事以待君子；公西华虽愿为礼仪之事，但只是愿为小相，即司仪，这只是职业之礼，而非修身之礼。

“子路、曾皙、冉有、公西华侍坐”按年龄排名，子路自然居师兄之列，眼看着自己的两个师弟越说越谦恭，他不瞎不聋，能不为自己放的那个头炮脸红吗？所以颜渊与他同侍时，他才不那么心高气盛了。

关于“子路、曾皙、冉有、公西华侍坐”，还有一点值得一辩，即公西华的年龄问题。《丧家狗：我读〈论语〉》的作者李零认为公西华小孔子四十二岁，依据是《史记·仲尼弟子列传》及《孔子家语》。至于《孔子家语》，笔者认为此书小说化程度太强，文字太整饰，行文太夸张，绝不如《论语》之自然简洁生动，因而可信度不高。而司马迁之《史记》不少地方采自《孔子家语》，也多为人诟病。如果公西华小孔子四十二岁，能参与“侍坐”且发表如此老道的言论，起码是在他十五岁入学之后的事，应该是位接近二十岁的小伙，那么此时孔子应该六十左右，应正在周游列国的路上。所以，笔者认为专家们考证公西华小孔子三十二岁更可信些。

回到“子路、曾皙、冉有、公西华侍坐”，听完四位学生的发言，孔子为什么喟然长叹且赞同曾点的观点呢？

曾点认为理想的生活乃是一种散淡逍遥、自由自在的生活。然而正如《庄子·逍遥游》中的鲲鹏无论怎样逍遥还是有所凭依一样，曾点也说出了这种生活的基础：社会安定和平，民生和乐，个人丰衣足食，固可以悠然自得。而此种生活从政治上来说，却有赖于子路、冉有、公西华等人的努力，即在强兵、富国、睦邻之后。此种心态则正要靠个人做一番静心诚意的修身养性的功夫不可，否则的话，一肚子欲望之火、愤懑之情，无论如何是逍遥不起来的。从最终目的上看，这是孔子所追求的。然而无论是社会现实还是个人理想，都还离得太远，孔子故而长叹。

总之，“子路、曾皙、冉有、公西华侍坐”一章，孔子既有对弟子们之壮志的赞许，也有对其不重礼让且志尚不高远的批评。弟子们感受到这种苦心，受到孔子点拨而有所长进，所以“颜渊、季路侍”才呈现出另一番景象。

在“颜渊、季路侍”一章，孔子明确要求弟子言志，而子路、颜回所言之志虽多属修身，但也露出了“己所不欲，勿施于人”“己欲立而立人，己欲达而达人”之意，即于“修身”中亦含“治平”之远志。所以当子路提出“愿闻子之志”，即想让老师评点一下自己所言并想看看与师之志的差距时，孔子说了“老者安之，朋友信之，少者怀之”。这既是对弟子之志的肯定，又是对他们精神境界的提升。试想，安之、信之、怀之之境不正是对孔子设想的大同之境的另一番描绘吗？

这两章最值得玩味之处有两点：一是最可见孔子教学之妙处——批评点拨，点中要害而又去瑕不伤玉；启发诱导，既指明出路又使学生更上层楼。二是最可见孔子胸襟之宏大及修养之高深。孔子之所以能学识高人一等、高瞻远瞩，就在于他自己下过一番涵养苦修的功夫，已达不惑、知命之年，并渐入“从心所欲，不逾矩”之境了。

《论语》趣读二十八

颜回好学

颜回，字子渊，据《史记》记载，他比孔子小三十岁，聪明好学，是孔子最为得意的弟子，在“孔门十哲”中名列首位。

颜渊的最大特点是好学。鲁哀公与季康子都曾问过孔子弟子中谁最好学，孔子均答颜渊好学。

哀公问：“弟子孰为好学？”孔子对曰：“有颜回者好学，不迁怒，不贰过。不幸短命死矣，今也则亡，未闻好学者也。”（《论语·雍也》）

季康子问：“弟子孰为好学？”孔子对曰：“有颜回者好学，不幸短命死矣！今也则亡。”（《论语·先进》）

从这两次回答中，我们可以感受到孔子对颜渊的极端喜爱以及对颜渊之死的无限惋惜。但孔子对其弟子孰为好学的回答如此绝对，如此武断，也颇令人生疑。史家一般认为孔子弟子三千、贤者七十二，好学者当不在少数，即以好问勤思而论，子贡、子路、樊迟、宰予等都应是好学者。孔子为什么说只有颜回好学，而把其他好学的弟子都排除在外了呢？这符合事实吗？颜回死后真的没有好学者了吗？

要解开这些疑团，还是要从认真揣摩这两章的文意开始。

总括孔子的回答，要点有三：一是颜回好学；二是如今没有颜回那样的好学者；三是颜回“不迁怒，不贰过”。显然，一、二两点与回答“孰为好学？”有直接关系，那么，第三点与“孰为好学？”有什么关系呢？弄清了这一点，疑团基本就可以解开了。

人都有七情六欲，平时遭受点委屈和误解、批评与责骂、失败与挫折都是常见的事。这就不免有怨，有怒，有气，就要释放，就要排解，不然的话，让怨怒积蓄停留在身体内，人就会生病生灾。而排解方式多种多样，常见的就是迁怒于他人，打老婆、骂孩子更是莽夫的拿手活儿。而能够在怨怒中平静下来，不怨天，不尤人，认真从自我方面找原因，这确实需要很高的修养。“每临大事有静气”，苏洵就认为能够做到“泰山崩于前而色不变”者才可称之为大丈夫。

另外，人都生活在一定的习俗之中，靠习惯处事，要说生活中能够不犯同样的错误，也属于天大的难事，能够做到“不贰过”者一定要有极大的定力、极高的修养。

因此，“不迁怒，不贰过”应是一个人自我修养的极高境界。在孔子的回答中不难发现，“不迁怒，不贰过”显然紧承颜回好学而来，是论证颜回好学的最为坚实、简洁的证据，有力地回答了何为好学的疑问。

细心品味，把“不迁怒，不贰过”作为颜回好学的证据，是从学习的结果、成效上来说的，同时这话也透露出了孔子教学的本质，即这样的学是与修身养德密切相关的。

如果联系《论语》中的其他论述，了解孔子教学的主要目标和基本内容，那么对“孔子答哀公问”一章就会有更深刻的理解。

简而言之，孔子教学中的“学”，乃是志道之学、求仁之学，此道，即大同之道、仁爱之道，仁政与仁德之道。学生之学乃是将“修身，齐家，治国，平天下”合为一体的系统工程。这既是为己之学，也是为人之学。因为修身养德之为己之学乃是此学的根本、基础，因此此学具有极强的实践性，绝不是如后来的以书本知识为主的学习。所以，仅仅是苦学苦读、多问深思而不能修身养德，算不上好学。《论语》开篇即说，“学而时习之，不亦说乎”，这话就点明此学之特点在于学与习、学与做合而为一，密切相连。

明乎此，才会明白子夏为什么说“贤贤易色，事父母，能竭其力，事君，能致其身，与朋友交，言而有信；虽曰未学，吾必谓之学矣”。因为此学与事父母、事君、交友等人伦日常之事、君子应有之德密切相连。

何谓“好学”？孔子在《论语·学而》篇中曾说：“君子食无求饱，居无求安，敏于事而慎于言，就有道而正焉，可谓好学也已。”强调的还是学与行的统一。

孔子的教学内容服务于修身养德的教学目标。

“子以四教：文、行、忠、信”里的“行、忠、信”显然都与修身养德有关，那么“文”指的是什么呢？

所谓“文”，一般指《诗》《书》《礼》《乐》《易》《春秋》。其中《礼》《乐》《书》《春秋》都有极强的政治道德功利性，自不必说，就连最具审美性的《诗》和最具抽象性的《易》，也是为修身养德服务的。孔子说得很明白，“《诗》可以兴，可以观，可以群，可以怨。迩之事父，远之事君”。而《易》可以使人活得明白，少犯错误：“加我数年，五十以学《易》，可以无大过矣。”

正是因为孔门之学乃志道行仁之学，此学与个人的品德修养、行为践履密切相关，所以学好学坏的标准不在于对书本知识的记忆与理解，而在于个人修养的高下。因此，“不迁怒，不贰过”才可以作为好学的最有力的证明，作为颜回超越他人或他人难以企及的证明。

颜回之所以在“德行”科名列第一，在“孔门十哲”中也位列首位，被孔子称为“好学者”，是因为他在好学上创造了许多的第一甚至唯一，这些都为孔子多次所提及。比如，从个人天赋上看，颜回最聪明，就连公认聪明的子贡也难以望其项背。

子谓子贡曰：“女与回也孰愈？”对曰：“赐也何敢望回？回也闻一以知十，赐也闻一以知二。”子曰：“弗如也！吾与女弗如也。”（《论语·公冶长》）

颜回求仁之心最坚定、行仁之志最持久，这也为孔子所赞赏。

子曰：“回也，其心三月不违仁；其余则日月至焉而已矣。”（《论语·雍也》）

“三月不违仁”实乃长久时间不违仁，这确实很难。难在哪儿？

难在不违仁，就是要做到孔子所说的四个“非礼勿”，即“非礼勿视，非礼勿听，非礼勿言，非礼勿动”。做到视、听、言、动处处不违礼，时时合于仁，这确是高难动作，怪不得孔子感慨大多数人只能“日月至焉而已矣”。

颜回志道行仁持之以恒、坚持不懈，而且永远前进，决不后退，这也是他人难以企及的。

子曰：“语之而不惰者，其回也与！”（《论语·子罕》）

子谓颜渊，曰：“惜乎，吾见其进也，未见其止也！”（《论语·子罕》）

“语之而不惰”有多种解释。一种解释认为听老师讲话时不会感到疲倦、懈怠，即专心致志。而能达此境者多有其人，况非难事。所以笔者认为还是这样的解释好："颜子闻夫子之言，而心解力行，造次颠沛未尝违之。如万物得时雨之润，发荣滋长，何有于惰？此群弟子所不及也。"（朱熹：《论语集注》）

颜回在物质生活上，宁静淡泊、甘于清贫、身居陋巷、箪瓢屡空，但志学之心始终不渝，且能因学习的快乐、精神的充实忘记生活的贫困，这也是他人难以企及的。孔子曾用诗一样的语言赞美颜回的这种精神境界。

子曰："贤哉！回也。一箪食，一瓢饮，在陋巷。人不堪其忧，回也不改其乐。贤哉！回也。"（《论语·雍也》）

由此可见，志学还不是太难的事，难的是通达、权变、处事适中，而能做到这一点的，唯有孔子自己与颜回。

子谓颜渊曰："用之则行，舍之则藏，惟我与尔有是夫！"

子路曰："子行三军，则谁与？"

子曰："暴虎冯河，死而无悔者，吾不与也。必也临事而惧，好谋而成者也。"（《论语·述而》）

遍观孔门诸贤，能达此境者确无其他人。仅以孔子最为赞赏的几个弟子而论，子路、子贡、子张、宰予，偏于激进，即"过"；子夏、子游、冉有、曾参等人偏于退守，即"不及"；闵损、冉雍、有若等人近乎平和中正，然而才气不及颜回。所以孔子慨叹："惟我与尔有是夫！"这绝不是夸大之词。

还应指出的是，孔子说颜回"好学"时已年过七十，已处"从心所欲，不逾矩"之年，且说在颜回死后。这是对颜回好学精神的盖棺定论，是为中国士人树立的一个精神标杆，从某种程度上说，它也标示了中国文化精神的高度。

这正是我们学习《论语》应该反复思考的重大问题。

《论语》趣读二十九

孔子与颜回：心有灵犀一点通

不少研究者认为，颜回卒于鲁哀公十四年，去世时不过四十岁左右，英年早逝。孔子闻讯后，哭得甚为伤心，连说："天丧予！天丧予！"弟子们看他哭得太伤心，有些失态，劝他说："先生悲伤得过度了。"孔子说："是悲伤过度了吗？不为这样的人悲痛欲绝，还为谁呢？"[①]

"非夫人之为恸而谁为！"这话说得很武断，很具有排他性，透露出了孔子与颜回之间非同寻常的关系。这种关系绝不仅仅是师生关系或良师益友关系，而是超乎这些的一种特殊关系。联系《论语》中的其他章节，可以看出，这种特殊关系起码表现在"互粉"上，即互相欣赏、互相赞美。比如，孔子对颜回可以说竭尽溢美之辞，几乎把吝于对其他弟子使用的好词都用在了颜回身上，如"贤哉！回也""其心三月不违仁""吾见其进也，未见其止也"，等等。把这些话集中起来，颜回就成了一个天才少年和至善至美的仁者形象。

颜回对孔子更是"高山仰止，景行行止"，把孔子看作神灵一样的圣哲。与其说子贡开大书特书孔子的先河，不如说颜回开此先河为好。比如，下面的话就已经开始把孔子神化了：

颜渊喟然叹曰："仰之弥高，钻之弥坚，瞻之在前，忽焉在后！夫子循循然善诱人，博我以文，约我以礼，欲罢不能。既竭吾才，如有所立卓尔。虽欲从之，末由也已！"（《论语·子罕》）

这真是典型的"互粉"了。

然而读了下面两段文字之后，相信人们对孔子与颜回之间的关系会有一种新的认识：

---

① 颜渊死。子曰："噫！天丧予！天丧予！"（《论语·先进》）

颜渊死，子哭之恸。从者曰："子恸矣。"曰："有恸乎？非夫人之为恸而谁为！"（《论语·先进》）

子曰："吾与回言，终日不违，如愚。退而省其私，亦足以发。回也不愚。"（《论语·为政》）

子曰："回也非助我者也！于吾言无所不说。"（《论语·先进》）

这两段话，怨中有赞，嗔中有喜，说明孔子对颜回的认识还有些矛盾，还拿不准是该怨还是该赞。这样的话可能说于颜回入学不久，孔子初识颜回之时，这与后来那些毫无保留、绝对赞美的话是明显不同的。

孔子在哪些方面对颜回的认识还有些游移和矛盾呢？主要在于"吾与回言，终日不违，如愚"和"于吾言无所不说"。老师说了那么多话，这学生都是含笑赞美，提不出半点不同意见。这样，孔子在与学生的交流中就难以形成互动，难以在思想上互相碰撞、互相启发，所以孔子认为"颜回不是个有助于我的人"。

"不违如愚"可能有如下两种情况：一种是听讲者为中人以下，真愚真蠢，混混沌沌，听不明白，也不想明白，所以也提不出问题，更不会有不同意见；另一种是聪明绝顶，善解人意，温故即能知新，举一隅即能以三隅反，对老师言语中断处能以自己思想的线条连接起来，对老师语之未及处能以自己思想的触角捕捉到，同时，在基本信仰和基本价值观上完全认同老师，这样的学生也不会发表不同意见。

颜回的"闻一知十"，当然属于第二种情况。

孔子在当时能很快判断出颜回属于第二种情况，靠的是自己的感觉和悟性。"退而省其私，亦足以发"，不少学者都认为是颜回退回到私人空间，经过反省琢磨，也有所发明或发现。但从整个语段的语气及逻辑顺序，以及孔子的话语脉络上看，"退而省其私"说的还是孔子自己，"省"的是颜回的私，即考察他平时的表现，还是可以发现他理解了课堂教学的内容；也可能从颜回的日常言行中可以看出他已将课堂所学用于修身之行，很给人以启发。

总之，孔子在认识颜回之后不久就发现他是一个极为聪明的学生，对自己的学术思想、大同理想不但极为赞同，且领悟得最为透彻。他的心灵极为澄明，没有一丝世俗的阴云与尘埃。他远远超过了子路，超过了子贡，超过了冉有。子路等人身上还有太多功利的羁绊，心里还有太多世俗的云霾，还很难与老师心有灵犀一点通、同频共振。他们"升堂矣，未入于室也”，孔子认为他们还需要不断启发诱导，使之循序渐进，才能造成有用之才。思来想去，反复比较，孔子认为子路诸弟子，可作为处世上的重要助手，而能在传道上作为自己后继者的最佳人选，则非颜回莫属。

颜回出身贫寒，箪食瓢饮，从小看够了世人的白眼，尝尽了世态的炎凉，所以他渴望人间的温暖与关爱及世上的正义与公平。而他渴望的这一切，恰恰在孔子那里都看到了，听到了，感受到了，所以他对老师的教导深信不疑，对大同理想深信不疑，对孔子所倡导的仁爱学说努力践行，他渐渐地成了众弟子的楷模，成了孔子最得意的学生。

经过初识时的相互了解、相互欣赏阶段，孔子与颜回在学习与实践中进一步相互吸引、相互走近，特别是经过了周游列国路上的风风雨雨之后，他们的心灵贴得更近了，甚至把生命的一部分融在了一起，思想、性格达到了高度的接近与契合。比如，孔子就认为在通达权变方面，只有颜回可以与自己比肩。孔子还说自己能做到“饭疏食，饮水，曲肱而枕之，乐亦在其中矣”，而能做到这一点的也只有颜回[①]。

这种相知相契在艰难中具有巨大的精神能量。孔子一行人在周游列国期间，屡遭困厄，不少学生对孔子之道表示怀疑，对未来道路丧失信心，像在陈绝粮之际，孔子就以“我们为什么会到处流浪而不受欢迎”为题，组织过一次讨论。子路认为可能是因为他们没达到仁和智的境界，人们不信任他们；子贡认为是因为老师的大道太高远，应稍加减损，只有颜回坚定地认为，老师的理想至高至大，所以天下莫能容，即使是这样，只要他们勉力推行下去，不容也没什么可怕的。孔子听了颜回的话高兴地说：“是这样吗？颜氏之子，假设你多财多福，我会做你的家宰。”[②]孔子要做颜氏家臣，甘为回下，这虽是谈笑，但也可看出孔子对颜回的信任。

还有一次，孔子以“知者若何？仁者若何？”问子路等人，子路答“知者使人知己，仁者使人爱己”，孔子说这样可以为士了；子贡答“知者知人，仁者爱人”，孔子说这样可以为士君子了；颜回答“知者自知，仁

---

① 子曰：“贤哉！回也。一箪食，一瓢饮，在陋巷。人不堪其忧，回也不改其乐。贤哉！回也。”（《论语·雍也》）

② 孔子欣然而笑曰：“有是哉！颜氏之子，使尔多财，吾为尔宰。”（《史记·孔子世家》）

者自爱”，孔子说这样可以为明君子了。

需要稍做说明的是，孔子的问题仍然重在怎么样，而不是是什么，三弟子之答也都落在怎么样或怎么做上，明乎此，即可看出三人之答正好显示出高低不同的三个层次、三个境界，当以明君子之境为最高。如从思想方式上看，子路偏重结果，子贡重在过程，而颜回深思原因。就谋虑之深远来看，还推颜回第一。

另外子贡之答，实为孔子之标准答案，孔子答樊迟之问时就明确指出“爱人”与“知人”是“仁”与“知（智）”的答案。颜回之答是否偏离了孔子思想呢？否。而且是对孔子思想的深化与提升。因为孔子在其他论述中也提到“己所不欲，勿施于人”是“为仁”的底线，而“己欲立而立人”、推己及人是“为仁”的基本方法。“知者自知，仁者自爱”正是对这一起点或基点的最简洁的说明，所以会得到孔子的高度赞许。

孔子与颜回的相知相契是中国文化史上的奇迹，他们之间的关系超过了俞伯牙和钟子期那种心心相印的知音关系，而是两颗心能互相吸引、靠近、照亮、启发，从而收到了“一加一大于二”的效果，为思想的创造提供了巨大的动力。

可惜的是颜回英年早逝，未能使中国文化中的这种传统发扬光大，笔者认为，后世几千年虽也有几个圣君贤相或良师高徒相知相契的佳话，但都无法与孔子和颜回相比。

孔子殁后，传孔子之道者为曾参、子夏、子张诸人，但他们都偏于一隅，难有孔子之大气象。所以不少人感叹，如颜回得享天年，传孔子之道，中国文化或是另一番模样。

惜乎，历史无法假设。

《论语》趣读三十

寻找孔颜乐处

孔子是一个什么样的人？这在他生活的时代就曾引起过很大的争论。有人说他是圣者，也有人说他是佞者；有人说他是人中龙凤，也有人说他是丧家之犬。而他自己则认为，他不是圣人，不是“生而知之者”，从本质上看，他不过是一个“不可救药”的乐观主义者而已。

子曰：“饭疏食，饮水，曲肱而枕之，乐亦在其中矣！不义而富且贵，于我如浮云。”（《论语·述而》）

叶公问孔子于子路，子路不对。子曰：“女奚不曰：其为人也，发愤忘食，乐以忘忧，不知老之将至云尔。”（《论语·述而》）

同时他还认为，他的最得意弟子颜回也和他一样，是个乐天派。

子曰：“贤哉！回也。一箪食，一瓢饮，在陋巷。人不堪其忧，回也不改其乐。贤哉！回也。”（《论语·雍也》）

由于颜回在“孔门十哲”中属“德行”科第一，是孔子树立的一个标杆，他们的人生境界便也成了后人追寻的境界，而他们的乐观心态便也被认为蕴含着丰富的内容，所以宋代大儒周敦颐就曾教导他的两个弟子程颢、程颐去寻找“孔颜乐处”。但何谓“孔颜乐处”，周敦颐并未说明，只是“引而不发，跃如也”。所以“孔颜乐处”至今仍是一个充满挑战性的话题。

何谓“孔颜乐处”呢？孔子与颜回均未做出过肯定的回答。但有趣的是，他们都对什么不是多有论述。我们明确了这个“否”的一面，“是”的一面也大体可以体现出来了。

“孔颜乐处”不是什么呢？它不是指物质享受的口腹之乐，不是诉诸肉体感官的低层次快乐，因此陋巷贫居、疏食饮水、曲肱而枕都可以感觉快乐。弄清了这一点，“孔颜乐处”就几乎明朗了。“君子忧道不忧贫”“不义而富且贵，于我同浮云”，所以“孔颜之乐”即是志道之乐、守义之乐。

孔子之道即是大同之道、仁爱之道、中庸之道，它是集大同世界、仁政社会和君子人格为一体的一种社会理想、人格理想，是在礼崩乐坏的时代为社会和个人找到的一个诗意的栖息之地。与动荡不安、黑暗冷酷的现实社会明显不同的是，这片诗意栖息之地和谐安宁、温馨光明、父慈子孝、兄友弟恭、朋友诚信，“老者安之，朋友信之，少者怀之”，且人人能“修己以敬”“修己以安人”“修己以安百姓”。有了这种理想，生命的存在就有了坚实安全的依托，一颗心就不再是飘荡于空中的柳絮蓬草，而是有了安顿之所。安全需要是人生的最基本需求，是一切幸福快乐得以生发的基础和土壤。

这样的理想社会并不是唾手可得的，但也不是遥不可及的，它就在你的脚下，你的手中，需要你从自我做起，从现在做起，“仁远乎哉？我欲仁，斯仁至矣”。只要你以一种虔敬态度对待你所要做的每一件事，“非礼勿视，非礼勿听，非礼勿言，非礼勿动”；只要你能诚信待人，“己所不欲，勿施于人”；只要“吾日三省吾身：为人谋而不忠乎？与朋友交而不信乎？传不习乎？”且都能得到满意的回答，你就会“仰不愧于天，俯不怍于人”，无悔无疚，心安理得，快乐自会悄悄向你靠近。

正心诚意、修身养德不仅可以得到人伦之乐，还可以进入天人合一之境，得天地之乐。“知者乐水，仁者乐山；知者动，仁者静；知者乐，仁者寿”。高山流水、鸢飞鱼跃、鸟语花香，处处可感受到自然的生气和善意。你可以随物宛转、于心徘徊，自由自在地舒筋展骨、吐故纳新；可以观水流而感悟时序变化、人生无常，“逝者如斯夫，不舍昼夜”；可以观松柏而陡增天地正气，如“岁寒，然后知松柏之后凋也”；可以在春天来临之时，呼朋引类、放歌四野，如“浴乎沂，风乎舞雩，咏而归”。在对自然的拥抱中，让感性和灵性来一次彻底的解放和激活。

更为重要的是，“孔颜乐处”乃是一种精神的快乐、灵魂的快乐。此种快乐如何得来？恰恰是在与烦忧的斗争中以及战胜烦忧后得来的。读《论语》，你可以处处感受到一个“乐”字，亦可处处感受到一个“忧”字。忧乐并存，此消而彼长，之后才有心灵的真快乐。

西方哲学家海德格尔亦为心灵找诗意栖息地，他也发现欲达此境必先战胜三大敌人，即过去的忧、现在的烦、将来的畏。

孔子哲学乃直面现实的实用哲学，虽缺乏西方哲学家那种严密的逻辑结构和精准的概念厘定，但在极精微的人生感悟和一些大而化之的语言片段中，也能触摸到人类哲学的一些根本问题，并亮出自己的解决方案。比如，对海德格尔的这个“畏”字，孔子就表现得极为超脱。他说自己“发愤忘食，乐以忘忧，不知老之将至云尔”，实乃以此生的乐超越将来的死。孔子也曾见证过几个弟子的死亡，这令他极为悲痛，尽管如此，他仍是“哀而不伤”，不因悲痛而越礼。比如，颜回死后，孔子连呼：“天丧予！天丧予！”但当颜路欲强人所难请求孔子卖车置椁时，孔子告诉他：“以吾从大夫之后，不可徒行也。”他也有几次病得厉害，与死神打了个照面，但病愈之后还是反对子路为他祈祷，尤其反对子路为他成立“治丧委员会”。绝粮陈、蔡之时，更曾几次面临死亡威胁，但有一种文化传承的使命感激励着他，使他感到至大至刚、无所畏惧。

子畏于匡。曰：“文王既没，文不在兹乎？天之将丧斯文也，后死者不得与于斯文也；天之未丧斯文也，匡人其如予何？”（《论语·子罕》）

孔子多次说过“仁者不忧，知者不惑，勇者不惧”。他是如何做到不忧、不惑、不惧的呢？靠的是内省的功夫、克己自讼的精神。他说过，“内省不疚，夫何忧何惧？”内省，即自我省察，这是克己自讼、自我批评、自我调节的关键。笔者认为中华文明能够五千年来绵绵不绝、生生不息，其强大动力即在于这种自省精神。内省，即按礼的规范、仁的标准做自我反省，自觉自愿地将种种非礼非义的念想、行为克服掉，从而使灵魂得到净化，使事业更上层楼。这样，自会收获一种战胜自我的快乐。

至于人在现实中的烦恼，除因环境的困扰所致之外，大多还是因人自身的贪欲、嫉妒心、怨恨情绪等造成的，这同样需要内省、自讼、克己、自安的功夫来解决。这在《论语》中多有论述，比如，孔子曾评价申枨欲望强烈，算不上刚强；他肯定伯夷叔齐不念旧恶，“怨是用希”；主张“躬自厚而薄责于人，则远怨矣”；认为“君子有三戒：少之时，血气未定，戒之在色；及其壮也，血气方刚，戒之在斗；及其老也，血气既衰，戒之在得”，等等，都是解除烦恼的千金药石。

美国心理学家马斯洛认为人有不同层次的需求，而自我实现的需求乃是最高需求。何谓“自我实现”？“求仁得仁”四字可以说是对这一需求的最好概括。“求仁而得仁，又何怨！”无怨无悔、自喜自乐，这应该就是“孔颜乐处”了。

《论语》趣读三十一

孝哉闵子骞！

闵子，名损，字子骞，故又称闵子骞，鲁国人，据《史记》记载，他小孔子十五岁。

闵子骞在孔门弟子中地位特殊：一者他是《论语》中被称“子”的少数学生之一，这点可能说明《论语》的整理编辑者中也有他的弟子，故编书时称其为“子”；二者他与孔子可以说是亦师亦友、互为师友。能获此殊荣的孔门弟子极少，算来算去，也就是闵子骞、冉雍、颜回三个，再扩大一下，子路、子贡、宰予也可勉强算在其中。

孔子及孔门弟子之所以格外尊重闵子骞，根本原因在于闵子骞品德高尚、才华出众。闵子骞列“孔门十哲”之“德行”科，地位仅次于颜回。他是孔门最出名的孝子，据说，闵子骞生母早逝，继母进门后又生二子。这个妇人待亲生子甚为亲近，待闵子骞却极其刻薄。她为生子做的冬衣暖暖和和，而为闵子骞做的冬衣却徒有其表，里面以芦花充絮，这自然挡不了寒冷。有一次，闵氏父子几人乘车出门，两个弟弟都喜气洋洋的，而闵子骞却面含愁容，毫无精神，还时常发抖。父亲觉得这孩子真没出息，气愤地问他如何这般模样。闵子骞不答，闵父更为气愤，举鞭就打，连抽几下，冬衣开裂，芦花乱飞。闵父这才知道是怎么回事，于是决定回家休妻。想不到闵子骞不但不为虐待自己的后母将被逐而高兴，反而哭着劝阻父亲，挽留后母。他说：“后母在时只是我一人受寒，如果后母走了，我们兄弟三人都会受寒。”闵父感其言，留下了后母，后母也痛改前非，一个即将破碎的家庭重归和谐。

闵子留母的孝行很具有戏剧性，后人就曾编过一个《芦衣顺母》的故事上演。现在遍布全国各地的“二十四孝图”中也有“芦衣顺母”的故事，这故事是经过后人演绎的，未必都真。但有几点却可以肯定是真实的：一是闵子骞孝顺；二是父母都称赞他；三是他友爱兄弟，弟弟们也敬重他。

子曰：“孝哉闵子骞！人不间于其父母昆弟之言。”（《论语·先进》）

《论语》的读者大都知道，孔子对其弟子呼名而不称字，这里说“孝哉闵子骞”就有些反常了。所以有人认为闵子骞未入孔门时就已以孝闻名了，孔子说这话时闵子骞还未入孔门，也有人说这是孔子敬重闵子骞而破的例。这些都不重要，闵子骞既孝且悌，还能礼让宽容则是无疑的。

孔门有三大孝子，曾参以能养且能顺父而出名，高柴以临丧而哀而出名，但其孝行都不如闵子骞之孝感人，这也可能是孔子格外夸奖闵子骞的原因。

闵子骞为孔子看重的另一个原因则是他淡泊名利、洁身自好。孔子说过，“三年学，不至于谷，不易得也”。当年，孔子曾让漆雕开出去做官，漆雕开说：“我对此事还未能树立起信心。”[①] 孔子听了很高兴。闵子骞与漆雕开一样笃志好学，不慕荣利，孔子同样为之高兴。

季氏使闵子骞为费宰。闵子骞曰：“善为我辞焉。如有复我者，则吾必在汶上矣。”（《论语·雍也》）

“费”是季氏邑，故城位于山东省费县。“为费宰”即为季氏费邑宰，这也是一个不小的官。季氏家臣公山弗扰就曾“以费畔”，并欲邀孔子加盟，孔子甚至表示要前往，希望以费为基础恢复东周世道，只是因为各种原因未能成行而已[②]。可见费宰应是个有权有势且俸禄丰厚、政治上可以大有作为的职位。

季氏欲使闵子骞为费宰是什么时候的事呢？笔者想应是公山弗扰叛后

---

① 子使漆雕开仕。对曰：“吾斯之未能信。”子说。（《论语·公冶长》）

② 公山弗扰以费畔，召，子欲往。子路不说，曰：“末之也已，何必公山氏之之也？”子曰：“夫召我者而岂徒哉？如有用我者，吾其为东周乎！”（《论语·阳货》）

不久，季氏闻闵子骞贤而欲聘之。而闵子骞却因季氏为鲁国权臣多行僭越违礼之事，坚决不愿与之合作。他态度极为坚定地表示："如果有人再来找我，我一定逃往汶水北岸去。"

在闵子骞辞宰之前，历史上曾有许由、务光之类人物辞天下，不与尧、商汤合作的事。这样的事并未见诸于正史，只是后来从《庄子》等书中流传开来的。不少后世学者认为许由、务光不与圣贤合作是太矫情，不值得称道。也有人认为在那个时代生产力极为低下，做官太辛苦，许由、务光是因为怕苦怕累才不愿当官的。但总而言之，许由、务光都应是高尚清节之士，否则不会受到世人青睐。闵子骞辞宰也正体现了其洁身自爱、品德高尚。大概此举也为中国有理想的士人树立了一个榜样，这就是孔子所说的"天下有道则见，无道则隐"。故后世陶渊明挂冠而去、躬耕田园就成为了千古美谈。笔者认为，陶渊明在其生平作品中多次袭用《论语》中的故事和言语，他之所以会大胆做出宁贫也辞官的决定，很有可能是受到了儒家思想的浸润。

闵子骞辞宰的文化意义是极为丰富的，这一事实关乎一个千古难题，即知识分子如何处理道与势之间的关系的问题。儒家所倡导的"穷则独善其身，达则兼济天下"的人生理想，几乎每一个读书人都能背诵，但真正能做到者却屈指可数。正史中也不乏关于隐士的记载，这大概是修史者为士人树立的一个个精神坐标吧！

闵子骞格外为孔子所看重的另一个原因，是因为他是孔子仁德、仁政思想的最佳体现者，是一个仁人。《论语》上说"闵子侍侧，訚訚如也"。这"訚訚如也"，即恭敬正直的样子，这都是一个仁者的典型品格。《论语》还说到这样一件事：

鲁人为长府。闵子骞曰："仍旧贯，如之何？何必改作？"子曰："夫人不言，言必有中。"(《论语·先进》)

"长府"是收藏财货的地方，即国库或君主的私人仓库。这样的仓库结结实实，没有翻修的必要，而鲁人，其实是鲁国的权势者，却要翻修，劳民伤财，翻修成本自然还要由百姓承担。所以闵子骞认为照老样子即可，不必翻修。这话与孔子"节用而爱人"的仁政主张完全一致，所以孔子说："这个人不讲话则已，一讲话一定说中要害。"

"夫人不言"也可理解为这人一般情况下不讲话，"言必有中"则是说经过深思熟虑之后说的话都能切中肯綮。因此，不少人认为闵子骞是个少言寡语的人。而孔子说过"刚、毅、木、讷，近仁""巧言令色，鲜矣仁"，闵子骞正体现了这种仁人品质。

"雍也仁而不佞"，然而一旦发言，孔子即认定"雍之言然"，又如"吾与回言，终日不违，如愚"，然而"退而省其私，亦足以发"。这样看来，颜回、冉雍、闵子骞都是少言之人、近仁之人，是以得列"德行"科，这也是孔子格外看重他们的深层原因。

《论语》趣读三十二

冉雍：大道至简与大道至敬

冉雍，字仲弓，春秋末年鲁国人。据说孔门"五冉子"，都为鲁国人。五冉子中列"孔门十哲"的有三位：冉耕、冉雍列"德行"科，冉有列"政事"科。冉氏一门就出了这么多英俊，应为鲁之旺族，但现在曲阜等地姓冉的人却不多，不知何故。

冉耕，字伯牛，是冉门其他四子的前辈及领路人，可惜德行甚高却命运不好，未至晚年可能得了恶疾（疑为麻风病）。孔子去看望他，只能依礼在窗口握一下手算是慰问和告别。

伯牛有疾，子问之，自牖执其手，曰："亡之，命矣夫！斯人也而有斯疾也！斯人也而有斯疾也！"（《论语·雍也》）

这真是人世间令人撕心裂肺的一场悲剧。从这一场面中，人们可感受到孔子的悲悯惋惜之情以及师生之间的深厚情谊。

冉雍列"德行"科，也具有很强的政治才能和理论才能——"德行"科的高才生都具有政治才能。而冉雍理论才能亦甚高，这是其他三科的高足无法与之相比的，所以孔子对冉雍寄以厚望，希望他在政治上有一番作为。

子曰："雍也可使南面。"（《论语·雍也》）

南面即是南面而坐，为官理政。孔子为什么信心满满地认定"雍也可使南面"？是冉雍出身高贵，可以世袭为官或凭着朝里有人好做官吗？不是。冉雍与孔子一样，出身贫寒。据说他父亲还做过坏事，按说这样的人是不可能为官的，就像杂毛牛不可能作为牺牲供奉给山川神灵享用一样。但孔子的目光却能穿透世俗的尘雾，不拘一格举用人才。比如，公冶长蹲过大狱，孔子发现他禀性善良，就把女儿嫁给了他。对于冉雍，孔子同样也看到了他身上那些如金子一样宝贵的品格。他觉得这个青年正如一头毛色纯红、头角整齐的公牛一样，虽是杂毛牛的后代，但完全可以讨得山川神灵的喜欢。

子谓仲弓曰："犁牛之子骍且角，虽欲勿用，山川其舍诸？"（《论语·雍也》）

笔者认为"犁牛"即是杂毛牛，"骍"即是红色。犁与骍对举，即贱与贵对举。有人解犁为耕，犁牛即耕牛。那么此犁就与骍无对举意，下面的"用"与"舍"之对比关系就会显得无来由，一个原本生动奇妙的比喻由此会显得有些不伦不类。而孔子之所以把冉雍比作一头"骍且角"的小公牛，无疑是由于冉雍出众的才能和端正的品格。这一点几乎为大家所公认。

或曰："雍也仁而不佞。"子曰："焉用佞？御人以口给，屡憎于人，不知其仁，焉用佞？"（《论语·公冶长》）

这"或曰"实即代表了众人的意见，即认为冉雍已经很有仁德，美中不足的是口才不好。在孔子看来，这与其说是缺点，勿宁说是优点。因为"佞"总是远离仁德的，孔子多次说过"巧言令色，鲜矣仁""是故恶夫佞者"。孔子为冉雍辩护说："为什么要有口才呢？靠能言善辩对付别人，常常会受到别人的厌恶。"

孔子认为"刚、毅、木、讷，近仁"。冉雍不佞正好说明他厚重简默，这正是接近仁德的表现。只是孔子不轻易许人以仁，所以他又说："我不知道他是否称得上仁，但为什么要有口才呢？"

冉雍曾为季氏宰，这也算证实了孔子的预言。冉雍政绩如何，史无记载，但他为政尚简却是载诸《论语》的。

仲弓问子桑伯子，子曰："可也，简。"

仲弓曰："居敬而行简，以临其民，不亦可乎？居简而行简，无乃大简乎？"子曰："雍之言然。"（《论语·雍也》）

子桑伯子是何人，史无可考，但这里起码说明此人在当时也是一个性格脱俗但又不为主流意识所认可、也很少为人所谈论的人物。冉雍慧眼独具，一定从这个人物身上发现了某些极为重要的思想闪光点，可作为当时的启示，只是一时还拿不准而已，所以提出来向孔子请教。孔子认为这个人是可以的，他的特点是处事简略。冉雍觉得孔子说得很对，只是不够全面，又补充说："自处时严肃恭敬，行事时简易不繁，用这种方式来治理百姓，不也可以吗？自处时简慢大意，行事时又简易不繁，不是太简易了吗？"孔子说："你的话是对的。"

通过这场对话，孔子欣喜地看到，冉雍不仅深刻地理解了他的仁政思想，还进一步丰富了这种思想。孔子说："道千乘之国，敬事而信，节用而爱人，使民以时。"他认为为政的特点在于"惠而不费，劳而不怨，欲而不贪，泰而不骄，威而不猛"。这些话中其实都闪耀着为政以敬、为政以简的光辉。而冉雍通过对子桑伯子的评价，把这一思想的要点提炼了出来。所以孔子才会高兴地说："雍之言然。"

2015年春，李克强同志在第十二届全国人民代表大会第三次会议上作政府工作报告，提出"大道至简，有权不可任性"。"大道至简"是道家的哲学智慧。老子尚"无"，尚柔，当然也尚简，他甚至说过，"……为道日损。损之又损，以至于无为"。但孔子与老子的大道至简观念都有一个重要的前提，可用一个"敬"字来概括，即大道至简应以大道至敬为前提，"居敬而行简"才行。否则，"居简而行简"会变得太简，即不作为。"胡作为"和"不作为"都是为官的不良风气，在严格依章依法的前提下大有作为，才是我们真正应该提倡的。

"敬"是仁政的核心，也是仁德的灵魂。这一点在"仲弓问仁"一章中论述得很清楚。

仲弓问仁。子曰："出门如见大宾，使民如承大祭。己所不欲，勿施于人。在邦无怨，在家无怨。”

仲弓曰：“雍虽不敏，请事斯语矣！”（《论语·颜渊》）

诸弟子问仁，孔子对颜回、冉雍、樊迟的回答最著名。初读《论语》，人们往往会认为这些散章片段过于零碎，不成系统。如果将这些论述结合在一起，特别是以对冉雍的回答作纲目来理解，便会有豁然贯通之感。孔子答颜回曰“克己复礼”，如何克？如何复？孔子再答四个“非礼勿”。这也未免太空疏，只不过指出不干什么，并未指出干什么和怎么干。“仲弓问仁”，孔子的回答则进一步丰富了“克己复礼”的内涵。如果说“恕”是对不干什么的重申，且给出了为何如此的理论依据的话，那么，“敬”则说明了该干什么和怎么干。“樊迟问仁”，孔子一答“爱人”，一答“居处恭，执事敬，与人忠”。如果说“恭、敬、忠”是对“爱”的具体解释的话，那么孔子回答冉雍的问题则是对“恭、敬、忠”的形象化阐释。在所有“问仁”的回答中，孔子对冉雍的回答可以说是最详细、最全面的。概括而言，孔子重点讲了两条：一是要敬，一是要恕。

如何敬？孔子打了个比方，就是“出门如见大宾，使民如承大祭”。大宾者，国宾也。现在有一句话叫“外交无小事”，因为大宾代表的不是个人，而是他所属的国家、民族。因此，见大宾要格外严肃庄重、谦躬友善，以表示对其他民族政权、文化、宗教、风俗的充分尊重，同时又要不卑不亢，不失自己的国格、人格。大祭者，国之祭，祭天地山川神灵也，应“祭如在，祭神如神在”。承祭者应虔诚、敬畏、诚信，如此才可获得神灵赐福。

如何恕？“己所不欲，勿施于人”，即应以平等、友爱、理解、宽容之心对待他人。己所不欲者何？如他人的冷漠、歧视、轻蔑、凌辱、欺骗、掠夺等，都是自己所不愿接受的，因此也就不要以同样的态度对待他人。这样社会就会多些公正、和平、温暖、慈爱。

总之，尊重、谦躬、友善、慈爱、宽容等其实都是爱，是爱的根本向不同方向的伸展，“敬”与“恕”同根而异枝。“恕”是为仁之底线，“敬”也是为仁之底线。这“敬”，其实就是“己欲立而立人，己欲达而达人”的另一种表述。

孔子仁学中本来就包括仁德与仁政、内圣与外王两个方面，可惜的是后人往往将二者割裂开来，并忽略了仁政方面。孔子弟子中将二者结合较好且能做外王之代表的就是冉雍。以孔子之智，肯定也认识到了这一点，所以会许冉雍“南面”，与冉雍“论子桑伯子”，谈的是仁政。而答“仲弓问仁”，不仅谈到了使民即为政的问题，更可以视为仁政的纲领。

仲弓为季氏宰，问政。子曰：“先有司，赦小过，举贤才。”

曰：“焉知贤才而举之？”子曰：“举尔所知。尔所不知，人其舍诸？”（《论语·子路》）

大道至简，仁政至简，从某种程度上说，孔子的回答可视为仁政之大纲。孔子曾赞美大舜之政为仁政、至简之政，并说“无为而治者，其舜也与！夫何为哉？恭己正南面而已矣”。“恭己”，即政者正也，即先之劳之，即先有司，即为政以德；“正南面”，即南面而坐、垂拱而治，就是分职举贤，如“舜有臣五人而天下治”“昔者舜左禹而右皋陶，不下席而天下治”。总之，“先有司”，即为政以正，率先示范，这保证了政治方向的正确。

那么，又该如何举贤才呢？“焉知贤才而举之？”这个问题问得好，是高质量的问题。孔子说过智者知人，且重在知贤，但知人难，知贤更难。多数推荐、权威简拔、个人自举都未必可靠。所以孔子答得很平实，也很中肯。其中有两个要点：一是强调“尔”。孔子认为冉雍其实是可以“南面”的贤才，如能出于公心，以贤荐贤，可得贤才。二是强调“知”，即了解，不知而荐，就是滥荐。

“赦小过”是仁政的重要内容，这是鼓励为政者在尊重规律与民意的前提下大胆创新，大胆试错。这是鼓励创新的助推器，是防止酷政的防火墙。赦小过的根本意图在于使每一位为政者都能充分发挥自身的历史主动性和积极性，同时，这也是避免恶政的重要方式。孔子答子路问政，曾说有虐、暴、贼、吝四种恶政，四种恶政的特点即是苛，即是借小过而施淫威。因此，笔者认为简政放权的重要内容之一，应是下放创新权，试错权。无有此权，畏首畏尾，不是导致盲目听命上级，就是导致不敢或不愿作为的庸政、懒政。

《论语》趣读三十三

子路：喜剧性格与悲剧结局

仲由，字子路，是孔门一期的学生，据《史记》记载，他小孔子九岁，应算是孔门弟子中的“大哥大”了。据说子路是山东泗水县泉林镇卞桥人，那里以出勇士而闻名。子路曾向孔子请教怎样才算是一个成熟的人，孔子教导他说：“像臧武仲那样有智慧，孟公绰那样不贪心，卞庄子那样勇敢，冉有那样多才多艺，再用礼乐加以修饰，也可以称作完人了。”又说：“如今的完人何必要一定这样！见到利益能够想一想是否合乎道义，遇到危难愿意献出生命，长时间处于困顿之境而不忘平生所立的誓言，也就可以称作完人了。”① 这里所说的卞庄子就是子路的同乡先贤。

也许由于受先贤的影响，子路之勇在孔门弟子中是出了名的。孔子就曾说过：“如果我的主张行不通，就乘坐小木筏在海上漂流。跟从我的人，大概是仲由吧？”子路听后很高兴，孔子又说：“仲由这个人的勇敢大大超过了我，这没有什么选择区分。”②

其实，“勇”是多种多样的，子路之勇很可爱，属于刚直之勇、果敢之勇、忠信之勇。在“道不行”一章，孔子事实上就不仅在说子路勇敢，还表彰了他的忠诚。试想，无论老师是达还是穷，都能坚定追随，这不是忠是什么？不是信是什么？

在其他地方，孔子也肯定过子路的刚直、果敢。比如，孔子曾说：“可以根据片面之词（或一方言词）断案（“片言可以折狱”）的人，大概

① 子路问成人。子曰：“若臧武仲之知，公绰之不欲，卞庄子之勇，冉求之艺，文之以礼乐，亦可以为成人矣。”曰：“今之成人者何必然？见利思义，见危授命，久要不忘平生之言，亦可以为成人矣。”（《论语·宪问》）

② 子曰：“道不行，乘桴浮于海。从我者，其由与？”子路闻之喜。子曰：“由也，好勇过我，无所取材。”（《论语·公冶长》）

就是仲由吧[①]？所谓“片言可以折狱”，并非说子路偏听偏信、任性胡为，而是“子路忠信明决，故言出而人信服之”（朱熹语）。再联系“子路无宿诺”，即没有久未履行的诺言，可以看出能做到这些的一定是刚直诚信之人。

有一次季康子问孔子：“仲由，可以让他来治理政事吗？”孔子说：“仲由果断，对于治理政事有什么难的呢？”[②]

孔子喜欢子路、信任子路，喜和信的就是他这份直劲、勇劲、诚劲。但值得注意的是，直者、勇者、诚者，往往精力外溢、勇气逼人，过于相信自己，从而轻视对手，轻视困难，走向激进，滑向偏激。对于这一点，孔子看得很清楚，多次在这方面提醒子路、敲打子路。子路重视实践但又性急，如有所闻，就要急于行动，唯恐还未能行动又有所闻[③]。所以，有一次他问孔子：“听到以后就去实践它吗？”孔子回答他说：“有父亲和兄长在世，怎么能够听到以后就去实践它呢？”而冉有以同样的问题问孔子，孔子则答“闻斯行之”。这事很令公西华不解，他问孔子为什么同问不同答，孔子说：“冉求退缩不前，因此教导他要勇于进取；仲由勇猛过人，因此教导他要谦退。”[④]

子路以“勇”闻名，也往往以“勇”自傲。他以为“勇”该是最高的美德，他问孔子：“君子崇尚勇敢吗？”孔子回答他说：“君子认为义是最可贵的。”[⑤]

孔子还专门告诉过子路，任何一种优长如走向极端、不加节制，都会成为缺陷。有六种好美德，就会有六种缺陷相连（“六言六蔽”）。“爱好

① 子曰：“片言可以折狱者，其由也与！”子路无宿诺。（《论语·颜渊》）

② 季康子问：“仲由可使从政也与？”子曰：“由也果，于从政乎何有？”（《论语·雍也》）

③ 子路有闻，未之能行，唯恐有闻。（《论语·公冶长》）

④ 子路问：“闻斯行诸？”子曰：“有父兄在，如之何其闻斯行之？”冉有问：“闻斯行诸？”子曰：“闻斯行之！”公西华曰：“由也问：‘闻斯行诸？’子曰：‘有父兄在。’求也问：‘闻斯行诸？’子曰：‘闻斯行之！’赤也惑，敢问。”子曰：“求也退，故进之；由也兼人，故退之。”（《论语·先进》）

⑤ 子路曰：“君子尚勇乎？”子曰：“君子义以为上。君子有勇而无义为乱，小人有勇而无义为盗。”（《论语·阳货》）

仁德却不爱好学习，它的流弊是愚蠢；爱好聪明却不喜欢学习，它的流弊是放荡没有根基；爱好诚信却不喜欢学习，它的流弊是抱守小信而败坏事情；爱好直率却不喜欢学习，它的流弊是说话尖刻伤人；爱好勇敢却不喜欢学习，它的流弊是导致混乱；爱好刚强却不喜欢学习，它的流弊是狂妄自大。”①

有一次，孔子当着子路的面对颜回说：“如果任用我，就施展抱负；如果不用我，就藏身民间，只有我和你能够做到这样。”子路一听，就很不服气地问：“老师如果统领三军的话，那么该跟谁共事呢？”孔子说：“徒手与虎搏斗、徒步涉水过河，虽死而不后悔的人，我不跟他共事。我所共事的人，一定是遇事时谨慎小心、善于谋划而取得成功的人。”②

子路是一个勤学上进之人，他也总是按老师的教导努力修炼自己。但毕竟是本性难移，悟性不高，不善权变，再说人的优长与缺陷又总是天然相连的，二者转化的枢纽、区别的尺度都极难把握，所以他一生几乎都在优长与缺陷中徘徊：果敢有时变为鲁莽（“由也喭”），真诚有时变为欺诈（“由之行诈也”），显示出了一种喜剧性格，做出了一些令人哭笑不得的滑稽事。比如，有一次孔子病得厉害，子路就以为老师之病已回春无望，就赶忙为老师安排后事，让学生们充当治丧之臣。孔子病愈后很生气，说：“仲由搞欺骗，已经太久了啊！我本来不应该有治丧的臣却设立了治丧的臣，让我欺骗谁呢？欺骗天吗？况且我与其死在治丧之臣的手里，还不如死在你们这些弟子的手里呢！我纵然不能用诸侯、大夫那样隆重的葬礼，难道我还会死在道路上吗？”③

还有一次，子路自觉学瑟颇有心得，弹奏这种乐器也显得有腔有调

① 子曰：“由也，女闻六言六蔽矣乎？”对曰：“未也。”“居！吾语女。好仁不好学，其蔽也愚；好知不好学，其蔽也荡；好信不好学，其蔽也贼；好直不好学，其蔽也绞；好勇不好学，其蔽也乱；好刚不好学，其蔽也狂。”（《论语·阳货》）

② 子谓颜渊曰：“用之则行，舍之则藏，惟我与尔有是夫！”子路曰：“子行三军，则谁与？”子曰：“暴虎冯河，死而无悔者，吾不与也。必也临事而惧，好谋而成者也。”（《论语·述而》）

③ 子疾病，子路使门人为臣。病间，曰：“久矣哉，由之行诈也！无臣而为有臣，吾谁欺？欺天乎？且予与其死于臣之手也，无宁死于二三子之手乎！且予纵不得大葬，予死于道路乎？”（《论语·子罕》）

了，就把瑟搬到孔子门前弹了起来，似在卖弄自己的弹技。孔子听了后说："仲由弹瑟的水平，哪里能在我的门下弹奏呢？"众弟子于是不尊重子路。孔子为了树立子路威信，又连忙说："仲由嘛，他的学问可以称得上是登堂了，只是尚未入室罢了。"①

总之，如此这般的笑话，子路还真是闹了不少。

有人说，性格决定命运，子路这种激进的性格、好勇的天性，也就决定了他的悲剧命运，因为果断可能会变为莽撞，真诚可能会伤害大体，率直可能会尖刻伤人，这样的人一生树敌就会多，处事就会乱，悲剧就会在不知不觉中铸成了。

孔子五十岁后出仕时，子路为季氏宰，他们共同制造了"隳三都"的"壮剧"，但也因此得罪了权门，导致孔子去职与十四年的政治流亡。重回鲁国之后，孔子被投闲置散，子路也只是在季氏家做了个家臣。此时子路也进入了老年时期，但性格一如其师，一如先前，忠如故，刚直如故。比如，有一年小邾国的大夫射带着土地投靠鲁国，说不用什么正式盟誓，只要子路口头给他个约定就行。季康子觉得这事很好，催促子路答应。但子路说："我答应他，就是认同他的不义，这事坚决不干。"这样也就在季氏家失了宠。有个叫公伯寮的人，向季孙诬告子路，鲁大夫子服景伯知道后，告诉了孔子，说季孙已经对子路产生了疑心，并且自己的力量可以使公伯寮陈尸街头，想让孔子早做打算。孔子知道公伯寮等人是冲着自己来的，就说："治道或许将会实行吧，这是命运；治道或许将会废止吧，也是命运。公伯寮能把命运怎么样呢？"②

这一回射向子路的暗箭算是被孔子挡了过去，但因为得罪了季康子，季氏的家臣当然也做不成了。也许正是由于这个原因，他又回到了卫国，做了孔悝家的邑宰。

哀公十五年，卫国发生了一场宫廷内乱。卫灵公时，太子蒯聩得罪

---

① 子曰："由之瑟，奚为于丘之门？"门人不敬子路。子曰："由也升堂矣，未入于室也。"（《论语·先进》）

② 公伯寮愬子路于季孙。子服景伯以告，曰："夫子固有惑志，于公伯寮，吾力犹能肆诸市朝。"子曰："道之将行也与，命也。道之将废也与，命也。公伯寮其如命何！"（《论语·宪问》）

了灵公逃往晋国。灵公死后，其孙辄继位，是为出公。后来蒯聩回国藏在孔悝家中借机起事，赶走了出公。这时子路任孔悝邑宰，闻变后即赶往城里，正好在城门处遇到高柴，高柴对子路说："来不及了，不要去遭受祸难。"子路说："吃了他的俸禄，不能躲避祸难。"说完，子路入城来到孔悝门前。看门人公孙敢再次劝阻子路参与此事，子路还是说："食人俸禄就一定救援人的祸难。"蒯聩听说子路前来，便让人与子路搏斗，来人用戈打子路。由于子路来得匆忙，未及穿甲，很轻易就被截断了帽缨，子路说："君子死，冠不免。"一边系帽缨一边抵抗，结果被人砍成了肉酱。

孔子认为卫出公拒父返国，自为不孝；蒯聩返国争位，亦属犯上。同时，孔子认为高柴为出公远臣既不会为出公而死，也不会恬颜事奉蒯聩，必会洁身而去。子路重然诺讲义气，身为孔悝邑臣，必会赴难，死而不惜。

子路死后，孔子很伤心，"哭子路于中庭"，还命人"覆醢"（倒去肉酱）。

有人说，子路轻千金而重一诺，慷慨赴死，具有侠士人格，是后世侠的先导。笔者亦认为孔子是个热心肠的人，具有侠义精神。子路身上的侠风，受孔子影响当是不言而喻的。笔者想，如果天假子路以年，使他也能设帐授徒、开门立派，其学派必将是儒侠派也。

《论语》趣读三十四

求也退，故进之

冉有，字子有，通称"冉有"，据《史记》记载，他小孔子二十九岁，长于政事，精于理财，在"孔门十哲"中与子路同列于"政事"科。

冉有是孔子极为看重的学生，在《论语》中孔子就多次称赞冉有多才多艺。但冉有的性格弱点也极为明显，那就是在做事上有些谨小慎微、畏首畏尾，不敢大胆探索、奋力前行。孔子对这种性格最为精练的概括是一个字——退。在“闻斯行诸”一章中孔子说“求也退，故进之”。进，即促进、推进，是孔子教育冉有的主要方式。

冉有为什么“退”呢？他的“退”主要表现在哪里呢？大概由于经常受到老师批评的缘故吧，冉有有一次自我辩解说：“不是不喜欢您的学说，是做起来力量不够。”孔子反驳他说：“力量不够的人，会半道停止。现在你是原地不动。”[①]

问题很清楚，冉有是于求学志道方面感到艰难而退缩。

孔子之道即是世界大同之道、仁爱之道、忠恕之道，对每一个学道者来说又是修身养德之道、克己复礼之道。行此道可谓任重而道远，曾子就曾发过这样的感慨：“士不可以不弘毅，任重而道远。仁以为己任，不亦重乎？死而后已，不亦远乎？”孔门中最聪明、最好学的弟子颜回也感叹过学道之不易，他说：“仰之弥高，钻之弥坚，瞻之在前，忽焉在后！夫子循循然善诱人，博我以文，约我以礼，欲罢不能。既竭吾才，如有所立卓尔。虽欲从之，末由也已！”

孔子之道，伟大、高远，但又不是高不可攀、远不可及的。孔子就曾说过：“仁远乎哉？我欲仁，斯仁至矣！”他还说过：“我未见好仁者、恶不仁者。好仁者，无以尚之；恶不仁者，其为仁矣，不使不仁者加乎其身。有能一日用其力于仁矣乎？我未见力不足者。盖有之矣，我未之见也。”

同时，孔子还教导弟子们，为仁虽不难，但能矢志不移、坚持不懈、持之以恒，在方方面面都能依礼而行、依仁而行，做到“造次必于是，颠沛必于是”，也是不容易的。而冉有之所以感到力不足，就在于不能守恒，不能勇敢面对行道中的困难。从《论语》中可看出，他的“退”主要表现在他为季氏宰期间，面对季氏的越礼、聚敛、好战等恶政败行时的不敢抗争的作为。

季氏要去祭祀泰山，孔子对冉有说：“你不能阻止这种僭越的行为发

① 冉求曰：“非不说子之道，力不足也。”子曰：“力不足者，中途而废。今女画。”（《论语·雍也》）

生吗？”冉有说不能。孔子说：“哎呀！你们竟然以为泰山还不如林放懂得礼，会接受这种不合规矩的祭祀吗？”①

据周礼规定，只有天子和诸侯才能祭祀泰山。季氏为大夫，祭祀泰山则为越礼。所以孔子要冉有去阻止他。冉有可能认为季氏位高权重，自己只是一个家臣，人微言轻，所以他连“我试试”“我努力”这样的话都不敢说，而是说了一句很不争气的话——不能，这引得孔子很生气。所谓“曾谓泰山不如林放乎”，是说泰山也有神灵，会拒绝季氏的祭祀。同时表扬林放知礼，言外之意是批评冉有不能向林放学习，大胆抗争。

冉有劝阻越礼的行为真有那么难吗？可以成为他退缩不前的理由吗？不是的。

孔子知其不可为而为之，不在乎现实的成败得失，而在乎道义的弘扬与坚守。他认为道是远在现实的政治、经济利益之上的东西，“君子忧道不忧贫”，且此道“用之则行，舍之则藏”。他让冉有去阻止季氏祭祀泰山，就是为了捍卫大道，捍卫礼制。哪怕劝阻不住，但劝阻却是必须做的。这是原则，也是希望。如果连劝阻也不愿，那才是真正放弃了原则，放弃了希望。

事实上，孔子也遭遇过这样劝阻不成的尴尬，但他没有犹豫和退缩，而是坚持劝阻。人们如果把“陈恒弑其君”一章与“季氏旅于泰山”一章对照读，就可看出孔子的这一态度。

陈成子弑简公。孔子沐浴而朝，告于哀公曰：“陈恒弑其君，请讨之。”公曰：“告夫三子！”

孔子曰：“以吾从大夫之后，不敢不告也。君曰‘告夫三子’者。”

之三子告，不可。孔子曰：“以吾从大夫之后，不敢不告也。”（《论语·宪问》）

李泽厚评论孔子这种行为说：“这就是孔夫子的‘迂’劲；因为当个官，依据礼制，‘应当’过问国事。虽知白说，也要去说。这也是一种

① 季氏旅于泰山。子谓冉有曰：“女弗能救与？”对曰：“不能！”子曰：“呜呼！曾谓泰山不如林放乎？”（《论语·八佾》）

‘知其不可为而为之’的精神？！”

如果说在“季氏旅于泰山”一章中孔子为了使冉有进步，既批评又鼓励的话，那么在“季氏将伐颛臾”一章中，孔子采取的促进方式则既有严厉的批评，又有谆谆教导了。

颛臾是位于鲁国东部的一个小国，属于鲁国的附庸国，当然不应对它用兵。冉有、子路把季氏将伐颛臾的消息告诉孔子，目的是取得孔子的支持。孔子听后，一针见血地指出，伐颛臾是错误的，冉有、子路二人没能劝阻季氏更是错误。他们做季氏的宰臣就有责任和义务纠正季氏的错误，如果“危而不持，颠而不扶”，还用他们的辅助干什么？说了这些之后，孔子又谆谆教导他们理政治国的大道理，同时进一步指出讨伐颛臾会造成的后果。

这一次，可能是由于冉有、子路听从了孔子的教导，劝阻了季氏，所以讨伐颛臾之事告吹，从此再没下文，《左传》也没有伐颛臾之事的记载。

而季氏聚敛之事，则同载于《左传》与《论语》。这应是冉有“退”得最厉害的一次，以至孔子要用雷霆闪电、疾风暴雨式的方式批评冉有了。

季氏富于周公，而求也为之聚敛而附益之。子曰：“非吾徒也，小子鸣鼓而攻之，可也！”（《论语·先进》）

据《左传》记载，哀公十一年，冉有带兵取得抗齐保卫战的胜利，很得鲁公和季氏的信任。这年十一月，孔子自卫返鲁，结束了长达十四年的政治流浪。季氏想按田亩征税，派冉有征求孔子的意见。孔子先以“我不懂这事”回答他，实乃表示反对。问了三次，冉有最后说：“您是国老，就等按您的意见去办。为何您不发表意见？”孔子不正式回答，而在私下对冉有说：“君子办事要根据礼来考虑，施舍要取其厚，办事要取其中，聚敛要取其薄。这样的话，那么照我看来就足够了。要是不根据礼衡量，贪得无厌，那么即使按田亩征税也不会满足。再说季孙要是行事合乎法度，那么有周公的典章在（不必问我），要是随意行事，又何必征求我的意见呢？”季氏没有听从。哀公十二年，鲁国推行依田亩征税制。

可以想象，在这次赋税改革中，冉有并没有认同孔子的主张，并转化为个人意志，而是在孔子和季氏之间摇摆不定，或是暗中赞同季氏，所以他不但没有强力劝阻，反而顺水推舟。按说冉有作为一个有军功的英雄，说话是有分量的，再加上孔子的支持，季氏做事也应掂量掂量，不至于那么毫无顾忌。然而令人想不到的是，季氏取得了胜利，这就难怪孔子要大为光火了。

按田亩征税在今天看来是司空见惯，但在当时之所以会被孔子反对，恐怕是因为孔子认为其“非礼”，是与民争利。客观来说，是否推行新税制应根据当时的实际生产水平来判断，即便季氏有私心，但仅凭“不度于礼”，就否定新的税制，恐怕也难以服人。

《论语》趣读三十五

宰予：被误解的孔门高足

孔子弟子三千，贤者七十二，但最为他看好的学生则是被称为“孔门十哲”的十个高徒。

“孔门十哲”中的大多数都曾得到孔子的高度评价，如孔子夸颜回贤、闵子骞孝、冉雍可南面、子路果、冉有艺、子贡达、子夏可与言《诗》等。唯独对位居“言语”科之首的宰予，《论语》中除认定其为“孔门十哲”之一的一章外，几乎无一言说他的好话，相反，倒是处处贬责。最为严厉的贬责有两次，一次为宰予昼寝，孔子大骂他为朽木粪土[①]，另一次则

① 宰予昼寝。子曰：“朽木不可雕也，粪土之墙不可杇也，于予与何诛？”子曰：“始吾于人也，听其言而信其行；今吾于人也，听其言而观其行。于予与改是。”（《论语·公冶长》）

是因讨论丧礼问题，孔子骂宰予不仁[①]。

也许正是因为孔子对宰予责之太严，贬之太重，历史上也曾引起不少有识之士的不满。比如，司马迁说“学者多称七十子之徒，誉者或过其实，毁者或损其真”，王充则认为孔子责宰予昼寝是“责小过以大恶”。

可惜的是，历史上如司马迁和王充这样的明哲之士太少，多的倒是人云亦云的平庸之辈。更值得重视的是，大多数人出于对孔子的热爱，往往都会以孔子的是非为是非，不敢对孔子的言论有丝毫的怀疑。这样宰予“朽木粪土”的恶名就传了几千年，很少有人大胆地为他昭雪。如今，我们已走出了神话孔子的时代，可以平心静气地浏览、评说孔子留下的文化遗产，当然也可以冷静、公平地评说孔门弟子。

以宰予为例，笔者认为还其本来面目并不难，只要破除两个误解即可：一是读者对孔子的误解，一是孔子对宰予的误解。

先说读者对孔子的误解。这还是延续了几千年的“咸以孔子之是非为是非”的影响，以为孔子之是皆是，孔子之非皆非。岂不知孔子是人不是神，而且还是个性情中人，他的即兴发言往往重理亦重情，是中有非，非中亦有是。以孔子对弟子的贬斥来说，可以发现，越是孔子喜爱的学生，孔子对他们的要求也越严格，这叫爱之深、责之切，响鼓也用重锤敲。如果看不到骂后面的爱，否定中的肯定，就会大大误解孔子。

孔子对宰予，其实与对子路、冉有一样，是很喜爱的。这几个学生也自知老师的那份感情，所以往往仗着这份感情，比较大胆地向老师提问，甚至公开批评老师。他们之间那种师尊生卑、师道尊严的界限已经打破，有时变成了一种相互批评又相互欣赏的亦师亦友的关系。从《论语》中很少的几章孔子与宰予的对话来看，宰予是一个很喜欢提问一些刁钻古怪问题的学生，比如，他问孔子：“有仁德的人，假如告诉他说‘井里有个仁

---

① 宰我问：“三年之丧，期已久矣。君子三年不为礼，礼必坏；三年不为乐，乐必崩。旧谷既没，新谷既升，钻燧改火，期可已矣。”子曰：“食夫稻，衣夫锦，于女安乎？”曰：“安。”“女安，则为之！夫君子之居丧，食旨不甘，闻乐不乐，居处不安，故不为也。今女安，则为之！”宰我出。子曰：“予之不仁也！子生三年，然后免于父母之怀。夫三年之丧，天下之通丧也。予也有三年之爱于其父母乎？”（《论语·阳货》）

人。’他会追随仁人跳下去吗？”[1] 这就有点故意为难老师的意味了。因为如果答“从之”，则说明太愚蠢；答“不从”，则说明习仁之心不诚。同时，宰予还是一个喜欢当面顶撞老师或发表不同见解的学生，如关于“三年之丧”，他就曾与孔子有过一场争论，惹得孔子很是不爽，并大骂宰予不仁。

其实，骂宰予为“朽木粪土”也好，“不仁”也好，不过都是夸大其词的气话而已，并非是对被骂者的“归档式”的评价，这正如我们一般人也常说的“气死我了”一样，只不过说气得厉害而已，并非真的死去。正因为是夸大其词的气话，所以话语中的矛盾之处就很多。比如，孔子在说了宰予“朽木不可雕也”之后，又说“于予与何诛”，即还有什么可说的，有什么可责备的。可刚说完这半句，下面又发了一大通议论，其意还是“诛”，还是“责”。再者，孔子说完宰予为“朽木粪土”之后，是否就该将其逐出师门，从此不再教，不再诲，不再雕，不再朽了呢？不是。宰予还是孔子的好学生，依然教之诲之。孔子周游列国归来后认定了十个最得意的弟子，宰予即在其中。宰予也不因孔子骂过他，从此就疏远孔子，甚至心存报复。相反，他也甚为感谢老师的敲打，决心以实际行动报答老师的教诲。据说，孔子死后，有不少人贬低孔子，妄图消除孔子思想的影响。在这种情势下，孔子的不少学生都选择了沉默，唯有子贡和宰予奋起反击，为维护孔子的形象出力不少。可见无论是孔子还是宰予，都没把当时“朽木粪土”的批评之语当作什么大事。

再说说孔子对宰予的误解。

首先要问一下，孔子对宰予有误解吗？回答应是有。证据即是他对宰予贬多而褒少，而且骂的核心总是指向一点——“巧言”。这正是孔子对“言”的一个普遍性误解的反映。

孔子于语言，思考甚多，形成了他自己的一套语言观、语言策略，诸如名实相符、言行一致、慎言少言、先行后言等。这一套语言策略用之于修炼君子品格，当然很好，然而一旦突破这个范围，其有效性就大打折扣，甚至大可怀疑了。比如，在政治生活特别是外交场合中，讷言少语、

---

① 宰我问曰：“仁者，虽告之曰：‘井有仁焉。’其从之也？”子曰：“何为其然也？君子可逝也，不可陷也；可欺也，不可罔也。”（《论语·雍也》）

先行后言之类恐怕就要吃亏，然而孔子却将主要用于修身的语言策略推广到了一切领域中，对不符合此语言策略的行为一概持贬斥态度就不够客观了。他多次说过“巧言令色，鲜矣仁”，说过最憎恶巧嘴快舌颠覆邦国采邑的人①。他对几个口才好的学生总是持有一份警惕，以致误解他们，并常用一个“佞”字斥责他们。比如，子路要让子羔为费宰，说是可以在实践中学习为政的知识，孔子就说子路“佞”；季氏将伐颛臾，子路、冉有想了一套理由去说服孔子，被孔子看穿后，孔子说他们“君子疾夫舍曰欲之而必为之辞”；有人说，冉雍有仁德而口才不好（“仁而不佞”），孔子就大发了一通议论说“焉用佞？”

宰予和子贡是被列于“言语”科的二哲，脑瓜转得快，口头表达好，因此他们也常受到老师关于“佞”的指责。比如，孔子曾批评子贡“方人”，即好议论人，认为子贡难以做到“己所不欲，勿施于人”的恕道，等等，斥责宰予言行不一之类更是常有的事了。

有趣的是，当时有些人似乎就看到了孔子的这一认识模式或心理误区，也常常拿一个“佞”字来批评孔子，比如，一个叫微生亩的长者就这样挖苦孔子：“丘何为是栖栖者与？无乃为佞乎？”孔子回答说：“非敢为佞也，疾固也。”

孔子不佞，说“佞”是对孔子的误解。同样，宰予也不佞，说“佞”也是对宰予的误解。可惜的是，孔子能为自己辩护，却未能推己及人，也为他人摘掉“佞”的帽子。

一般都认为，孔门四科中的言语主要是指外交才能，其实还应指口才、辩才，更应指理论创新能力，对这一点，应特别引起注意。验诸子贡和宰予的言论，可以看出他们两个都有极强的理论创新能力，可以说是孔门的两大理论家。尽管《论语》中记载的宰予的言论不多，但仅从几个片段来看，他的理论功底是极为扎实的，创新能力也是极强的。以“三年之丧”的争论来看，他不同意过去的“三年之丧”，而是提出了新的守丧原则，即“一年之丧”。他的主要依据则是礼的形式可变，而礼之精神不可废，这是对孔子理论的灵活运用。孔子曾说：“麻冕，礼也；今也纯，俭，

① 子曰：“恶紫之夺朱也，恶郑声之乱雅乐也，恶利口之覆邦家者。”（《论语·阳货》）

吾从众。”这实际上即是说礼的形式是可变的，由繁到简更是可以的，宰予主张“三年之丧”变为“一年之丧”，与由麻变纯是一样的道理。他是用孔子的话来反驳孔子，这当然会令孔子感到反感。

再说孔子反对巧嘴利舌、“御人以口给”，而主张慎言、讷言，这表现在理论上即是主张“述而不作”，即重在古代文献的整理阐述，而不注重新学说的创立。尽管他是儒家的开山之人，也提出了一些新的理论命题和范畴，但这一切都是打着复古的旗号进行的。在理论体系的创新、开辟上，孔子确实难与老子、孟子、荀子、庄子、墨子等人物相比。《论语》后面几篇有什么“三友三乐”“三戒三畏”“四知九思”“六言六蔽”以及“五美四恶”之类的话，颇似八股气十足的官方文告，笔者认为这可能都是由他的弟子加工而成的，绝不类孔子的那些自然简洁的口语。但这起码也说明了一个问题，孔门弟子已感受到孔子在理论创新和表达上的软弱，并力图矫正这一弱点，所以才弄出些“八股文”来。

老年人往往反感自己不习惯的事。宰予、子贡喜理论创新，这恐怕也是引起孔子反感、误解的一个原因。唔，既然是自然规律，自然也不可过于怨孔子了。

《论语》趣读三十六

宰予：叩问真理边界

宰予为孔子圈定的“孔门十哲”之一，位列“言语”科之首、子贡之前。他与子贡，可以说是孔门的两大理论家，具有极强的理论创辟能力。可惜的是，子贡的这一能力，被他卓越的外交才能和理财能力掩盖；而宰予的这一能力，则因孔子对他过于严厉的批评而始终未能引起人们的重视。

细检《论语》，宰予出现的次数并不多，真能显示其生平行状的只有四章，这就是《论语·公冶长》篇中的昼寝被骂，《论语·阳货》篇中的谈丧被斥，《论语·雍也》篇中的问仁被责，《论语·八佾》篇中的答哀公问社。仅从这四章来看，宰予都处于与孔子的激烈对话和紧张对峙之中，个性极为鲜明。

“宰予昼寝”一章几乎全是孔子对宰予的贬斥，这可看作是师生间的一场特殊对话。宰予因昼寝引发孔子的不满，孔子甚至揭了宰予的老底——言行不一。从这场特殊的对话中，人们起码可以认识到宰予的两点不同凡响之处：第一点，他是个不按常理出牌的人，别人夜寝他却昼寝，起睡颠倒，是有些另类；第二点，他是一个很被孔子看重的学生，可以说是孔子思想、学术上有力的辅助者。对颜回，孔子曾感慨过：“回也非助我者也！于吾言无所不说。”而对能时时给他以批评、提醒的子路，则甚为感激，说是有子路在，他可以少犯错误。宰予也是子路式的敢于批评孔子、提出不同意见的学生，你看孔子对宰予的批评中也承认因宰予改变了一个错误的认识模式，即由“听其言而信其行”改为“听其言而观其行”。宰予在这里被当作反面教材。但不管是正面影响还是反面教材，总之宰予是能给孔子以帮助的人。

其实，“三年之丧”之争，宰予的目的也是为了使孔子与时俱进，改变旧有观念，这是他作为一个理论家在理论上的创新。

人们知道，理论的创新途径有二：一是听从实践的召唤，对已经不适应现实的原则、路线、方针、政策等进行修正、调整、更新。实践不仅是检验真理的唯一标准，也是推动理论发展的最重要动力和理论存在的最根本依托。二是依靠理论自身的矛盾运动，自我调节、自行发展。任何一种理论，都有维持其运行的逻辑系统、意义结构等，在不断的被阐释与被运用中，这些系统、结构自身的矛盾将不断暴露出来，为了维持理论本身的现实适应性，就需要对某些要素、环节进行调整，这样也能促进理论的发展。

由“三年之丧”而变为“一年之丧”，丧礼的变动就需要新的理论支撑。宰予提出的理论支撑是历史发展、时序变更，以及学而时习、礼乐常新。这两点都是为孔子所认可的，有很大的说服力，孔子也不好明言反对。于是孔子改变角度，从情感、心理角度继续为“三年之丧”辩护。他认为父母去世后，子女会很悲痛，所以要守丧三年，以寄托哀思，化解悲痛，在此期间，会“食旨不甘，闻乐不乐，居处不安”。所以问他：“食夫稻，衣夫锦，于女安乎？”孔子此问，表面看很温和，实际上内藏玄机，布有陷阱。宰予如答“不安”，那就意味着应取消“一年之丧”的主张；如答“安”，将会背上一个“不仁”的骂名。

想不到宰予对这个问题既不躲闪，也不犹豫，不假思索便斩钉截铁地答了个“安”字，果然引来了孔子的一顿痛骂，当然也被戴上了一顶“不仁”的帽子。为了把这“不仁”的罪名坐实，孔子在宰予退去后还大加发挥，说“子生三年，然后免于父母之怀”，即子女生下三年，然后才脱离父母的怀抱，所以子女也应为父母守丧三年，并强调：“夫三年之丧，天下之通丧也。予也有三年之爱于其父母乎？”

其实，“三年之爱”是人之自然情感的流露，而“三年之丧”乃是外在礼仪的强行约束，二者并不具有天然的联系。以“三年之爱”为“三年之丧”辩护，这依据实在有些弱。再说，“三年之悲”乃是一种夸大的悲伤，因为生老病死是自然规律，无人可免，即使没有专门钻研过这种哲理的普通人，凭着人类的潜意识，也会领悟到这个道理。在悲伤过后，人自然会回归正常的生活。“日子还得过”“活人还得活”，这是常见的用来安慰人的话，几乎人人都懂，人人会说。庄子鼓盆而歌的故事，更是对这种人生常识的形象化阐释。所以，“三年之丧”，无论是贵族还是平民，认真实行的实在很少。

有趣的是，在这场辩论中，孔子和宰予都极重视对真理的边界的把握。三年和一年都是理论原则有效性的限定，即边界或度。有人说过，真理往前跨越一步即是谬论。这就是在强调“度”的重要性。在“三年之丧”的争论中，重点都指向了“度”，这从思想方法上看，是必然的。孔子认为中庸是最高的美德，中庸的灵魂即是对“度”的把握。宰予作为孔子的高足，也是颇得孔子真传的，他给人的突出印象就是好提一些刁钻古怪的问题，实际上这即是对“度”的叩问。

如果说在“三年之丧”的争论中，对“度”的叩问较为明显的话，那么在宰予的“仁者之问”中，对“度”的叩问就隐晦些了。

宰我问曰：“仁者，虽告之曰：‘井有仁焉。’其从之也？”子

曰："何为其然也？君子可逝也，不可陷也；可欺也，不可罔也。"（《论语·雍也》）

这一章争论很大，恐怕也与对"度"的理解有关。

不少人最初会认为井里怎么会有仁呢？其实，这"仁"乃是人，是仁者、仁人，总之该是个实际存在物，不能仅仅是一个抽象的概念。联系《论语》中对仁的一些论述，人们会有一个突出的感受，"仁"似乎也如庄子的"道"一样，无处不在，且被实体化了，所以孔子才说要"里仁""去仁""好仁""恶不仁"等。

子曰："里仁为美，择不处仁，焉得知？"（《论语·里仁》）

子曰："苟志于仁矣，无恶也。"（《论语·里仁》）

子曰："富与贵，是人之所欲也；不以其道得之，不处也。贫与贱，是人之所恶也；不以其道得之，不去也。君子去仁，恶乎成名？君子无终食之间违仁，造次必于是，颠沛必于是。"（《论语·里仁》）

子曰："我未见好仁者、恶不仁者。好仁者，无以尚之；恶不仁者，其为仁矣，不使不仁者加乎其身。有能一日用其力于仁矣乎？我未见力不足者。盖有之矣，我未之见也。"（《论语·里仁》）

子曰："人之过也，各于其党。观过，斯知仁矣。"（《论语·里仁》）

子曰："志士仁人，无求生以害仁，有杀身以成仁。"（《论语·卫灵公》）

子曰："民之于仁也，甚于水火。水火，吾见蹈而死者矣，未见蹈仁而死者也。"（《论语·卫灵公》）

《千字文》中说的"仁慈隐恻，造次弗离。节义廉退，颠沛匪亏"应该就是根据《论语·里仁》篇"君子无终食之间违仁"章提炼而成的。既然"仁"无处不在，而且为"求仁"，"造次""颠沛"都不怕，死也不怕。那么，如果有人告诉他"井有仁焉"，他是否该去寻找、追求、拥抱呢？孔子听了这话，很是生气，以为这是对仁者的戏弄，所以老夫子做了这样的回答："何为其然也？君子可逝也，不可陷也；可欺也，不可罔也。"

何谓"逝""陷""欺""罔"？众说纷纭。根据当时的语境及孔子的语态，大概是这样：你可以让一个君子前去看看，但不可把事做绝，陷害他入井；你可以用合乎情理的话欺骗他，却不可以把他当作白痴，拿不合情理的话愚弄他。

孔子这种生气的回答，是答非所问吗？不是。这样的回答恰恰在某种程度上答到了要害处，答到了点子上。因为宰予这个看似有点恶作剧的提问，问的其实就是仁德与生命，以及仁与智的关系问题、边界问题。“志士仁人，无求生以害仁，有杀身以成仁”，就已说到“求仁”与“求生”的关系问题，但说得太抽象，所以宰予想结合具体问题请教孔子的看法。另外，孔子多次提到“仁”也要受“礼”的约束、“智”的约束①，宰予也想借“井有仁”的问题请教一下“仁”与“智”的边界。所以，有学者认为：“宰予的假设很夸张，有点像我们现在的假设，即歹徒行凶，你能不能挺身而出……？有些谈恋爱的女孩，喜欢用这样的问题测试男友……”（李零：《丧家狗：我读〈论语〉》）

这样的解释很有趣，但也很具有解构主义倾向，把严肃的问题娱乐化了。其实宰予的问题中还有很严肃的一面，那就是“求仁”与“求生”的边界、“仁”与“智”的边界问题。比如，如今常见诸报端的见义勇为的事例，就让公众不断重复地思考着这两个问题。见义勇为的典型事例有二：一为勇斗歹徒，二为落水救人。无论哪一样，现代舆论都并不倡导不顾一切地见义勇为，因为这本身也是对见义勇为目的的背离。

最后再谈谈“哀公问社”。

哀公问社于宰我。宰我对曰：“夏后氏以松，殷人以柏，周人以栗，曰使民战栗。”子闻之曰：“成事不说，遂事不谏，既往不咎。”（《论语·八佾》）

这一章宰予的回答很明白，孔子的评说则显得含含混混、神神秘秘的，不大好理解。比如，成事、遂事、往事不都是过去的事吗？为什么分开说？“成事”指什么？“遂事”指什么？“往事”指什么？都没说明白。有人说，孔子这是在批评宰予，说他言而无据，不符合事实，说他“使民

---

① 这样的论述很多，比如：

子曰：“恭而无礼则劳，慎而无礼则葸，勇而无礼则乱，直而无礼则绞。君子笃于亲，则民兴于仁；故旧不遗，则民不偷。”（《论语·泰伯》）

子曰：“由也，女闻六言六蔽矣乎？”对曰：“未也。”“居！吾语女。好仁不好学，其蔽也愚；好知不好学，其蔽也荡；好信不好学，其蔽也贼；好直不好学，其蔽也绞；好勇不好学，其蔽也乱；好刚不好学，其蔽也狂。”（《论语·阳货》）

战栗”的说法是违背德治思想的。

人们常说真理是勇敢的、赤裸的，它不需要掩盖自己，要掩盖的恰恰不是真理，而是谬说。细品此章文气，宰予的话明明白白、堂堂正正，可能说的就是事实。现代考古已揭示出商代青铜器表现出的狞厉之美正体现了对鬼神的崇拜，并通过这种威严震慑人心，这不能不说也是一种压迫，“周监于二代”，恐怕在许多做法上也有所保留。孔子的话说得含混不清，大有为尊者讳，为贤者讳之意也。

附记：

近读洪迈《容斋随笔》有论宰予一文，附于此，可见后人还是有人能理解宰予的。

宰我不诈

宰我以三年之丧为久，夫子以食稻衣锦问之曰：“于女安乎？”曰：“安。”后人以是讥宰我，谓孔门高第乃如是。殊不知其由衷之言，不为诈隐，所以为孔门高第也。鲁悼公之丧，孟敬子曰：“食粥，天下之达礼也，吾三臣者之不能居公室也，四方莫不闻矣。勉而为瘠，毋乃使人疑夫不以情居瘠者乎哉！我则食食。”乐正子春之母死，五日而不食，曰：“吾悔之，自吾母而不得吾情，吾恶乎用吾情！”谓勉强过礼也。夫不情之恶，贤者所深戒，虽孟敬子之不臣，宁废礼食食，不肯不情而为瘠。盖先王之泽未远，故不肖者亦能及之。

《论语》趣读三十七

始可与言《诗》已矣

端木赐复姓端木，名赐，字子贡，春秋末年卫国人。据《史记》记载，他小孔子三十一岁，聪明绝顶，善经商，孔子称他“亿则屡中”，即很善于预测市场行情，因而富甲一方。为提高自己的人格修养，他投身孔子门下学习，为孔门早期弟子之一。

聪明人都有聪明人的毛病，商人也自有商人的缺点，子贡自然也不能免俗。比如，他喜欢议论人的长短，喜欢炫富，太注重实利，等等，因而多次受到孔子的批评。这一天，子贡自觉学有所得，修养到了一个高层次，便向老师做了一次汇报：

子贡曰："贫而无谄，富而无骄，何如？"子曰："可也。未若贫而乐，富而好礼者也。"

子贡曰："《诗》云：'如切如磋，如琢如磨'，其斯之谓与？"子曰："赐也，始可与言《诗》已矣！告诸往而知来者。"（《论语·学而》）

子贡认为，自己虽富而不骄纵，做人到了这种程度，应该说是很不错了吧。孔子的回答一方面肯定了他的成绩，一方面也指出了其应该努力的方向，说："可以了。但是不如贫穷却能怡然自乐，富贵却能谦逊好礼。"子贡果然是冰雪聪明之人，一点就透，触类旁通，觉得老师真是点拨到位，照此修养，定会达到一个更高层次。于是他想起《诗经·卫风·淇奥》上的"如切如磋、如琢如磨"这句话，请教老师说："《诗经》里说：'像制造器物一样，切割、磋治、雕琢、打磨'，大概就是说这类反复修治、精益求精的事吧。"孔子听了大为高兴，夸奖他说："赐呀，可以和你讨论《诗经》了。告诉你一件事，就可以推知另一件事。"

在《论语》中"始可与言《诗》已矣"说过两次，即孔子与弟子之间关于如何读《诗》的对话有两次，再一次就是与子夏的对话。

卜商，字子夏，据《史记》记载，他小孔子四十四岁，是孔子后期弟子之一，在"孔门十哲"中属"文学"科。"文学"科都重视文化典籍的学习，大概子夏读《诗》时有些问题不理解，便向孔子请教。

子夏问曰："'巧笑倩兮，美目盼兮，素以为绚兮。'何谓也？"子曰："绘事后素。"

曰："礼后乎？"子曰："起予者商也，始可与言《诗》已矣！"（《论语·八佾》）

"巧笑倩兮，美目盼兮"两句出自《诗经·卫风·硕人》，"素以为绚兮"一句是佚句。令子夏不解的是，微笑的面容美好动人，美丽的眼睛黑白分明的美人，与“素以为绚兮”有什么关系。孔子告诉他，只有素色的底子才能在上面描绘美丽的图画。意思就是，只有天生丽质的美人再加以修饰才会显得更美。这子夏也真是人中龙凤，可以举一反三，他从老师关于底子与面子的论述中忽然明白了一个道理，即人的内在修养与人的外表，进而仁德与礼仪也应是这种关系吧？他把这种体会与老师一说，老师大为赞赏，说：“启发我的是卜商啊！从此可以跟你谈论《诗经》了。”

子贡因个人修养而联想到《诗》，子夏因《诗》而联想到个人修养，虽然都与《诗》扯上点边，但话题的重心都不是谈《诗》，孔子为什么说“可与言《诗》”了呢？“言《诗》”又是什么意思呢？

细心揣摩，子贡和子夏谈的虽都是个人修养，但却又都是受到了《诗》的启发而后有了新的进境，受《诗》启而有所发，有所感，这感发中也便有了对《诗》的新的理解。这样修养因之而高，读《诗》也越读越精，两相感发，相得益彰，这才是把《诗》读活了，把书读活了。这样读书，即谓之“活参”。

如此说来，“始可与言《诗》”即是始可与之读《诗》或读书，是读诗法，读书法，即读活书，活读书也。

这样理解对吗？《孟子》似乎回答了这个问题。《孟子》中大量引用了孔子的话，其中就有不少孔子由《诗》引发的议论，比如：

《诗》云：“迨天之未阴雨，彻彼桑土，绸缪牖户。今此下民，或敢侮予？”孔子曰：“为此诗者，其知道乎！能治其国家，谁敢侮之？”（《孟子·公孙丑上》）

《诗》曰：“天生蒸民，有物有则。民之秉彝，好是懿德。”孔子曰：“为此诗者，其知道乎！故物必有则，民之秉彝也，故好是懿德。”（《孟子·告子上》）

孔子这里是由《诗》联想到治国，平天下，也是把《诗》读活了。

另外，《论语》中孔子谈《诗》的话还有很多，其中最为著名的便是《诗》可以“兴”“观”“群”“怨”，也都不是谈的作诗法，而是谈的读诗法。“兴”，即感兴、感发、感动；“观”，即观察社会；“群”，即与人交际、交往；“怨”，即借他人之杯酒，浇自己胸中之块垒，也是感发。

古代读书人，特别是禅家，读书学道，都重“悟”。何谓“悟”？钱锺书认为“博采而有所通，力索而有所入”，即为“悟”。无论如何，悟离不开学，离不开修，或因修而悟，谓之“证悟”；或因悟而修，谓之“解悟”。子贡因修而悟《诗》，可谓之“证悟”；子夏因悟《诗》而进一步修，可谓之“解悟”。这样虽然对《诗》来说是断章取义，但却把读书与做人合为一体了，从而把《诗》读活了。这一点，可太重要了，所以古代有人甚至把“断章取义，有合于孔门商赐言《诗》之旨”作为一项重要的读书原则。

《论语》趣读三十八

赐也达

孟子说：“君子教育人的方式有五种：有如及时雨那样滋润万物的，有成就德行的，有培养才能的，有解答疑问的，还有凭借学养而使人受到教诲的。”①

孔子之教无疑就是这样的君子之教，从子贡的进步，正可以看出孔子是如何以自己高尚的品德、渊博的学识教育学生，使之成德成才的。从而为现在教育中常谈的启发式教学、因材施教做出了示范。

子贡刚入学时，心高气傲，毛病很多，他喜欢议论他人短长（“子贡方人”），他有些见利忘义（“尔爱其羊”），有时不加思考妄下结论（答太宰问），还尚空谈而轻实干（孔子教育他要“先行其言，而后从之”），等等。经过孔子多年的启发诱导、敲打修理，再加上个人的不断努力，他终于从一个心高气盛的富家子弟学成一个品学兼优的高尚君子，成了一个安邦利国的国之干臣。子贡的精神成人礼，大概在孔子周游列国之后期至孔子返鲁时期，子贡已甚得孔子喜欢，特别是在颜回、子路相继去世之后，

① 孟子曰：“君子之所以教者五：有如时雨化之者，有成德者，有达财者，有答问者，有私淑艾者。此五者，君子之所以教也。”（《孟子·尽心上》）

子贡成了孔子最重要的助手和朋友，以及师兄弟们众望所归的学长了。此说的重要依据，即在答卫之公孙朝之问（后面还要谈到）及在鲁被孔子夸为“达”时。

季康子问：“仲由可使从政也与？”子曰：“由也果，于从政乎何有？”

曰：“赐也可使从政也与？”曰：“赐也达，于从政乎何有？”

曰：“求也可使从政也与？”曰：“求也艺，于从政乎何有？”（《论语·雍也》）

季康子当政在孔子即将离开卫国返回鲁国之际，季康子之问就发生在孔子返回鲁国后不得重用，只是做一个政治顾问或者国老的时期。季康子大概很想让孔子推荐他的几个学生做官，第一次问谁好学，孔子答颜回好学，可惜死了；再一次就是问几个高足可否从政了。这几个高才生，子路排第一，第二位就是子贡了。孔子对几个弟子大加赞赏，极力推荐，对子贡的评价用了一个“达”字。

何谓“达”？一般认为即通情达理，做事妥当。孔子对“达”还有个更为全面深刻的解释：

子张问：“士何如斯可谓之达矣？”子曰：“何哉，尔所谓达者？”子张对曰：“在邦必闻，在家必闻。”子曰：“是闻也，非达也。夫达也者，质直而好义，察言而观色，虑以下人。在邦必达，在家必达。夫闻也者，色取仁而行违，居之不疑。在邦必闻，在家必闻。”（《论语·颜渊》）

“质直而好义”，即品质正直，遇事讲理，做事适宜。这是“达者”必备的内在品质。“不达”则邪、辟，好事也会干坏。义者，宜也，即无过，无不及，才会适中，把事情做得恰到好处。

“察言而观色”，即善于观察别人的言语、容色，倾听他人的意见，只有做事讲民主，集思而广益，才会把事情做到大家都满意。这是“达者”做事的一个基本原则。

“虑以下人”，即能谦恭谨让，尊重他人，不能老子天下第一、我说了算，尤其是遇到牵扯各方利益、争议较大的事情时，要善于协调各方，适当让步，在分蛋糕时应自己后取，如同陈平分肉，这样才会公平、公正，才能把事情办妥。这也是“达者”处事的重要原则。

“在邦必达，在家必达”，即无论处理国家大事还是处理家族大事，都处理得漂亮，得到大家的赞许。这是从效果上对“达者”的检验。

“达”是高标准，孔子谓子贡“达”，绝不是为了做广告而轻许。从以下几事来看，子贡作为“达者”当之无愧。

一、品评人物，公正恰当，释疑解难，切中肯綮。

比如，在卫时答公孙朝之问，子贡就答得很好。

卫公孙朝问于子贡曰：“仲尼焉学？”子贡曰：“文、武之道，未坠于地，在人。贤者识其大者，不贤者识其小者，莫不有文、武之道焉。夫子焉不学？而亦何常师之有？”（《论语·子张》）

这公孙朝可能与孔子交过手，领教过孔子的厉害，但又觉得孔子不是贵族出身，质疑孔子的学问，故有此问。子贡答得很巧妙，一方面说老师学的是文、武之道，师出名门，一方面说学问来自民间，来自社会，来自实践。谁又敢否认自己曾经从民间、社会上感受过圣贤的遗教呢？这样说就很令人信服。仔细品味子贡此答，颇似孔子对太宰疑问（“夫子圣者与”）的回答，孔子说自己的学问来自实践，子贡此答也说老师的学问来自实践，来自社会，把老师的理论往前推进了一步。

很可能与此同时，陈亢（子禽）也向子贡提出过孔子学问来自哪里的问题。

子禽问于子贡曰：“夫子至于是邦也，必闻其政。求之与？抑与之与？”子贡曰：“夫子温、良、恭、俭、让以得之。夫子之求之也，其诸异乎人之求之与！”（《论语·学而》）

“夫子至于是邦也，必闻其政”，那一定指的是孔子周游列国时的事。陈亢认为孔子学问得来之法，非求即与，子贡的回答是亦求亦与，但此“求”非低三下四之求，“与”亦非居高临下之与，这种“求”和“与”都是平等交流之结果，水到渠成之收获，靠的是人格魅力之感召。这里的人格魅力即是温、良、恭、俭、让——温者态度温和，良者与人为善，恭者恭敬有礼，俭者自然随和，让者谦恭礼让。这五个字也就成了如今人们待人接物之标准。

二、明辨是非，拒恶斥伪，又能以理服人，与人为善。

是非美丑往往互相交织，差距甚微，分辨已属不易。更为不易的是能明辨是非，抑恶扬善，而在这一过程中要以理服人，更要使人心服口服，弃恶扬善，甚至乐心向善。子贡当年“欲去告朔之饩羊”，也曾“方人”，经孔子批评，及时改错。后来他遇到一些错误言行，在纠正他人错误时就能既坚持原则、明辨是非，又能不给人以难堪。比如，卫国大夫棘子成，可能就是孔子在卫时的反对派，他看到孔子及其弟子总是那么彬彬有礼，就颇有微词。

棘子成曰：“君子质而已矣，何以文为？”子贡曰：“惜乎！夫子之说君子也。驷不及舌。文犹质也，质犹文也。虎豹之鞟犹犬羊之鞟？”（《论语·颜渊》）

棘子成重质轻文，明显是对主张文质彬彬的孔子有所不满。子贡当然听出了这话外之音，心中很生气，但为了照顾棘子成的面子，还是心平气和以替对方设想的口气说：“可惜啊，先生你竟然这样来解说君子！一言出口，驷马难追。”接着用一个比喻“文犹质也，质犹文也”来说明文与质同样重要。棘子成既无力反驳，又觉得不失体面。

有趣的是，陈亢也发表过一通错误言论，子贡也依同样的态度、语言说服了陈亢。

陈子禽谓子贡曰：“子为恭也，仲尼岂贤于子乎？”

子贡曰：“君子一言以为知，一言以为不知，言不可不慎也。夫子之不可及也，犹天之不可阶而升也。夫子之得邦家者，所谓立之斯立，道之斯行，绥之斯来，动之斯和。其生也荣，其死也哀。如之何其可及也！”（《论语·子张》）

陈亢其人，可能并不是孔子的弟子，他对孔子的学说总是持怀疑的态度。而在孔子死后不久，陈亢如此评说孔子，颇为傲慢无礼。对这样的错误言论，子贡本应厉言疾色痛加训斥，但子贡在严肃指出陈亢的错误后，还是与人为善，取譬设喻，循循善诱，体现出极高的修养。

三、弘道扬善，开拓新境，创新发展儒学理论。

一个有作为的学生绝不是墨守成规之辈，他应青出于蓝而胜于蓝，并在弘道扬善之时，还能有所创新，如此才能使某种理论充满张力，富于启示性，并具有旺盛的生命力。

《论语·子张》篇记述的全是孔门弟子的言论，这些言论肯定都出自孔子去世之后，代表了他们对孔子思想的最新理解和创新。这些言论中也有相互批评质疑的，唯有子贡的言论全不涉及对同门师弟的批评，有些篇章则是对孔子思想的创造性继承与发展。比如，对商纣王的评价和善于改过的思想就是这样。

子贡曰："纣之不善，不如是之甚也。是以君子恶居下流，天下之恶皆归焉。"（《论语·子张》）

子贡曰："君子之过也，如日月之食焉：过也，人皆见之；更也，人皆仰之。"（《论语·子张》）

改过求知的观念是孔子思想的重要组成部分。孔子多次说过"过则勿惮改""过而不改，是谓过矣"。但对如何改过、改过的意义如何等问题还论述较少。子贡的这一说法，明显发展了孔子的改过观。怎样改过？子贡认为君子有错除了应大大方方、坦坦荡荡地承认、改正外，还应当让人知道，让人监督。如此改过才能赢得尊重，重树威信。正如天上的日月，虽然有时被遮蔽，一时天昏地暗，但只要改了，仍不失其光明。相反，如果有了过错，总是遮遮掩掩、忸忸怩怩，说是改错，又总是吞吞吐吐、羞羞答答，没有痛改之决心，不敢公之于众，就会种下重犯的种子，结出重犯的恶果。廉颇负荆成就将相和好之美谈；德国前总理公开为法西斯侵略行为忏悔，重树了德国负责任大国之形象。而厉王弭谤，终至身败；虞公拒谏，终至国亡。历史经验证明，子贡之改过观，很值得后人借鉴。

纣为殷商最后一代君王，其执政前期也曾有所作为，后期则荒淫残暴招致灭亡。长期以来，人们都把纣作为罪恶的符号，不能公正评价其历史功过。子贡此言无疑有为商纣之重评破局开篇之功。更重要的是，子贡揭示出了"众恶归纣"的社会心理原因：人一旦有恶，品行低下，就会处于道德、舆论的低处，而那些占据道德舆论制高点的人就会把众恶集中到他一人身上。这简直是一个可怕的舆论黑洞，能发现此黑洞者功莫大焉。同时，子贡还结合这一历史教训，劝告人应自尊自爱，不可为恶，不可陷入这一黑洞。这一劝告也似警钟长鸣，震人心魄。

四、不畏权贵，捍卫真理，发扬光大儒学精神。

颜回、子路死后，子贡成了众弟子众望所归的领袖。孔子去世后，鲁国权贵集团为消除孔子的影响，开始向孔子发难，向孔子身上泼了不少脏水。子贡不负众望，毅然担负起了迎战强权、捍卫真理的义务。《论语·子张》篇中有几章都是子贡与权贵论战的片断。

叔孙武叔语大夫于朝，曰："子贡贤于仲尼。"

子服景伯以告子贡。

子贡曰："譬之宫墙，赐之墙也及肩，窥见室家之好。夫子之墙数仞，不得其门而入，不见宗庙之美、百官之富。得其门者或寡矣。夫子之云，不亦宜乎！"（《论语·子张》）

叔孙武叔毁仲尼。子贡曰："无以为也！仲尼不可毁也。他人之贤者，丘陵也，犹可逾也；仲尼，日月也，无得而逾焉。人虽欲自绝，其何伤于日月乎？多见其不知量也！"（《论语·子张》）

在这次论战中，子贡将孔子的思想比之为数仞高墙，比之为天上的日月。联系当时的背景，这样做是在论战中为强化自己的观点常用的语言方式。高墙、日月之喻，也为强化说理气势而用，并无不妥。如今有人说子贡造神，是大树特树孔子，是为自己做政治广告，这样的说法就有些不顾事实。

五、驰骋外交舞台，解危救困，为国立功。

关于这一点，司马迁的《史记·仲尼弟子列传》记之甚详。据说子贡为保卫鲁国出使齐、吴、越、晋诸国，乱齐、破吴、霸越、强晋，调整了当时的政治格局，把一个"达"字演绎得淋漓尽致、光彩四射。

《论语》趣读三十九

子游：当仁，不让于师

言偃，字子游，春秋时期吴国人。据《史记》记载，他小孔子四十五岁。江苏常熟城内有言子祠，子游被吴人视为荣耀，也可能是他后来传道于南方的结果。

子游在“孔门十哲”中列“文学”科第一。当时所谓文学，非今日之语言艺术，而是指熟习文章典籍，主要指掌握当时的《诗》《书》《礼》《乐》等典籍和制度。据记载，孔子死后，子夏初创诠释儒家经典的“章句”之学，教授于魏国西河之上；子游熟习各种礼制，当时公卿大夫于礼有所未决，多求教于子游，所以后世又称文学为“游夏之学”。《礼记·礼运》中就记载了子游与孔子关于礼的一系列对话，著名的“大同”“小康”之说就出自这一系列对话之中。

子游在《论语》中共出现了8次，远低于孔门后进中的几个师兄师弟，如子夏、曾子、子张诸人。这8次还有1次仅作为“孔门十哲”榜中的“符号”供人评说，真能自我表现的机会其实只有7次。但就凭这7次出场，子游却给人留下了极为深刻、生动的印象，显示出了极为鲜明的性格特征。

笔者读《论语》对子游最突出的印象就是他不像是来自江南水乡的南国男儿，倒像是一个北方汉子，颇有些子路那样的勇武好斗之气。比如，在孔门后进中，子游可以说是同学中的直友、诤友，他当以直言敢谏著称。对于朋友身上的缺点错误，他总是直言相告。《论语·子张》篇中就记有他批评子夏气度小、子张未仁的话。

子游曰：“子夏之门人小子，当洒扫、应对、进退，则可矣，抑末也。本之则无，如之何？”

子夏闻之，曰：“噫！言游过矣！君子之道，孰先传焉？孰后倦焉？譬诸草木，区以别矣。君子之道，焉可诬也？有始有卒者，其惟圣人乎！”（《论语·子张》）

子游曰：“吾友张也，为难能也。然而未仁。”（《论语·子张》）

子夏是否气量小，子张是否未仁，这都可商榷，子游的结论未必正确，但他这种坦率批评、直言相告的交友态度却极为可贵。子贡曾问孔子交友之道，孔子曰：“忠告而善道之，不可则止，毋自辱焉。”孔子也曾告诉子路交友之道：“朋友切切偲偲，兄弟怡怡。”子游的这种交友态度恰恰体现了孔子的交友之道。

也许子游的朋友们都知道他为人坦诚正直，能对别人的错误直言相告，所以大家也都乐于向他请教，也都高兴于接受他的批评。《礼记·檀弓上》中“有子之言似夫子”章记载：有若与曾子因“丧欲速贫”发生争论，曾子拿不准谁是谁非，便向子游请教，子游告诉他有若是对的，并将孔子说“丧欲速贫”这话的语言环境详细告诉了曾子，曾子感到心服口服。

《礼记·檀弓上》中“曾子袭裘而吊”章讲了这样一个故事：曾子与子游同去吊丧，曾子掩好里面的皮袄而吊，而子游却袒露出皮袄而吊。曾子指着子游对人说：“那个人还是熟习礼的人呢，为什么露出皮袄而吊呢？”主人为死者小敛后，袒露左臂，用麻束发，这时子游快步出来，掩好里面的皮袄，腰系葛带，头系葛绖，而后再进去。曾子看到这些连忙说：“我错了，我错了，那个人是对的。”

从以上故事可以看出，子游对朋友的忠诚也是对真理的忠诚。孔子曾说：“君子无所争，必也射乎！揖让而升，下而饮，其争也君子。”这里所说的“射”，乃是指射箭之礼。因此“射之争”也是“礼之争”，是对真理的一种忠诚。这种忠诚表现在师生关系上，就会“当仁，不让于师”。而真能实践这种尊师而又有求知精神的孔门弟子，应首选子路与子游。子路鲁莽，对孔子的批评多属感情用事，点不到关键处，而子游的批评冷静而理性，往往能一语中的。

子之武城，闻弦歌之声。夫子莞尔而笑曰：“割鸡焉用牛刀？”

子游对曰：“昔者偃也闻诸夫子曰：‘君子学道则爱人，小人学道则易使也。’”

子曰：“二三子！偃之言是也。前言戏之耳！”（《论语·阳货》）

“割鸡焉用牛刀？”一语历来有争论。有人说是孔子感叹子游本是治国之才，用来治理小邑是大材小用了，也有人说用礼乐治小邑是大材小用了。联系子游的答辞，显然指的是用礼乐来治邑。子游之答是从礼乐的普遍性上立论的，无论治大治小，都离不开礼乐。孔子则是从理政的具体操作性上立论的，那藏在牛刀后面的话头是，政有大小，有缓急，未必都用如此庄严隆重的“弦歌”。况且孔子之政，尤重民生，力主“因民之所利而利之”。“弦歌”与生计毕竟还有距离。如重弦歌而轻民生，就恐有作秀成分。但此中道理至精至微，一时半会儿不可能说清楚，而子游为政以道的真诚又极为可嘉，不好给他泼冷水，所以孔子听了子游的辩解后，才临时改口："偃之言是也。前言戏之耳！"

据《吕氏春秋·察贤》记载："宓子贱治单父，弹鸣琴，身不下堂，而单父治。"可见治理一个小邑未必"弦歌"，子游那套未必就对。但子游那种真诚劲头，那种独立思考、不随波逐流、不以孔子之是非为标准的求知精神却是极为可贵的。正是凭着这种"当仁，不让于师"或曰"吾爱吾师，吾尤爱真理"的精神，当子游在澹台灭明的认识上与孔子发生争论时，子游能坚持己见，就更值得敬佩。

子游为武城宰。子曰："女得人焉耳乎？"曰："有澹台灭明者，行不由径。非公事，未尝至于偃之室也。"（《论语·雍也》）

《史记·仲尼弟子列传》中记载了澹台灭明的事。

澹台灭明，武城人，字子羽，少孔子三十九岁。状貌甚恶。欲事孔子，孔子以为材薄。既已受业，退而修行，行不由径，非公事不见卿大夫。南游至江，从弟子三百人，设取予去就，名施乎诸侯。孔子闻之，曰："吾以言取人，失之宰予；以貌取人，失之子羽。"（《史记·仲尼弟子列传》）

《论语》和《史记》都是信史，但二者也有诸多矛盾之处。即以澹台灭明来说，是子游发现在先，还是孔子发现在先，就有矛盾。依《论语》，当为子游发现子羽正直，向孔子推荐，孔子才认识了子羽；依《史记》，当为子羽受业孔子后，才退而修行，"行不由径"，由此受到子游的注意。笔者认为，恐是子游发现在先，孔子见之在后。不管怎么说，在对澹台灭明的看法上，孔子与子游曾产生过矛盾，应是事实。子游能坚持己见，任人唯贤，孔子却一度失误，后能改进，这都是历史上的佳话。

《论语》中，除与孔子的对话及师兄弟间的互相批评之外，子游理论上的独立见解还有两条：

子游曰："事君数，斯辱矣；朋友数，斯疏矣。"（《论语·里仁》）

子游曰："丧致乎哀而止。"（《论语·子张》）

这两章都带有潜对话的性质，似是对某些错误倾向的批评。

"事君数"章明显是对事君、交友中的错误倾向、过度行为的批判。孔子主张事君以礼、以忠、勿欺、可犯，即强调在君主面前亦应保持自己的独立人格，不可自视为君主奴隶。但在现实中，有些人多是在强权面前表现得软弱、自卑，无条件地服从于君主，久而久之，君主也会因此减少礼敬之情。同样，在交友上，应尊重朋友的独立人格，朋友有过应忠告而善道，如以善的名义强迫朋友干这干那，服从自己，也会引起朋友的反感，最后导致关系疏远。子游这些话可能正是结合具体社会实践对孔子思想的发展。

“丧致哀止”章则是对居丧过哀行为的批评。孔子说过“丧，与其易也，宁戚”，子张主张“丧思哀”，这都是说居丧既要守礼，又要尽情。而现实中往往会出现两种错误倾向：或丧礼铺张，或致哀过度。孔子曾经批判过丧礼铺张，子游这话可能更多地批评致哀过度。事实上，他的同学就有人犯过这样的错误，如子夏丧子，哭瞎了眼睛，就受到了曾子的批评。

子游以习礼而闻名，而礼者理也，因此对“礼”的坚守实则是对“理”的执着，而这都离不开独立人格、独立思考。离开了这些，将是对“礼”的亵渎，对“真”的放逐，也就更谈不上“当仁，不让于师”了。

《论语》趣读四十

好友子夏

有学者认为，中国哲学不同于印度哲学和西方哲学之处，在于印度哲学重在探讨人与神的关系，西方哲学重在探讨人与物的关系，而中国哲学重在探讨人与人的关系。而人与人的关系最重者，即君臣、父子、兄弟、夫妇、朋友五类，谓之五伦。五伦中朋友一伦最为特殊，其他四伦，对古人来说，或与生俱来、无可选择，或选择有限，而朋友则是可以随心选择的，这正如子夏所说的“可者与之，其不可者拒之”。正是这种可选择性，给个体带来了极大的自由，而自由即是一种资源。

孔子极为重视这种自由、这种资源，认为这是君子修身养德的重要助手。《论语·学而》篇开篇即说："有朋自远方来，不亦乐乎？"为什么？因"独学而无友，则孤陋而寡闻"，与朋友共处，则可以在学习上共同切磋琢磨，在修身上互相砥砺批评。总之，会"切切偲偲、怡怡如也"。也许正是基于此，孔子把选择朋友的标准定为三条："友直，友谅，友多闻"。如果在孔门弟子中选一个"益友"作为众生的典范，笔者认为非子夏莫属。

子夏，姓卜名商，字子夏。据《史记》记载，他小孔子四十四岁，春秋末年晋国人，曾为莒父宰。老年讲学西河，魏文侯、田子方、段干木、李克、吴起诸人曾跟随他学习。子夏在"孔门十哲"中列"文学"科，后世学者大都认为，儒家的经学最初是由子夏一系传授下来的。

孔子说过"商也不及"，大概是觉得子夏较为胆小、谨慎，做事比较低调，缺乏子路的那股子猛劲，属于内敛型性格，颇近乎曾子、高柴诸人。这样的人严于律己、宽以待人，在交友上都是很严肃的。就像子夏，就把交友同事君、事父看得同样重要。

子夏曰："贤贤易色，事父母，能竭其力，事君，能致其身，与朋友交，言而有信；虽曰未学，吾必谓之学矣。"（《论语·学而》）

读这段话，很容易使人想起曾子的"三省"名言。

曾子曰："吾日三省吾身：为人谋而不忠乎？与朋友交而不信乎？传不习乎？"（《论语·学而》）

这样对比读来，会觉得很有趣。子夏与曾子这对好朋友真不愧是孔子的好学生，他们的交友理念竟惊人的一致，都认为交友的关键在于诚信。

然而诚者真也，其所对者伪也，以诚交友显然只是一个底线。诚于何？如何诚？这还都有待实践。继续往前走，才能达到深交，交出友谊。因此，子夏在与司马牛的一场对话中对这个"诚"字重新进行了解释。

司马牛忧曰："人皆有兄弟，我独亡！"子夏曰："商闻之矣：死生有命，富贵在天。君子敬而无失，与人恭而有礼，四海之内，皆兄弟也。君子何患乎无兄弟也？"（《论语·颜渊》）

此司马牛是否即是宋国司马桓魋之弟，恐难以定论，而世上无兄弟者却大有人在。此司马牛忧的确是无兄弟，而宋国司马牛却有兄弟四人，只不过其兄桓魋作乱被灭族而已。那么逃亡在外的司马牛就不是忧的没有兄弟，而是忧的有国不能归，有家不能回了。子夏作为司马牛的同学和朋友，他的一言劝解，是针对司马牛的孤独感而发，而非针对其漂泊感而发。子夏首先指出，一个人兄弟的有无与多少，并非个人决定，而是天意，正如人的生死富贵一样，我们只能被动地接受这一既成事实，不必有忧，忧亦无用。其次，子夏指出，个人的命运又有可以自我把握的一面，血缘的兄弟虽然不可选择，而社会之兄弟却是可以选择的。一个人只要敬慎而没有过失，待人恭敬而有礼仪，那么四海之内皆是他的兄弟，又何必担忧没有兄弟呢？

子夏这番话入情入理，豁人心胸，笔者想司马牛听后一定会转忧为喜，努力在“敬”与“恭”上下功夫，广结善缘，广交益友。而这二字则是对交友原则“诚”的新阐释——要尊重他人，把他人看作有独立意志和独立人格的个体，而不是任何人的附庸和奴隶。这样，久而久之，他人也才能尊重你的独立人格、独立意志，从而达到“切切偲偲、怡怡如也”的境界，成为好朋友。

“四海之内，皆兄弟也”如今已成为人类交往中的一句响亮的口号，甚至已成为世界梦的一个重要组成部分。追根究源，真该感谢子夏。

子夏不仅是诚信交友的倡导者，更是诚信交友的恭行者。在《论语》中可以明显看出，属于朋友交情的故事虽不多，但涉及的故事却大多与子夏相关，如子张曾与子夏的门人论交，子游曾与子夏论学，而司马牛、樊迟等人则都曾得到过子夏的帮助。“樊迟问仁”一章从交友角度读来尤为感人。

樊迟问仁。子曰：“爱人。”问知。子曰：“知人。”

樊迟未达。子曰：“举直错诸枉，能使枉者直。”

樊迟退，见子夏，曰：“向也吾见于夫子而问知，子曰：‘举直错诸枉，能使枉者直’，何谓也？”

子夏曰：“富哉言乎！舜有天下，选于众，举皋陶，不仁者远矣。汤有天下，选于众，举伊尹，不仁者远矣。”（《论语·颜渊》）

笔者多次谈到，孔子教学重启发，且“不愤不启、不悱不发；举一隅而不以三隅反，则不复也”。但这“一隅”和“三隅”之间的距离太远，彼此之间的逻辑关系也太模糊，也容易使人不明白。比如，樊迟问“智”，孔子答以“知人”；再问，答以“举直错诸枉，能使枉者直”。这“智”与“举直”之间的距离就太远，所以樊迟感到理解起来比较困难。巧的是，当他百思不得其解时，遇到了乐于助人的子夏，便把这事告诉了子夏。子夏说，孔子这话寓意太丰富了，且以舜举皋陶和汤举伊尹而不仁者远为例，解释了“智”的实质在知人，而知人的重点在知贤。贤者本是智者，而能知贤者更智，这是不言而喻的。

“赠人玫瑰，手有余香”，以真诚交友者，也能收获真诚的友情。当朋友的心中飘过乌云时，子夏送去的友情如清风，如阳光，使人的心胸温暖敞亮。子夏也有想不开的时候，朋友同样也会送来清风和阳光，他的生命中同样多了一份舒畅和温暖。据说，孔子死后，子夏回到了西河之地，讲学于西河之上，父母亡后，他又丧子，为此哭瞎了眼睛。曾子前去安慰他，说：“我听说朋友失明，就为他而哭。”曾子哭了。子夏也哭了，说：“天啊！我是无罪的啊！”曾子发怒了，说：“卜商，你怎么说无罪呢？我与你在洙泗之间侍奉先生，你年纪老了后退居西河之地，使西河的居民把你比作先生，这是你的第一条罪过；你的双亲去世，服丧期间你没有什么值得称道的表现，这是你的第二条罪过；死了儿子就哭瞎了眼睛，这是你的第三条罪过。你怎么能说无罪呢？”子夏扔开手杖而拜说：“我错了！我错了！我离开同学朋友而散居独处已经太久了。”①

这个故事很感人。子夏这时需要扶杖而行，看来年纪已不小。一对老友能如此互相批评，一个学者到老年尚能律己甚严，这都是很值得人们称道的。“士有争友，则身不离于令名”，信哉！

---

① 子夏丧其子而丧其明。曾子吊之，曰：“吾闻之也，朋友丧明则哭之。”曾子哭。子夏亦哭，曰：“天乎！予之无罪也！”曾子怒，曰：“商，女何无罪也？吾与女事夫子于洙泗之间，退而老于西河之上，使西河之民疑汝于夫子，尔罪一也；丧尔亲，使民未有闻焉，尔罪二也；丧尔子丧尔明，尔罪三也。而曰女何无罪与！”子夏投其杖而拜，曰：“吾过矣！吾过矣！吾离群而索居，亦已久矣。”（《礼记·檀弓上》）

《论语》趣读四十一

子夏：悟性之长与知性之短

孔子说事论理，喜欢引《诗》，而在他的学生中也很喜欢谈诗说理，且被孔子认为“可与言《诗》已矣”的人有两个，一个是子贡，一个是子夏。

子贡、子夏二人之所以被孔子激赏，认为“可与言《诗》已矣”，乃是因为他们都有对《诗》的敏锐的领悟能力，他们往往能从正谈论的诗句中领悟到知人论事、修身志学的大道理。即以子夏来说，他有一次对“素以为绚兮”不理解，向孔子请教，孔子以“绘事后素”告之，子夏便心有所动，领悟到礼与仁也应是文与质之关系，就问“礼后乎？”孔子当时即给予肯定且夸奖他：“始可与言《诗》已矣！”

《韩诗外传集释》中也有一则诗话是谈论子夏对《诗》的领悟的：

子夏读书[①]已毕。夫子问曰：“尔亦可言于书矣。”子夏对曰：“书之于事也，……虽居蓬户之中，弹琴以咏先生之风，有人亦乐之，无人亦乐之，亦可发愤忘食矣。诗曰：‘衡门之下，可以棲迟[②]。泌之洋洋，可以疗饥[③]。’”夫子造然变容曰：“嘻！吾子殆[④]可以言书已矣。然子以见其表，未见其里。”

其中子夏所吟咏的《衡门》一诗，出自《诗经·国风·陈风》。全诗不长，抄录于下：

衡门之下（横木用作门檐），
可以栖迟（也可以安居）；
泌之洋洋（泌泉荡漾），
可以乐饥（可以快乐地忘掉饥饿）。
岂其食鱼（难道吃鱼），

① 读书，旧作“读诗”。
② 棲迟，即“栖迟”。
③ 疗饥，旧作“乐饥”。
④ 殆，旧作“始”。

必河之鲂（一定要吃黄河鲂鱼）？
岂其取妻（难道娶妻），
必齐之姜（一定要娶齐国姜姓姑娘）？
岂其食鱼（难道吃鱼），
必河之鲤（一定要吃黄河鲤鱼）？
岂其取妻（难道娶妻），
必宋之子（一定要娶宋国子姓女）？

在这首诗中，衡门和泌水代表一种清贫的生活环境，正如颜回之居陋巷和箪食瓢饮一样；而河之鲂、河之鲤与齐之姜姓女、宋之子姓女则代表了某种贵族化生活（齐国国君姜姓、宋国国君子姓）。诗所言之“志”很清楚，即不羡慕荣华富贵而安贫乐道，拥抱一种审美化的人生。这正与子夏此时的生活状况和他的人生追求极为吻合，他吟咏此诗实为表达己志。在《论语·先进》篇“子路、曾皙、冉有、公西华侍坐”一章中，曾点（曾皙）说愿“浴乎沂，风乎舞雩，咏而归”，孔子就表示“吾与点也”。听了子夏吟咏《衡门》，孔子当然很赞赏弟子高洁的志向，所以他会再次说“可与言《诗》已矣”。子夏可与孔子言《诗》，是因他悟性高。但这种突然而悟却又与日常修养息息相关。如果说在《论语·八佾》篇“绘事后素”一章中，子夏是因悟（《诗》）而修（礼）的话，那么这则故事则表明子夏是因修（身）而悟（《诗》）了。然而令人遗憾的是，世上的事物往往不能两全，对一个人来说，长于此者往往短于彼，此为优者往往彼为劣。子夏审美悟性极高而理论思辨能力却平平，甚至显得相当浅表皮相。这对他的传道大业来说，影响甚巨。

子夏于“孔门十哲”中列“文学”科，据说长于传《诗》、传《春秋》。

以传《诗》来说，秦灭之后，诗书几失传；汉初言《诗》，有鲁、齐、韩三家，后又有所谓的“毛诗”。“毛诗”托名传自子夏，其实无迹可寻，证据不足，只是广告宣传而已。即以“毛诗”本身来说，舛误甚多，因之汉时即不为其立官学，只因后来郑玄喜欢，且“毛诗”又以古文书写，才渐为人知。

再以传《春秋》来说。子夏传《春秋》，史有记载。传之于谁？当然是传给在西河向他求学的魏文侯、田子方、段干木、李克、吴起诸人。这些人师事子夏，受过儒家思想的陶冶，但历史公认的是，他们又都是前期法家思想的拥戴者。从这种意义上说，法家的集大成者韩非子也可称为子夏的再传弟子，他认为“儒分为八”，都比不上子夏之儒。这可能是因为，在韩非子看来，子夏所传之儒，已更倾向于法家，不再是典型的儒家风范了。子夏传《春秋》传出这样一个结果，人们也可以倒推他的传法了。《春秋》是一部价值倾向性极鲜明的史书，据说孔子作《春秋》而乱臣贼子惧，惧的自然是其价值倾向性，如尊王攘夷、惩恶扬善、尊礼重义等，凡与此相悖者都会受到贬斥。吴起杀妻求将、韩非厚黑之术，如书之《春秋》，都将受到批评。

这样看来，子夏传《诗》，传《春秋》似乎都没传好。《诗》有比兴大义与章句之学，子夏大概重的是章句，才会有泥古不化的“毛诗”。《春秋》有文有义：文，即君王豪杰的文治武功；义，即其价值倾向性。子夏大概宣扬的是文治武功，是硬邦邦的成功学，而对有益世道人心的《春秋》大义则不大理会，于是传出了吴起、韩非子这类人物。这恐怕是连他自己都想不到，也不愿意的吧！

子夏传经心事违，原因何在？历史巨变是根本，但也与子夏的性格相关。子夏胸襟格局较窄，胆子较小，偏于务实，重视事功，往往会抓小而放大。所以为莒父宰时问政，孔子教以“无欲速，无见小利。欲速则不达，见小利则大事不成”。看来这话不只是说的为政的基本规律，更是针对子夏的性格弱点而言的，算是切中了病症。有学者认为：“为政欲速非善政，为学欲速非善学……。如果有心求治，不妨从容料理。”（程树德：《论语集释》）

子夏的朋友子游也看到了子夏的这一弱点，曾批评他舍本逐末，还引得子夏不满。

子游曰：“子夏之门人小子，当洒扫、应对、进退，则可矣，抑末也。本之则无，如之何？”

子夏闻之，曰：“噫！言游过矣！君子之道，孰先传焉？孰后倦焉？譬诸草木，区以别矣。君子之道，焉可诬也？有始有卒者，其惟圣人乎！”（《论语·子张》）

读这段对话，人们可以感受到子游言辞犀利、观点鲜明，而子夏的答辩则啰啰唆唆、躲躲闪闪的，似乎在诉说委屈，但又老是说不到要点上。他明显回避了本末的问题，而以先后、始终代之，似是说无所谓先后始终，所以也无所谓本末。这样的结论如果明白说出，恐怕连他自己也不相信，因为他在别处还说过"大德不逾闲，小德出入可也"。德有大小，自然也有本末，这是不言而喻的。

子夏这种谨小慎微而又往往舍本逐末的性格弱点表现在理论思辨上，就是思想软弱无力、浅表片面。子夏的独立言论在《论语》中出现了十多条，但大多是这种浅表片面之论。即使以"大德不逾闲，小德出入可也"而论，也颇为人诟病。孔子讲中庸，有经亦有权，为守护大道，大德小德均可变通，如管仲不为公子纠而死，且奢侈失礼，孔子仍许其仁。而从个人修身来讲，应君子慎独，小节亦不可有出入。"一有出入，便是心放，细行不谨，终累大德。"（程树德：《论语集释》）

比如：

子夏曰："虽小道，必有可观者焉，致远恐泥，是以君子不为也。"（《论语·子张》）

朱熹注曰："小道，如农圃医卜之属。"真如此就不对了。陶渊明说过："人生归有道，衣食固其端。孰是都不营，而以求自安？""农圃"之类应为安身立命之大道。舜耕历山，伊尹耕于莘野，圣贤都曾为之，何说君子不为？若说"小道"是指各种具体才能，此论就更为荒唐了。不少学者指出子夏是长于"小道"的，所以孔子告诫他要做君子儒，不要做小人儒。孔子也自认"吾少也贱，故多能鄙事""吾不试，故艺"。这说明孔子也曾为过这类"小道"。"致远恐泥"是对的，若说"君子不为"就片面了。

又如：

子夏曰："小人之过也必文。"（《论语·子张》）

此论恐怕更片面。因碍于脸面而文过饰非者，大有人在，君子也不免。若以身份论，小人朴野，不大善文，恐怕倒是君子文过者多。若以德行论，君子知过而能改，小人则知过不改，这才是君子与小人的根本区别。

再如：

子夏曰："君子信而后劳其民，未信，则以为厉己也；信而后谏，未

信，则以为谤己也。”（《论语·子张》）

如何劳民？孔子认为关键在于是否为民谋利，而不在于信不信。“因民之所利而利之”“择可劳而劳之”，则民无怨。如何进谏？孔子认为关键在于为上者是否有过及自己是否忠诚，“以道事君，不可则止”“勿欺也，而犯之”，不在乎信不信。未劳未谏，先防范厉之谤之，是先设一个“信”的保险箱，然后才去劳去谏，这结果就是无劳无谏。如此为人，近乎乡愿。

《论语》趣读四十二

聪明反被聪明误的公西赤

公西赤，字子华，又称公西华，据说他小孔子三十二岁（有学者认为公西赤小孔子四十二岁，如此，则“侍坐”“使齐”诸章就不合理，故不取）。

公西赤聪明伶俐，才华出众，当时是很受孔子看重的青年才俊，在《论语·先进》篇“子路、曾皙、冉有、公西华侍坐”一章中，他就参与了那次有名的“言志”活动。当子路、冉有都谈了自己的志向后，公西赤也被孔子点名，谈了自己的志向。他说愿意当一个驰骋于外交舞台上的外交官。因为大师兄子路言志时太鲁莽，且口气太大，受到了孔子的“哂笑”，公西赤就故意显得低调。他说自己不敢说能干什么，只是愿意学着干而已，像宗庙祭祀之事或者外交上有会见的活动，自己穿戴好礼服礼帽，愿意做一个小司仪。（“非曰能之，愿学焉！宗庙之事，如会同，端章甫，愿为小相焉。”）

尽管他把话说得如此委婉，如此低调，孔子还是一眼即看出他志向远大，绝非平庸之辈。所以当曾皙问“难道公西赤讲的就不是国家吗？”

（“唯赤则非邦也与？”）时，孔子答道：“有宗庙祭祀，有外交会见，不是诸侯国的事又是什么？公西赤只做个小司仪的话，谁还能做大司仪？”（“宗庙会同，非诸侯而何？赤也为之小，孰能为之大？”）

正因为公西赤才华出众且志向远大，所以当鲁国贵族孟武伯（姓仲孙，名彘）问及子路、冉有、公西赤的品德、才能时，孔子极认真地向他做了推荐。

孟武伯问子路仁乎？子曰：“不知也。”又问。子曰：“由也，千乘之国，可使治其赋也。不知其仁也。”

“求也何如？”子曰：“求也，千室之邑，百乘之家，可使为之宰也。不知其仁也。”

“赤也何如？”子曰：“赤也，束带立于朝，可使与宾客言也。不知其仁也。”（《论语·公冶长》）

对还活着的个人来说，孔子是从不轻易许人以仁的，即使颜回这样品德高尚的学生，孔子也只是说他“其心三月不违仁”。人都是行走在求仁的路上，处于进行时，只有生命结束时，才可达到完成时。所以孟武伯问：“子路仁乎？”孔子对之以“不知也”，再问才能作答。问德而答才，这是否答非所问？不是的。这应是一种歪打正着，恰恰体现出了孔子的智慧。孔子知道，孟武伯问仁并非要征集道德模范，这个鲁国贵族不过是为了招揽人才而放出的试探口风而已。孔子之答正好满足了他的实际需要。事实证明，子路、冉有、公西赤当时也确实堪称孔门政治才能出众的人物，后来也都如孔子所言，担当过大任。

孟武伯与孔子的这场对话，当在孔子第一次出仕之时或之前。那时仲孙氏家族的当政者还是孟懿子（世称仲孙何忌），孟武伯还只是跟着其父历练才干，所以向孔子请教只是问孝问仁，重点还不在问政。与此相对比的是十几年之后季康子继季桓子当政后，则多次向孔子问政。有趣的是季康子也与孔子有过一次对话，很类似孟武伯与孔子之间的对话。

季康子问：“仲由可使从政也与？”子曰：“由也果，于从政乎何有？”

曰：“赐也可使从政也与？”曰：“赐也达，于从政乎何有？”

曰：“求也可使从政也与？”曰：“求也艺，于从政乎何有？”（《论语·雍也》）

季康子问的也是孔子的三个高足的政治才能问题，孔子同样很严肃地向季康子做了推荐。只是这次没了公西赤的名字，取而代之的是子贡。子贡位列“孔门十哲”，属“言语”科，同样长于外交。当吴、齐侵鲁时，子贡曾奔走于齐、吴、越、晋之间，搅动了当时的政治格局，破除了鲁国的危机，其外交才能和功绩显然就比公西赤强得多了。

公西赤原来是与子路、冉有齐名的高才生。最终落选“孔门十哲”，其政治声望渐为后起的子贡等人代替，这说明了一个问题，公西赤在孔门中进步不大，甚至还渐渐落后了。原因何在？笔者认为这恰恰是由于他的聪明伶俐所致，也许该叫聪明反被聪明误。

孔子多次说过“巧言令色，鲜矣仁”。但这巧言令色与聪明伶俐之间的距离实在太小，很容易相互转化，二者之间的度也很难把握。大致说来，如将聪明用于修身养德、崇义向善，便是真聪明；若将这份聪明用于取悦他人、牟取私利便是巧言令色。可惜的是公西赤往往会把聪明用在取悦他人、为个人谋利上。比如，在著名的《论语·先进》篇“闻斯行诸”一章中，公西赤则表现出了他的真聪明，而在《论语·述而》篇“若圣与仁，则吾岂敢！”一章中，公西赤则明显表现出一种小聪明。

子路问：“闻斯行诸？”子曰：“有父兄在，如之何其闻斯行之？”

冉有问：“闻斯行诸？”子曰：“闻斯行之！”

公西华曰：“由也问：‘闻斯行诸？’子曰：‘有父兄在。’求也问：‘闻斯行诸？’子曰：‘闻斯行之！’赤也惑，敢问。”子曰：“求也退，故进之；由也兼人，故退之。”（《论语·先进》）

子曰：“若圣与仁，则吾岂敢！抑为之不厌，诲人不倦，则可谓云尔已矣！”公西华曰：“正唯弟子不能学也！”（《论语·述而》）

能于同问不同答中发现矛盾，大胆提问又引发了孔子的著名回答，使后人对孔子因材施教的智慧有了更深入的了解，这确实表现出了公西赤的聪明。而关于“圣与仁”的对话中，公西赤虽表现出了对孔子的尊重与敬服，但话说得有随声附和甚而谄媚之嫌。这段对话应是有上下文的，只是被记录者省略了而已。根据对话主干部分推断，上文应是有人在大夸孔子，说孔子近仁近圣，而这样的话是一贯为孔子所反感的。当年有某国太宰问子贡，孔子为何多才多艺，并推断说大概孔子是个圣人的缘故吧，子贡随之肯定了这种说法，孔子听说后驳斥道："太宰知我乎！吾少也贱，故多能鄙事。君子多乎哉？不多也。"这次与公西赤的对话，仍是在驳斥某些人过分的称颂，并且指出自己的长处不过是"为之不厌，诲人不倦"而已。而公西赤在孔子辞掉别人的称颂后，仍把孔子扔掉的"高帽"加在了孔子的头上。孔子应该会像批评子贡一样，批评公西赤几句，可惜这批评的下文被省略掉了。孔子的清醒、冷静、谦虚、自爱，以及像孔子那样永不厌烦地学习、实践，他人不能学吗？能学。能学而说不能学，故意贬低自己而抬高他人，这不是巧言令色又是什么呢？

如果说这一次公西赤还只是耍了点小聪明，无伤大雅的话，他出使齐国之后，伙同冉有向公家要"补助"，搞假公济私，可就不那么光彩了。

子华使于齐，冉子为其母请粟。子曰："与之釜。"

请益。曰："与之庾。"

冉子与之粟五秉。

子曰："赤之适齐也，乘肥马，衣轻裘。吾闻之也，君子周急不继富。"（《论语·雍也》）

公西赤（子华）使齐之事发生在孔子为鲁司寇时期。那时孔子刚协助鲁君参加了夹谷之会，在外交上打了一个大胜仗，齐国归还了鲁国部分土地，但还有一些善后事宜要商谈，所以才会有"子华使齐"的事。公西赤这次是以胜利者的身份使齐的，心理压力小，所以会肥马轻裘，显得很风光、阔绰。他出发时也一定很从容。但冉有却还要替公西赤为其母要"补助"，这事恐怕不是冉有一个人的主意，而是公西赤与冉有商量好了的。孔子初次答应给一釜，也就是当时的六斗四升，后应冉有请求又增加一庾，也就是当时的二斗四升，合起来共八斗八升，足够吃饭的了。而最后冉有却一次给了公西赤五秉，即八百斗，不仅远远超过了实际需要，也大大超过了孔子设定的权限，是对老师的公然欺骗和背叛，是对公共财产的一次大肆掠夺。这就绝不仅仅是一种小聪明了。所以才引得孔子大为光火，指责子华不仅有违"君子周急不继富"的原则，而且贪婪奢侈而不知羞耻。值得注意的是，《论语》的编辑者虽然不能发声，但却在"子华使于齐"一章之后引了孔子赞扬原宪的一段话，这种编排可能另有深意。

原思为之宰，与之粟九百，辞。子曰："毋！以与尔邻里乡党乎！"

（《论语·雍也》）

这可看作是孔门弟子集体对公西赤的谴责。

当年宰予昼寝、子贡方人、子路率尔而对都曾令孔子生气，公西赤之错肯定比子路等人的错要大得多，所以一时半会儿恐怕很难得到孔子的原谅。也许公西赤就是从此事起走了下坡，渐渐淡出了人们的视野。他这次受到孔子的批评之后又怎样了呢？《论语》中没有记载，但从其他典籍可以看出，他并没有消沉，而是在发愤学习，努力改正自己的错误，所以最终仍居七十二贤之列。《礼记·檀弓上》中说到了“孔子之丧，公西赤为志焉”，即公西赤为孔子撰写了墓志铭。看来公西赤还算是得到了老师的原谅和同学们的认可的。

《论语》趣读四十三

小人陈亢

陈亢字子亢，一字子禽，关于此人是否为孔子的弟子似有争议，《史记·仲尼弟子列传》未录此人，但《孔子家语·七十二弟子解》中又将其列为孔子弟子。他曾担任过单父邑宰却不入七十二贤之列。

《论语》中陈亢出现的次数虽不多，却给人留下了极难忘的印象。笔者读《论语》时就对此人颇为反感，认为他喜欢打听别人隐私和小道消息，心理阴暗，品行低劣。陈亢的最大特点是，其虽常出入于孔门，却始终是针对孔子的怀疑派。后来笔者想，孔子教学提倡慎思审问，这个陈亢出场都与提问有关，倒也算是光明正大，算不上背后瞎议论，也就慢慢不那么反感他了。

陈亢第一次出场提问，应在孔子还未离开鲁国去周游列国之际，问的是孔子之子孔鲤。孔子离开鲁国，当然应留下儿子操持家务，照顾母亲，不可能让他也随父奔波。而孔子返鲁两年，孔鲤死，恐怕这两年也不是孔鲤把功夫用在学诗学礼上的时候，陈亢也不大会去问他。

陈亢问于伯鱼曰：“子亦有异闻乎？”

对曰：“未也。尝独立，鲤趋而过庭。曰：‘学《诗》乎？’对曰：‘未也。’‘不学《诗》，无以言。’鲤退而学《诗》。他日，又独立，鲤趋而过庭。曰：‘学礼乎？’对曰：‘未也。’‘不学礼，无以立！’鲤退而学礼。闻斯二者。”

陈亢退而喜曰：“问一得三：闻《诗》，闻礼，又闻君子之远其子也。”(《论语·季氏》)

“子亦有异闻乎？”即是“你从你父亲那里听到过与众不同的传授吗？”这问题的后面有个潜台词或叫逻辑先设：人皆有私，人皆亲其子，道德学问也会留一手传授给自己的儿子，孔子恐怕也会这样——这是典型的以恶度人。

孔鲤答得很诚实，说出了两个细节，两次“趋而过庭”被父亲叫住，交代他要学《诗》，学礼仪，别的就没什么了。

陈亢得到孔鲤的回答，心中窃喜，总结收获说“问一知三”，知要学《诗》，知要学礼，知君子不私厚其子。

分析陈亢这番总结，可知此人脑袋还是很灵光的，只是聪明没用对地方。为何问孔鲤？一个根本原因是认为孔子私其子，认定孔子私其子就会认为孔子对其他学生有所隐瞒。这就怪不得孔子曾为此而苦恼过了。

子曰：“二三子以我为隐乎？吾无隐乎尔。吾无行而不与二三子者，是丘也。”(《论语·述而》)

陈亢总结出“君子之远其子”，但仍保留君子有隐的疑问。阳光虽然明亮，但还是没能驱散他心中的阴影。他更不会深思，君子为什么要远其子。这一点后来被孟子说明白了。

公孙丑曰：“君子之不教子，何也？”

孟子曰：“势不行也。教者必以正。以正不行，继之以怒。继之以怒，则反夷矣……。父子相夷，则恶矣。”(《孟子·离娄上》)

陈亢的第二次出现，大概在孔子周游列国时期，此人也随之出游，见孔子对各国政事都很熟悉，故有一问。

子禽问于子贡曰："夫子至于是邦也，必闻其政。求之与？抑与之与？"子贡曰："夫子温、良、恭、俭、让以得之。夫子之求之也，其诸异乎人之求之与！"(《论语·学而》)

对子贡之答，前文曾有分析，现在笔者想转到陈亢的提问上来再说点感想。孔子之温、良、恭、俭、让，追随者应很熟悉，喜欢与孔子交流的人恐怕也都知道，而陈亢仍有"求之""与之"之问，恐怕这提问后边还有个潜台词，即认定孔子非求即与，而无论求之、与之，恐怕又都异于人，有些背后交易。子见南子，子路都疑，陈亢有疑也情有可原。但笔者认为更重要的原因即在于他前面的心理阴影还没去掉的缘故。

陈亢第三次出现则是在孔子去世后，鲁国贵族大煽诋毁孔子阴风之时。

陈子禽谓子贡曰："子为恭也，仲尼岂贤于子乎？"

子贡曰："君子一言以为知，一言以为不知，言不可不慎也。夫子之不可及也，犹天之不可阶而升也。夫子之得邦家者，所谓立之斯立，道之斯行，绥之斯来，动之斯和。其生也荣，其死也哀。如之何其可及也！"(《论语·子张》)

陈亢此问及子贡之答，前文亦有评说，笔者想再补充几句。若笔者的时间推测无误，陈亢从第一问到此时，已跟随孔子和子贡很多年，对两位老师之为人应了然于胸，而且子贡尚且不及颜回，这谁都知道，又怎能轻言超过孔子呢？子贡对叔孙武叔诋毁孔子的态度是明确的，这一点陈亢也应知道，你看他开口即说："子为恭也，仲尼岂贤于子乎？"明显就是叔孙武叔说子贡贤于孔子的翻版，是替鲁国贵族们帮腔，故意与老师拗着来。他之所以力劝子贡接受贤于孔子的"高帽"，才真是借抬高老师而抬高自己。

如果说前两问还是为学而问、有疑而问，还不失学人本色的话，在这场诋毁孔子与爱护孔子的政治斗争中，陈亢这一问，实是无疑而问，明显带有挑动色彩，其小人嘴脸就暴露无遗了。

值得注意的是，《论语》还是保留了这个小人的几段言论，并没有删去，这可能正是为了证明"仲尼不可毁也"。

《论语》趣读四十四

樊迟：孔门异类寻路者

樊迟想学稼学圃，于是有了《论语》中孔子与樊迟之间的这场著名争论。

樊迟请学稼。子曰："吾不如老农。"请学为圃。曰："吾不如老圃。"

樊迟出。子曰："小人哉，樊须也！上好礼，则民莫敢不敬；上好义，则民莫敢不服；上好信，则民莫敢不用情。夫如是，则四方之民襁负其子而至矣，焉用稼？"(《论语·子路》)

这场争论，在孔子看来是关乎教学目的、教学内容的大事，他要坚持原则，固守他的那种修身，齐家，治国，平天下（以下简称"修齐治平"）的教学目标和仁义礼乐的教学内容。他觉得樊迟学稼学圃似乎有点偏离中心倾向，所以才大为光火。现在看来孔子颇不冷静、不够绅士，这与他所主张的"和而不同"的宽容、包容原则似乎不合。

樊迟是要改变孔子的教学目标和教学内容吗？这从有限的文字中看不出来，能够看出来的只是他想多学点东西，即增加点教学内容而已。况且学稼学圃也并不会破坏修齐治平原则，还会有助于修齐治平的实施。试想，即使有仁义的感召，老百姓还是要吃饭的呀，孔子不是也主张要"足食，足兵"吗？而要足食，粮油何来？还是要稼要圃才行。马克思认为，人类历史的发展规律是人们必须先解决衣、食、住、行等基本生活问题，而后才能从事政治、科学、艺术、宗教等活动。这谓之经济基础决定上层建筑，有人形象地称之为"吃饭经济学"。樊迟学稼想来也是为了先填饱肚子，以便更好地学习诗书礼乐。

对于这个"吃饭经济学"，以孔子的聪明，当然会悟到的。他也曾有过"在陈绝粮，从者病，莫能兴"的痛苦经历，绝不会看不起吃饭问题。他的学生原宪家贫，他不是就主张多给些禄米吗？他虽然也说过"耕也，馁在其中矣；学也，禄在其中矣。君子忧道不忧贫"的话，但那不过是为了励志而已。

这样看来，在樊迟学稼的问题上，樊迟的诉求是有些道理的，孔子的批评略显武断。所以，无论是当时还是往后，都不乏对孔子的批评和对樊迟的同情与理解。比如，与孔子同时的长沮、桀溺、荷蓧丈人，就都躬耕垄亩，荷蓧丈人还批评孔子“四体不勤、五谷不分”。

再如，晋末的陶渊明不为五斗米折腰，辞官归隐，少了一份经济来源，切实感受到了吃饭问题的重要性，所以也对孔子思想产生了怀疑，并对长沮、桀溺等人表示了敬意，表达了对樊迟的支持。在《癸卯岁始春怀古田舍》的组诗中他直言不讳：“先师有遗训，忧道不忧贫。瞻望邈难逮，转欲志长勤。”而他写在《庚戌岁九月中于西田获早稻》中的“人生归有道，衣食固其端。孰是都不营，而以求自安”也进一步申明这一观点，并因躬耕而向长沮等人致敬：“遥遥沮溺心，千载乃相关。但愿长如此，躬耕非所叹。”

到了宋代，辛弃疾官场失意也归隐田园，号为稼轩。他写过一首小词明志：

踏莎行

赋稼轩，集经句

进退存亡，行藏用舍，小子请学樊须稼。衡门之下可栖迟，日之夕矣牛羊下。

去卫灵公，遭桓司马。东西南北之人也。长沮桀溺耦而耕，丘何为是栖栖者。

陶渊明、辛弃疾虽然都为樊迟的主张投了赞同票，算得上他的后代“粉丝”，但仔细想来，这两位达人却也难为樊迟的真正知音。他们都是从个人的进退存亡、行藏用舍角度来理解樊迟的，并没有理解樊迟的大心胸。事实上，孔子与樊迟之争离不开一个大背景，即都是在赞同修齐治平的大原则上的争论。最可靠的证据是，当孔子批评了樊迟之后，樊迟并没有辩解，因为孔子说的那一套教学目标和教学内容，也是他所赞同的。为什么他不对自己的观点做进一步的申诉呢？那是因为他知道老师不愿有人对他的教学目标有丝毫背离。要把自己的想法到底是对这一目标的补充还是背离解释清楚，恐怕不是一时半会儿、三言两语就能说清的，所以他才会暂时保留自己的意见。

从这一角度看，樊迟的真正知音，不在孔子思想统治天下的封建时代，倒是在孔子思想受人质疑的民国时期。比如，极力推行乡村建设的梁漱溟、晏阳初等人，倒是樊氏的真正知音。梁漱溟在山东邹平搞的乡村建设，颇见成效，其生猪合作社、棉花合作社给邹平当地人民带来的福祉至今仍令人怀念。梁漱溟、晏阳初等人也可以说是学稼学圃者，不过不是为己，而是为人，为国，是为了闯出一条教育救国、科学救国的新路来。这条路虽因外敌入侵和政治动荡而一度中断，但在和平年代，特别是改革开放以来，各种各样的农业经济体层出不穷，这似乎表明樊迟的理想及梁漱溟、晏阳初等人的乡村建设理论又找到了更多的新的传人和发展方向。

《论语》趣读四十五

樊迟是个好学而勇敢的青年

孔子多次称赞颜回好学，但《论语》中却鲜见颜回好学的故事；孔子也曾教导子路“知之为知之，不知为不知”，但也很少见子路真诚求知的故事。倒是在樊迟身上，人们可以看到勤学好问、认真求知的生动体现。

比如，《论语·为政》篇“孟懿子问孝”一章即提到樊迟。

孟懿子问孝。子曰：“无违。”

樊迟御，子告之曰：“孟孙问孝于我，我对曰，‘无违’。”樊迟曰：“何谓也？”子曰：“生，事之以礼；死，葬之以礼，祭之以礼。”（《论语·为政》）

孟懿子何许人也？他与季孙氏一样，也是“三桓”子孙，是掌握鲁国命运的实权人物。此人问孝，孔子只答以“无违”二字。谁无违？无违什么？都没说。据说孔子答问往往根据提问者的身份、心理、禀性给以不同的回答。即以问孝而论，确实同问不同答。为什么孔子会答孟懿子以“无违”？大概孟懿子是心知肚明的。但对樊迟来说，这个回答就太简略了。他弄不明白，所以问：“何谓也？”孔子告诉他，对孟懿子来说孝的要点在于不违礼。因为对权势者来说，违礼、僭越是常有的事，而违礼则是对孝的灵魂——敬的反动。

总之，孔子之答确实有太多的弯子、太大的跳跃，一般人是不易明白的，经樊迟这一问，人们才会明白其中的奥妙。

“何谓也”三字，活画出了一个似乎有点憨厚的真诚求知者的形象。读读下面一章，这一形象则会更为生动。

樊迟问仁。子曰：“爱人。”问知（“智”的古体字）。子曰：“知人。”

樊迟未达。子曰：“举直错诸枉，能使枉者直。”

樊迟退，见子夏，曰：“向也吾见于夫子而问知，子曰：‘举直错诸枉，能使枉者直’，何谓也？”

子夏曰：“富哉言乎！舜有天下，选于众，举皋陶，不仁者远矣。汤有天下，选于众，举伊尹，不仁者远矣。”（《论语·颜渊》）

樊迟是个老实人，达则达，不达则不达，知则知，不知则不知，绝不会不懂装懂。他表现出自己的迷惘并进一步请教孔子，这才有了进一步的回答：“举直错诸枉，能使枉者直。”这就似乎为“知人”指示了方向、途径、范围。深入思考，这话确实指出了“知人”的功效、好处，同时也暗示了“知人”的一个重要方法，即多向正直之人请教、学习，自己在认识、行动上的“枉”也会慢慢去掉。

但这样理解毕竟离“智”的距离还是太远，理解起来仍有困难。所以樊迟遇到子夏时又进一步向子夏请教。子夏举的两个例子说的正是“举直错诸枉”的好处与知人方法。“不仁者远矣”恐怕不只说的是不仁者远去了，还指不仁的品德去掉了。这样樊迟才豁然开朗，弄清楚了“智”的问题。

《论语》中，樊迟共出现在6章，都是讲他好学好问的事（学稼也是一种问）。他不仅不懂就问，被动提问，而且懂了还问，主动提问。所谓“懂了还问，主动提问，”是说对于一些重要问题，明白了其中的一个方面，他还想深入地理解其他方面，所以对于同一问题，他往往多次发问，反复提问，比如，对“仁”和“智”这些大问题他就问过多次。

樊迟问知（“智”的古体字）。子曰：“务民之义，敬鬼神而远之，可谓知矣。”

问仁。曰：“仁者先难而后获，可谓仁矣。”（《论语·雍也》）

樊迟问仁。子曰：“居处恭，执事敬，与人忠；虽之夷狄，不可弃也。”（《论语·子路》）

三次问“仁”，同问而不同答，这说明后面之问并不是前面的简单重复，而是各有侧重。从孔子所答可以看出，“仁者爱人”是指仁的本质；“仁者先难而后获”是说樊迟修养仁德的起点；仁者“居处恭”是说行仁的途径。正因如此，也有人把“居处恭”一章解为问行。子张问行，孔子也回答过大致相同的话。

另一个证据即是同样是属于“问仁”的问题，因牵涉的问题太具体，所以《论语》中有这样一章：

樊迟从游于舞雩之下，曰：“敢问崇德、修慝、辨惑。”子曰：“善哉问！先事后得，非崇德与？攻其恶，无攻人之恶，非修慝与？一朝之忿，忘其身以及其亲，非惑与？”（《论语·颜渊》）

毫无疑问，崇德、修慝、辨惑还是“仁”和“知”的问题。这说明樊迟之问不仅多而勤，而且能联系自己的实际问题发问，把学与思、知与行结合了起来，这才是真正的好学！

据《史记》记载，樊迟比孔子小三十六岁，是孔子周游列国返鲁后的后期弟子之一。孔子返鲁时为哀公十一年，是年孔子六十八岁，樊迟不过三十岁出头。就在这一年齐侵鲁，樊迟以一个年轻军官的身份参加了自卫反击战。当齐军打到鲁国边境东阿时，掌握鲁国军政大权且拥有重兵的“三桓”子孙都不愿参战，只有当时为季氏宰的冉有极力主战。这样，战争就在鲁之北郊展开。开战时，冉有为鲁军左军主帅，樊迟与冉有同车且为冉有车右。大军开至一个壕沟前，士兵却不愿越沟作战。樊迟对冉有说军队并非不愿越沟作战，只是对季氏参战的决心有疑，是不信任冉有，请再三申明号令然后冲过沟去。冉有照他的话做了，大家就都跟着过了沟。冉有率左师攻入齐军，齐军最终失败。开战前，季孙氏还担心樊迟年弱，没想到这个年轻军官却如此有胆有识，有勇有谋，所以很喜欢他，樊迟也因此甚得孔子的喜爱。也许正因如此，战后樊迟便成了孔子的入室弟子，常陪侍孔子左右，有时还为孔子驾车。算起来，樊迟随师学习的时间约有六年，在这六年中他提问很多，进步飞快，所以他才会有强烈的不满足感，希望有所突破，有所创新。况且，他又是一个很注重事功的战士型的学人，不同于子夏、子游等偏重学问的后期孔门弟子，所以才更关心国计民生之类的大问题，有了学稼学圃的要求。尽管因此被孔子骂为“小人”，但这并不能说他背叛了师门，或从此就受到了孔子的冷落。要知道，孔子是对学生爱之切也骂之甚的，这叫恨铁不成钢。

《论语》趣读四十六

有若：孔门后进中的理论黑马

有若（有氏，名若，字子有，世称“有子”）是孔子自卫返鲁后招收的弟子，属孔门后进中的佼佼者。据说，孔子去世后，弟子们心中都似乎空了好大一块，急于找一个新的“偶像”来填补，不少人因有若相貌、言语、做派都颇像孔子，就让他坐在如同孔子的位置上，向他请教。

有若之所以会在孔门后进中拥有“龙头老大”的地位，除因前辈师兄颜回、子路已死，而子贡、冉有等人都很忙，且他在后进中稍稍年长一点之外，他的才气及传奇经历所带来的明星效应也是一个很大的原因。

据《左传》记载，哀公八年，吴侵鲁，从费县西南之武城一直打到曲阜城东之泗水。鲁大夫微虎想在晚上攻打吴王的住所，就在他所属的部众中挑选“敢死队员”，挑选的方式是让应选者在庭院中连跳三次（“三踊于幕庭”），及格者应选，这样从七百人中选出了三百人，而有若就在这三百勇士之中。队伍行进到曲阜之稷门，有人对季孙说：“这些人不会对吴国造成多大伤害，反而会损失许多勇士，不如停止行动。”季孙于是取消了这次行动。吴王听说这件事后，一夜搬了三次住所，不久即与鲁国讲和而退兵。

有若“三踊于幕庭”当选“敢死队员”时，正是一个生命力旺盛的小伙。战争结束后，他也许正是凭着“勇士”的光环而大获孔子的赏识，甚至在朝廷中也出了名，后来连鲁哀公也曾问政于有若。

哀公问于有若曰：“年饥，用不足，如之何？”

有若对曰：“盍彻乎？”

曰：“二，吾犹不足，如之何其彻也？”

对曰：“百姓足，君孰与不足？百姓不足，君孰与足？”（《论语·颜渊》）

这段对话，今天读来仍有些黑色幽默的味道。读者的思路大都会按照哀公提出的问题运行，思考“用不足”该如何办。一般来说，财政用度不足，不外开源、节流二法，而有若之对，简直答非所问，既不谈开源，又不涉节流，而是谈节源，即减少税收，由二而一。这不是开玩笑吗？不是胡闹吗？然而若是站在鲁国之大局角度，特别是鲁国百姓的角度看问题，则应该承认，有若之对恰恰是正对，是真正关乎国家长治久安的治国良策。“年饥，用不足，如之何”之问，本就关乎两方，一为朝廷，一为百姓，但百姓的危机更重，问题更紧迫。因为年景不好，庄稼欠收，对广大以农为业的民众来说，这危机是致命的，他们将要面对的是为了生计不得不流离失所、卖儿卖女、饿死沟渠，甚至铤而走险、啸聚抢劫。这样一来，就会社会动荡、天下大乱。对比而言，朝廷的“用不足”，不过是少点过度消费，少点锦上添花而已。

因此，有若之对是解决最为紧迫的民生困境的不二良策。“去二而彻”，实即减轻赋税、与民休息、放水养鱼、深根固本。这是对孔子“施取其厚，事举其中，敛从其薄”理论的具体而灵活的运用。试观几千年的中国政治，凡政治清明、可称为盛世的年代，如文景之治、贞观之治、开元盛世、康乾盛世之类，其基本的政治举措无他，就是有若所说的轻徭薄赋、休养生息之法。相对的，百姓揭竿而起，多是因为负担太重，统治者涸泽而渔、杀鸡取卵，民不堪命、民不畏死，天下非乱不可。

认真思考，有若也没有忽略哀公的问题，“去二而彻”，百姓富足，国基安稳，国君也就可以安享富贵尊荣，不会有“虽有粟，吾得而食诸”的麻烦，只不过女色略少了几个、美味略去了几碟而已，无伤大雅。

有若答哀公问时，位不高、权不重，之所以能答得如此机智大气，缘于他对真理的坚信。这一答，也充分显示了他在孔门后进中作为一个颇具理论创造力的青年才俊的风范和气度。

说起来，有若在《论语》中出现的次数并不多，共四次，除“答哀公问”一章外，其余三章均出现于《论语·学而》篇中。出现次数虽不多，但理论含量却很重。比如：

有子曰：“其为人也孝弟（同“悌”），而好犯上者，鲜矣！不好犯上，而好作乱者，未之有也。君子务本，本立而道生。孝弟也者，其为仁之本与！”（《论语·学而》）

孔子多次谈到“孝悌”，但大都是答弟子问之类的散章片段，并没有系统性的论述。有若此论可能是根据孔子讲课记录及个人感悟而发，是对“孝弟”在整个仁学系统中的功能、地位的完整论述。初读此章，笔者感到这可能是中国历史上最短小、最完整的一篇学术论文。此文省略了引论部分，但由于本论和结论部分都很完整，因而“孝弟乃为仁之本”的论点鲜明，论证有力（既有事实论据——其为人孝悌则不犯上，不作乱，又有理论论据——君子务本，本立而道生），显示了有若作为一个理论家的归纳概括能力和推理能力。

论“礼之用”一章也是一篇很完整的小论文：

有子曰：“礼之用，和为贵。先王之道，斯为美，小大由之。有所不行，知和而和，不以礼节之，亦不可行也。”（《论语·学而》）

值得注意的是，此文充满了辩证意识，反对绝对化，提醒人们要注意一种倾向可能掩盖着另一种倾向。

礼起源于原始巫术仪式，是社会政治、文化的规范、仪式，其基本作用在于区别尊卑贵贱，安定社会秩序，规范人的行为，调节人际关系。尊卑贵贱区已别矣，但不应造成阶层对立；视听言动节已调矣，但不应生机荡尽、死气沉沉。所以孔子认为礼之别、礼之节应造成一种中庸之境。但此境是什么样的，孔子一直没有说明，说透。有若拈出一个“和”字概括此境，真是再恰当不过。“和”即和谐、和乐、和美，是“君子和而不同”。这真是“礼”的最高功效，先代圣王的“治道”最可宝贵的地方就在这里，大事小事都遵循这一原则。

有若的贡献还不只在这里，他更值得重视的理论贡献在于他注意到了一种倾向可能掩盖另一种倾向，事物向极端推演可能带来“过犹不及”的恶果。比如，为了和谐、和乐而无原则地迁就、姑息，都会失和而走向反面。所以有若强调：“有所不行，知和而和，不以礼节之，亦不可行也。”

中庸的灵魂在于适度，对“度”的寻找与把握就成了理论和实践的难题。如果说“和”是礼之用的“度”的话，那么以下这章则分别谈到了信、恭、因的“度”：

有子曰：“信近于义，言可复也。恭近于礼，远耻辱也。因不失其亲，亦可宗也。”（《论语·学而》）

信有大信、小信之分，贞谅之别，分别的界线在哪里？孔子只是说过“君子贞而不谅”，但并未明白点出“贞”与“谅”的根本区别。有若此论，则把这种区别讲清楚了。他认为，只有那些近义之信，即符合社会之公平正义的信誓、诺言，才可以坚定地去践行；如果与此无关，甚至违背社会的公平正义，那么就不必斤斤计较于“言必信，行必果”了。由此，人们也可以明白为什么孔子会认为管仲不为公子纠死并投靠齐桓公是为仁了。

孔子说过“恭而无礼则劳”，那是从否定的角度谈论恭应有的“度”。有若认为“恭近于礼，远耻辱也”，则是从肯定的角度找到了恭的“度”。子游也说过：“事君数，斯辱矣；朋友数，斯疏矣。”“数”即是过度，恭而违礼。因此，有若此论也可看作对子游之论的更为简洁的表达。

周公谓鲁公曰：“君子不施其亲，不使大臣怨乎不以。故旧无大故，则不弃也。无求备于一人。”（《论语·微子》）

子曰：“恭而无礼则劳，慎而无礼则葸，勇而无礼则乱，直而无礼则绞。君子笃于亲，则民兴于仁；故旧不遗，则民不偷。”（《论语·泰伯》）

有若认为“因不失其亲，亦可宗也”，可以说是对周公、孔子理论的进一步发展。

有若不仅有极强的理论概括能力和表达能力，也有极强的理论辨析能力。《礼记·檀弓上》中“有子之言似夫子”的故事，就是对他这种理论辨析能力的生动说明。

有一次，有若问曾参：“你向老师请教过一个人失去官位该怎么办吗？”曾参说：“老师说过：‘失去官位要快些贫穷（丧欲速贫），死了以后要快快腐烂（死欲速朽）。’”有若说：“这不是君子说的话呢！”曾参以亲耳听老师说过此话进行辩解，并说子游等众人也一起听过这话作为回应。有若接着应答：“即使这样，老师的话一定是另有所指。”后来，曾参将这话告诉了子游，子游听了之后说：“有若的话真像夫子说的。以前夫子在宋国，看到桓司马用石头做外棺，三年未成，便说这样奢侈不如死而速朽。夫子听说南宫敬叔失去官位后，总是带着宝物入朝行贿，便说这样还不如丧而速贫。”

曾参不解有若为什么会认为孔子的话是有所指，有若告诉他：“我听人说过，夫子做中都宰时定下过棺椁的规模、尺寸，可见并不要人死而速朽；夫子失去鲁司寇的官位后，将去楚国，就先叫子夏、冉有去接洽，可见并不欲丧而速贫。”

有若有着自己独立的理论坚守和敏锐的判断力，不迷信权威，不随风摇摆，勇于坚持真理，修正错误，这才是一位理论大家的风范。读过这个故事的人一定会相信，有若就是这样的理论大家。

有一年夏季笔者外出闲逛，于曲阜沂河北岸、舞雩台之东，发现了有若之墓——一块石碑而已，周围是高入云天的白杨和深可没膝的荒草，心有戚戚焉。曲阜文化名人太多，有若受些冷落也是情有可原的。叫人不解的是，有若才华应远超后进诸人，其传道成就却远不如曾参、子游，是因未得天年？还是因忙于从政？诚望专家指教。

《论语》趣读四十七

参也鲁，其言迂

在《论语》中，孔门弟子被称为“子”者不多，像有若、闵损、冉有只是偶尔被称为“子”，曾参则不同，每当他出现都以“曾子”称之。由此，有人认定，《论语》一书主要是由曾门弟子主编的。

曾参弟子掌握多大的编辑权无法考证，不过可以肯定的是，有关曾参的言论，为其弟子编辑。这“曾参集”的一个最大特点就是真实，不溢美，不隐恶，原汁原味、原模原样地保留了曾参的面目。比如，孔子对曾参的评价“参也鲁”，就原封不动地保留在了《论语》中。

何谓“鲁”？一般解释为迟钝：一为迟，即反应慢，做事总是慢半拍；一为钝，感觉不够敏锐，理解肤浅，说话说不到要害处。同时，这钝中还有做事刻板、不够灵活之意。也有人认为，“鲁”是“质胜文也”。但一枝鲜花，把枝叶全部去掉，只剩下光秃秃的花朵，质则质矣，却也失去了花之特性。验诸曾参的言行，确有不少迟钝、刻板、迂挚之处。他的一些话，虽是重述孔子之言，但由于未能理解孔子思想之精髓，且往往芟除枝叶，只剩主干，所以与孔子之意相背者亦不少。

比如，《礼记·檀弓上》中的“有子之言似夫子”一文，就很具体而生动地刻画出曾参之鲁。“丧欲速贫，死欲速朽”本来是孔子针对具体的人和事所发的牢骚，说的反话，却被曾参死记硬背下来当作具有普遍性的真理。当受到有若置疑“是非君子之言也”之后，还要以“参也与子游闻之”强辩，这真是有些迂得可笑。

“吾闻诸夫子”是曾参言论中的常见语式，这恰恰体现出了他的不自信和心虚，总想抬出夫子这个权威为自己壮胆。由于这样的话本身就包含着一种不自信，所以“闻诸夫子”的话倒可能多是断章取义、大可怀疑的。比如：

曾子曰：“吾闻诸夫子：人未有自致者也，必也亲丧乎！”（《论语·子张》）

曾子曰：“吾闻诸夫子：孟庄子之孝也，其他可能也，其不改父之臣与父之政，是难能也。”（《论语·子张》）

孝之本质在敬，在养，在于使长辈身心健康、生活愉快。但这一切又必须以不违礼，不逆天为前提。如有违礼、逆天之处，孔子也主张“事父母几谏。见志不从，又敬不违，劳而不怨”。孔子还多次谈到，事君能谏诤才谓之忠臣，事父能谏诤才谓之孝子。所以孔子反对盲忠盲孝、愚忠愚孝，反对对父母无原则地迁就和顺从。以孟庄子之事来说，夫子之言只是对孟庄子性格的客观陈述，曾参在重述时大加赞赏，似乎把孟庄子行为说成了应普遍遵循的原则。这样一来就不对了，所以后来不少学者对曾参此论持批评意见。比如，有人说："三年无改父之道，何来禹功？"是呀，禹父治水用堵，大禹治水用疏。不改父之道，何来禹功？再如，有人说："父之臣与政，有善有恶，恶而不改，是显父之恶。"而"显父之恶"，则为大不孝。据说，曾参是大孝子，有一次锄地，不小心锄断了几棵瓜苗的根，其父曾点大怒，拿个大杖把曾参打了个半死。可是事后曾参还要向其父道歉，且弹琴唱歌以表示自己健康快乐，让曾点放心。此事被孔子知道后，把曾参狠狠骂了一顿，并教导他要向舜学习，小杖则受，大杖则逃，否则就是"显父之恶"。

如果说在孝的问题上曾参盲目为孔子背书，不知变通的话，那么他在人之自致问题上的鹦鹉学舌，同样也走了样。一般认为，"人未有自致者也，必也亲丧乎"可译作人不可能充分、自动地发挥感情，如果有，一定是父母死了的时候。这是一个心理学上的命题。孔子不是心理学家，他只是凭自己的人生经验感悟到这个命题而已。但为什么"人未有自致"，不会充分、自动地流露、发挥自己的感情？孔子并没有回答。现代心理学则解开了这个难题。依据弗洛伊德的理论，人的本能、欲望可称为"本我"，这个"本我"要受听命于现实原则的"自我"和听命于理想原则的"超我"管制，所以一直被压抑于无意识领域。只有管制放松，"本我"才会进入意识领域，并借语言表达出来，于是在人的梦境、幻觉或热昏的谵妄之语中，这个"本我"都会现身。另外，有些被"自我"和"超我"管制较松弛的地方，这种本能、欲望、自然感情也会不自觉地流露，最典型的就是当人处于极度悲痛或极度危险之中时，都会呼天抢地，难以抑制自己的悲伤或恐惧。可见，"人未有自致"之处还有很多，孔子只是以亲丧为例说明这种现象，并未将亲丧作为"自致"的唯一。曾参为孔子背书，强调"必也亲丧乎"，强调唯一，这就不科学了。

子曰："不在其位，不谋其政。"

曾子曰："君子思不出其位。"(《论语·宪问》)

这一章"子曰"与"曾子曰"并列，似乎是曾参在接着说或为孔子作注释。但无论是接着说还是帮着说，都与孔子之说相背。"不在其位，不谋其政"中的"位"指政位、职位，在其位谋其政为尽职，不在其位而谋其政为越权，所以孔子说得很中肯。曾参说的"君子思不出其位"这话也是有来头的，出自《周易·艮》。“《象》曰：兼山，艮。君子以思不出其位。”艮卦，艮为山，一卦上下，都是山，因而说“兼山”。山高险且不动，故为险，为止，两山相连，静止不动，象征险阻重重，因此君子观此卦应想到语言谨慎，谋事不超越权限。

孔子的话是叫从政者尽职而不越权，曾参的话则是叫君子言行谨慎；一个说职不越位，一个说思不出位。两人的说法有点拧，很难说是相辅相成：第一，从政者未必是君子；第二，君子未必有位，所以“思不出其位”的话就落空了。君子无位，“……则天地之大，万物之夥，皆宜穷极其理。故好学深思，无所不思，思用其极。程子曰：‘能思所以然，是天下第一等学人。’盖学人与有位正相反也，学者慎勿误会。”康有为在《论语注》中这样说。

曾参性偏保守，重修身守约，谨言慎行，故对积极进取者往往看不惯。比如，对有些激进的子张，曾参就曾大加指责。

曾子曰：“堂堂乎张也，难与并为仁矣。”（《论语·子张》）

在孔门后进中，子张是最为才华横溢的弟子，孔子认为其可比颜回，甚至认为“师之庄贤于丘”。曾参所说的“堂堂乎张也”，指子张容仪庄严大方。但子张并非拒人于千里之外之人，关于交友，子张就不认同子夏所主张的“可者与之，其不可者拒之”的“半关门”主义，而主张“尊贤而容众，嘉善而矜不能”的宽容精神。这样的人怎么就“难与并为仁”呢？

有谚曰：“狐狸吃不到葡萄便说葡萄酸。”曾参此言就颇有点酸味。

更为可笑的是，曾参因性偏保守、气量较狭，往往将他人的宏大之论强行装入自己狭小的笼子中，造成削足适履的闹剧。比如，他对孔子一以贯之的大道的理解就很受人诟病。

子曰：“参乎！吾道一以贯之。”曾子曰：“唯。”

子出。门人问曰：“何谓也？”曾子曰：“夫子之道，忠恕而已矣！”（《论语·里仁》）

孔子之道是什么？大同理想也，仁爱之道也，中庸之道也。此道虽至高至大，但又极亲近易行，“仁远乎哉？我欲仁，斯仁至矣”。故有若从为仁之初阶入手，认定“孝弟”乃为仁之本；子贡从为仁之底线入手，认定“恕”可作为终身奉行的原则；颜渊问“仁”，孔子告之以“克己复礼”；

仲弓问“仁”，孔子告之以敬、恕、无怨，如此等等。“孝弟”“忠恕”“忠信”等都是孔子之道的一部分，也是进入此道的门径，但不可以部分代表全体、以门径代表大道。曾参认为孔子之道为“忠恕”，实乃以偏概全，并不可取。

曾参在孔门后进中应属小弟，其周围可谓群星灿灿、人才济济。他那时还有些“鲁”，讲话做事较为刻板。但“鲁”人常做事认真，以勤补拙，倒是担当了传道的大任，弟子成群。据说，《论语》即主要为曾门弟子所编辑，成书时，曾参已作古，来不及审定稿件，所以一些偏执之语都原封不动地保留了下来。自《论语》成书以来，已有不少学者指出过曾参言说的不足，本文也专在指玷。相信这不会抹杀曾参的功劳，反而会因拭去了灰尘而使这颗明星更亮，更可爱。

《论语》趣读四十八

曾子的启示：愚者之智与弱者之强

笔者在写完《参也鲁，其言迂》一文后，忽觉心有所动：如此直言不讳地批评前贤，是否不够厚道？是否言之有据？即使存心忠厚、言之有据，自己不该从中悟到点什么吗？起码也应想想，自己在阅读时是否也会犯曾参年轻时曾犯的错误？比如，对孔子所说的“参也鲁”这样的话，自己是否仅有皮相的了解，而并未能领悟其深意？

当思维徘徊不前时，还是回到原点吧！孔子是在什么样的情况下说出这样的话的？与这话有关的上下文或曰语境是什么？

关于孔子说这话的语境，起码有两点不应忽略：一是据司马迁记载，曾参小孔子四十六岁，孔子去世时，他还不过是个二十六七岁的毛头小伙，面聆孔子之教时，他还很年轻，处于脑子不知道拐弯、做事最较真的年纪；二是孔子说这话时，还说到了其他弟子。

柴也愚，参也鲁，师也辟，由也喭。(《论语·先进》)

有不少学者认为，下一章与此章实为一章。

子曰："回也其庶乎！屡空。赐不受命，而货殖焉，亿则屡中。"(《论语·先进》)

尤其应该注意的是，以上两章所在的《论语·先进》篇，基本内容都是对孔门优秀弟子的评价。如第三章谈"孔门十哲"，第四、七、八、九、十、十一章谈论颜回，第五章谈闵子骞，第六章谈南容，等等。

可以肯定的是，孔子将先进与后进的诸弟子作对比评价时，一定是其晚年居鲁时的事。那时，孔子虽名为国老，实已投闲置散，是够郁闷的。唯一能让他高兴的是弟子们英才辈出，斐然成章。孟子说过君子最快乐的三件事之一是"得天下英才而教育之"。孔门弟子人才济济，很让老夫子高兴，所以会不自觉地显摆显摆。同样可以肯定的是，能进入孔子法眼并被孔子提到的都是杰出之辈，即使有所批评，也是对白璧微瑕的批评。这样的批评也是赞扬、鼓励。孔子知道，每个人的优长和缺陷都是天然一体的，比如，孔子说过"由也果"，但这果中也有野，有莽。孔子极喜欢子路，但他对子路的批评也最严厉。所以，孔子有所批评也是他爱学生的一种方式。明乎此，应该知道"参也鲁"一句，置入"柴也愚"全章及《论语·先进》全篇之中，就应不仅是一种理智判断，更是一种情感表达。仅就理智判断而言，这"鲁"既指鲁钝，也指鲁直、强韧，如果再结合《论语》全书中对曾参的描写，则鲁中有钝，也有刚、直、韧的判断就会明确起来。比如，《论语·学而》篇第四章就有记载。

曾子曰："吾日三省吾身：为人谋而不忠乎？与朋友交而不信乎？传不习乎？"(《论语·学而》)

这应是曾参青壮年时说的话，是对自己人生修养的一种督责，一种承诺。效果如何？承诺是否兑现？《论语·泰伯》篇给出了肯定的回答。

曾子有疾，召门弟子曰："启予足！启予手！《诗》云：'战战兢兢，如临深渊，如履薄冰。'而今而后，吾知免夫！小子！"(《论语·泰伯》)

曾子有疾，孟敬子问之。曾子言曰："鸟之将死，其鸣也哀；人之将死，其言也善。君子所贵乎道者三：动容貌，斯远暴慢矣；正颜色，斯近信矣；出辞气，斯远鄙倍矣。笾豆之事，则有司存。”（《论语·泰伯》）

这可以看作曾参晚年对自己人生的总结。孔子教导学生视、听、言、动都不要违礼，曾参则进一步领会到君子对自己的容貌、颜色、言辞也应一丝不苟，以合乎恭敬、忠信、正直的标准。这样做当然很累，但绝不能因苦累而降格、放弃，这样才能日积月累、养成习惯、积小善为大善，最终修成正果。也只有这样，才可以无愧无悔地告别人世，得到人生的大休息。

下面《礼记·檀弓上》中记载的故事更感人。

曾子寝疾，病。乐正子春坐于床下，曾元、曾申（曾子的两个儿子）坐于足。童子隅坐而执烛（坐在墙角，手拿蜡烛）。

童子曰：“华而睆，大夫之箦与（美好而光滑，这是大夫用的席子吧）？”子春曰：“止！”曾子闻之，瞿然曰：“呼！”（曾子吃惊地说：“啊！”）曰：“华而睆，大夫之箦与？”曾子曰：“然。斯季氏之赐也，我未之能易也。元，起易箦（曾元，快扶我起来，换掉这席子）。”曾元曰：“夫子之病革矣（重了），不可以变，幸而至于旦，请敬易之。”曾子曰：“尔之爱我也，不如彼（指童子）。君子之爱人也以德，细人之爱人也以姑息。吾何求哉？吾得正而毙焉，斯已矣（我能够合乎正礼而死去，就行了）。”举扶而易之。反席未安而没（大家动手扶他起来换掉了席子。重回席子后还未躺好，曾子就死去了）。

这真是深入骨髓的刚正、虔敬、诚恪、一丝不苟。这里带着点令人敬畏的“迂”和“鲁”。

也有不少人对曾参的这种谨小慎微、一丝不苟表示不满，认为君子都这样斤斤计较于绿豆芝麻样的小事，何以成大器！他们认为曾参的下列豪言壮语才能代表儒家真精神：

曾子曰：“以能问于不能，以多问于寡；有若无，实若虚，犯而不校，昔者吾友尝从事于斯矣。”（《论语·泰伯》）

曾子曰：“可以托六尺之孤，可以寄百里之命，临大节而不可夺也，

君子人与？君子人也。”（《论语·泰伯》）

曾子曰：“士不可以不弘毅，任重而道远。仁以为己任，不亦重乎？死而后已，不亦远乎？”（《论语·泰伯》）

据朱熹在《论语集注》解释：“弘，宽广也。毅，强忍也……程子曰：‘弘而不毅’则无规矩而难立；毅而不弘，则隘陋而无以居之。”可见，宏大志向、刚健人格同样离不开对礼的恪守与虔敬，离不开日复一日、年复一年的坚持，离不开生命的韧性。

曾参就是一个既弘且毅的贤者。“弘”在哪里？弘在传扬孔子之道上他是一个承前启后、继往开来的重要人物。据说，孔子之孙子思（孔伋）曾师事曾参，而孟子又师事子思之门人，子思与孟子之学派被后人称为思孟学派，并认为此派才最得孔子思想之精华。另外，相传《大学》出于曾参，《中庸》出于子思，此二书合《论语》《孟子》而为四书。孔子以下，奉颜回、曾参、孔子思、孟轲为“四配”。如此看来，曾参之事业、声望真可谓弘矣、大矣。

从一个有点迟钝、迂挚、刻板且谨小慎微的学子，成长为一个创派立说、泽被千秋的儒学圣哲，这正显示了愚者之智与弱者之强。

曾参的人生历程可以给后人诸多启示。王国维认为世上成大事业、大学问者，必经历三种境界：“‘昨夜西风凋碧树，独上高楼，望尽天涯路。’① 此第一境也。‘衣带渐宽终不悔，为伊消得人憔悴。’② 此第二境也。‘众里寻他千百度，蓦然回首，那人却在，灯火阑珊处。’③ 此第三境也。”临第一境和第二境，既少不了“迂”，少不了“鲁”，也少不了认真，少不了上下求索的韧劲，即少不了曾参的精神。

① 晏殊词《蝶恋花·槛菊愁烟兰泣露》中名句。

② 柳永词《蝶恋花·伫倚危楼风细细》中名句。

③ 辛弃疾词《青玉案·元夕》中名句。

《论语》趣读四十九

柴也不愚

高柴，字子羔，据《史记》记载，他小孔子三十岁。据《史记·仲尼弟子列传》说："子羔长不盈五尺，受业孔子，孔子以为愚。"《论语》上说："柴也愚，参也鲁，师也辟，由也喭。"

高柴真的愚蠢或愚笨吗？果真如此，则与《论语》其他地方以及《左传》的记载相矛盾。比如，《论语》中提到：

子路使子羔为费宰。子曰："贼夫人之子。"

子路曰："有民人焉，有社稷焉。何必读书，然后为学？"

子曰："是故恶夫佞者。"（《论语·先进》）

"子路使子羔为费宰"发生在孔子为鲁司寇期间，那时子路作为孔子的重要助手当了季氏宰，正协助孔子"堕三都"，手中有点权，腰杆有点硬，所以才会"使子羔为费宰"，且敢于大胆顶撞孔子。

子路为什么要使子羔为费宰呢？从客观上说，那是因为费宰公山弗扰作乱逃跑，季氏想选择孔门弟子知名者继任，先是选了闵子骞。

季氏使闵子骞为费宰。闵子骞曰："善为我辞焉。如有复我者，则吾必在汶上矣。"（《论语·雍也》）

想不到闵子骞不干，子路这才自作主张推出了高柴。同样想不到的是，子路与孔子在这事上发生了矛盾。孔子认为高柴还年轻，需要学习，而子路则认为可以在干中学，边干边学。

高柴这时多大呢？应是个二十多岁的青年，跟比孔子小十五岁的闵子骞相比要年轻得多，且按孔子"三十而立"的说法，高柴还不到而立之年，当然需要学习。子路坚持要高柴为费宰，一定也有他的道理，他肯定是看出了这个小伙子的政治潜能和青年才气。还可以肯定的是，那时高柴在诸弟子中虽还年轻，但已经崭露头角了。

这样的青年不应是愚蠢或愚笨的。

高柴当成了费宰没有呢？《论语》中并未记载。但可以肯定的是，高柴任过武城宰、郈邑宰，还在卫国做过士师（狱官）。这样长期游走于官场的孔门弟子，肯定也不是个笨蛋。如果说这样的人“愚”的话，那么这“愚”也是超出常人智力水平的“愚”，是高智商的“愚”。

还应指出的是，当孔子说“柴也愚”时，可能已是他人生晚景的国老时期，以其人生修养来说，此时他已“从心所欲，不逾矩”。高柴也久经官场历练，当更为精明。比如，当卫国内乱时，孔子就断定子路会死在卫国，而高柴会活着回来，结果如孔子所料。这说明孔子看人很准，而高柴能于危难中全身而退，也是相当聪明、机智的。那么，这就产生了一个问题：以孔子如此明智之人，晚年为何还说“柴也愚”呢？

在讨论有关曾参的话题时，笔者认为孔子晚年是极喜欢谈论他的几个高足的，这样的谈论不仅仅是一种理智判断，更是一种情感表达。孔子对英才弟子的批评，实乃是对白璧微瑕的批评。这种批评，也是一种赞赏，一种鼓励。解读“柴也愚，参也鲁”这类批评，不应仅领会这些语句的日常生活意义，更应领会其中的情感意义、文化意义。比如，孔子说“由也喭”，即批评子路鲁莽。但这鲁莽却是与果断、勇敢、诚信相连的鲁莽，那么这个“喭”字置于日常生活中就应是“有一点鲁莽”“略显鲁莽”的意思。同样，“柴也愚”的“愚”，也不应仅理解为日常生活中语言的愚蠢、愚笨，而是与正直、方正相连的愚直，是“有一点笨拙”“略显笨拙”的意思。

这样理解对吗？对。这正符合孔子的语言风格，也正符合高柴的人格特点。

卫孔圉取大子蒯聩之姊（孔圉妻，即伯姬氏），生悝……。大子在戚（因得罪其父卫灵公出逃），……适伯姬氏……。迫孔悝于厕，强盟之，遂劫以登台……。奉卫侯辄来奔（卫出公逃往鲁国）。季子（子路）将入，遇子羔将出……。子羔曰：“弗及，不践其难（不要去，不必去遭遇内乱之难）。”季子曰：“食焉，不辟其难。”子羔遂出。子路入，……孔子闻卫乱，曰：“柴也其来，由也死矣。”（《左传·哀公十五年》）

钱穆在其《孔子传》中说：“子路时为孔悝之邑宰，孔悝见劫，故往救之。孔子固不予辄之拒其父，然蒯聩之返而争国，孔子亦不之许。子羔为辄远臣，并不预闻政事，孔子知其不反颜事蒯聩，必能洁身而去。”

那么，当蒯聩发动政变，卫出公辄已逃走之时，卫国必已戒严，凡卫出公之旧臣必在严加防范之列。高柴又是如何逃出卫国并洁身而去的呢？

据说，高柴在卫为士师，刖人之足。蒯聩之乱时，高柴逃到城门口，守门者恰是当年被刖之人。刖者对高柴说："旁边有豁口，你可从那里逃走。"高柴说："君子不逾。"刖者又说："旁边有个墙洞，你可从那里逃走。"高柴说："君子不遂。"刖者又说："这里有间屋子。"高柴就躲了进去。事后，高柴说："当年我不能亏法而刖了你的足，如今正好是你报怨之时，你却三次让我逃走，为什么呢？"刖者说："我有罪当断足，不怨你。且当年临刑时见你很难受，知你有君子之心，所以今天才会这样做。"

危难之际，命悬一线，但仍要严守君子之道，"不逾（不跳墙）""不遂（不钻洞）"、不苟且偷生，这在常人看来是有点"愚"。但这"愚"中显示出的正直、方正、诚信确也使人敬畏，这正是君子所拥有的超越性人格。

《孔子家语》中记载，高柴"自见孔子，出入于户，未尝越履。往来过之，足不履影。启蛰不杀，方长不折。执亲之丧，未尝见齿（父母丧事期间未曾有过笑脸）"。连影子也不践踏，不杀蛰伏刚醒的虫子，不攀折正在生长的草木，这真是有些宗教般的虔诚了。这份虔诚在一般人看来也许有些"愚"，有些"迂"，但这"愚""迂"中确也有一种超凡脱俗的力量。

孟子认为"富贵不能淫，贫贱不能移，威武不能屈"，才能称为大丈夫。而要成为有此浩然之气的大丈夫，就必须先有高柴那样的愚劲儿和曾参那样的鲁劲儿。

尤其令人钦佩的是，具有这样的愚劲、鲁劲者，并不在少数。孔门弟子中具有这样的不淫、不移、不屈之大丈夫人格者大有人在，是成群出现的。

比如，颜回，身处陋巷，箪瓢屡空，但习道志学，不改其乐。

比如，子路，卫国内乱时，明知危险，但坚信食人之禄，赴人之难，临死还不忘"君子死，冠不免"，系好帽缨后从容赴死。

比如，原宪居住在鲁国，"环堵之室，茨以生草，蓬户不完，桑以为枢而瓮牖，二室，褐以为塞，上漏下湿"（《庄子·杂篇·让王》），但仍正坐而弦歌。

比如，澹台灭明，“行不由径”，非公事不入卿、大夫之门。

比如，言偃（子游）和宓不齐（子贱），他们都笃信“君子学道则爱人，小人学道则易使也”，或为武城宰，或为单父宰，治邑虽小，但谨遵师教，弦歌而治，民俗大化。

鲁迅先生说过：“我们从古以来，就有埋头苦干的人，有拼命硬干的人，有为民请命的人，有舍身求法的人，……这就是中国的脊梁。”这些“中国脊梁式”的人物都有些“愚”，有些“鲁”。这也许就是我们民族生生不息的奥秘。

《论语》趣读五十

师也辟，开新篇

颛孙师，字子张，春秋战国时期陈国人。据《史记》记载，他小孔子四十八岁，为孔子周游列国时招收的弟子，经历过陈、蔡绝粮之危，与孔子共过患难。

子张在《论语》中出现了20次（有学者统计为18次，那是因为把曾参与子游评价子张的两章没计算进去的缘故），远高于曾参、有若、子游诸辈。但如果集中读这些人的言论，笔者相信不少读者都会认为子张是孔门后进中最为出类拔萃者：论坦诚果敢，可比子路；论聪明好学，可比颜回；论言语锋利，可比子贡；论政治才能，可比冉有。他的优点太明显，缺点也太明显，而且二者紧连在一起，难解难分。比如，他聪明敏捷，但也锋芒毕露，不会谦退礼让；他做人做事坚决果断，但也有些高调，还不会藏拙养晦。所以，孔子说“师也辟”①。“辟”者，偏激也，激进也，如子路一样的“兼人”而不会退让也。

① 柴也愚，参也鲁，师也辟，由也喭。（《论语·先进》）

子贡问："师与商也孰贤？"子曰："师也过，商也不及。"

曰："然则师愈与？"子曰："过犹不及。"(《论语·先进》)

笔者认为这个"过"字，是对"辟"字的另一种解释。什么是"过"？什么是"不及"？所谓"过"，就是过分、过度，超过了一定的标准、原则或者是常理、常识所认定的范围、尺度。所谓"不及"，就是达不到一定的标准、尺度。有趣的是，《论语》中还真给出了这样的"过"与"不及"的例子。

子夏之门人问交于子张。子张曰："子夏云何？"

对曰："子夏曰：'可者与之，其不可者拒之。'"

子张曰："异乎吾所闻，君子尊贤而容众，嘉善而矜不能。我之大贤与，于人何所不容？我之不贤与，人将拒我，如之何其拒人也？"(《论语·子张》)

"交"者，交往也，与人交接之道也，既包括交友，也包括泛交。有学者译为交友，是不妥的。交友之"交"，多用"友"或"友于"代替，比如，"无友不如己者""友于兄弟""匿怨而友其人"。如果弄清了这个"交"字的含义，也就意味着明确了标准、尺度。那么，人们就可以看出，子张与人交接，是高调的、极为宽大的，贤者、不肖者、善者、不能者，都在可交往之列。这门槛太低，交往必然是过多过滥，泥沙俱下，鱼龙混杂，对君子之修身治学来说并无好处，是之谓"过"。子夏则显得太矜持，门槛太高，且这"可"与"不可"的标准，全在乎一己之喜好，这标准就大成问题了。即使有了客观标准，如孔子所说的"无友不如己者"，这也不成，也会走上"关门主义"的道路。正如有人所说，"你不友不如己者，强于你者也不友你"。这样哪儿还会交到朋友啊？

据蔡邕说："子夏之门人问交于子张，而二子各有所闻乎夫子。然则其以交诲也，商也宽，故告之以距人；师也偏，故告之以容众。"(程树德：《论语集释》)

宽者，宽厚也，温和也。此等性格与人交则不忍拒人，不敢拒人。然无所拒绝，即无所选择，就会失交人之本，不可能有深交的朋友，这也是一种"不及"。偏者，偏激也，锋芒太露也。此等性格与人交，必择友太严，也是一种"过"。孔子本想以"拒人"和"容众"二法分别告诉子夏和子张，以使其纠偏。想不到二人由一个极端跳向了另一个极端，终难贴近中庸，还是落入“不及”或“过”之中。

如何理解子张既偏又宽的矛盾？大概子张年轻时表现于偏，年壮时表现于宽；实际操作中可能偏，理论宣传上则可能宽。

子张问崇德、辨惑。子曰：“主忠信，徙义，崇德也。爱之欲其生，恶之欲其死；既欲其生，又欲其死，是惑也。‘诚不以富，亦祇以异。’”（《论语·颜渊》）

子张与孔子的这场问答，无疑发生在子张的年轻时期。孔子教学因材施教，对同样的问题也会根据学生不同的个性给予不同的回答。比如，同样是答“辨惑”，答樊迟曰：“一朝之忿，忘其身以及其亲，非惑与？”这是告诫樊迟不要感情用事，而要遇事冷静。答子张曰：“爱之欲其生，恶之欲其死；既欲其生，又欲其死，是惑也。”这无疑是针对子张性格偏激，遇事往往易向极端推演而发。

大凡人之优长与缺陷往往同体并生，很容易相互转化。此时为优者彼时可能为劣，此时“过”者彼时可能“不及”。即以偏激而论，于处事上固是短处，然于艺术想象、哲学思维来说，亦可成为长处也。因为此两种思维最需打破传统之牢笼，才能有所创新。子张有子贡、宰予、有若诸人之特点，即具有思想家之气质，所以“辟”与“过”也就成了他创新的动力。

子张在《论语》中出现的次数虽不及子路、子贡诸人，但是提问的质量很高，给人以耳目一新之感。

一是心怀坦荡，问名问利，将服务社会、建功立业与个人成就联系起来。

人们都知道“子罕言利”，认为“君子忧道不忧贫”，那是为了在重利轻义的时代引导学生向善徙义、修身养德。但孔子绝不反对言利，特别是社会利益、大众利益。因此，前期弟子中很少有人问利，后期弟子如曾参、子夏、子游诸辈，或专注于个人修养，或专注于文化典籍之学习，也很少关注社会大众之利益，很少言利。这种局限恰恰被子张打破了，尤其值得称道。

子张问名问利，实即问为政问题。可能是他年轻时还未将此中关系考虑透彻，一度颇令孔子反感。

子张学干禄。子曰："多闻阙疑，慎言其余，则寡尤；多见阙殆，慎行其余，则寡悔。言寡尤，行寡悔，禄在其中矣。"（《论语·为政》）

子张问："士何如斯可谓之达矣？"子曰："何哉，尔所谓达者？"子张对曰："在邦必闻，在家必闻。"子曰："是闻也，非达也。夫达也者，质直而好义，察言而观色，虑以下人。在邦必达，在家必达。夫闻也者，色取仁而行违，居之不疑。在邦必闻，在家必闻。"（《论语·颜渊》）

笔者认为子张这两问，当在子张初入孔门之时，他年轻气盛，急于求成，所以对于子张的提问，孔子之答略显冷淡，且重在提示他要先改好自己的一些毛病。所以，子张问"干禄"，孔子只从消极方面答何以求禄而不犯错，与多闻多见且要阙疑阙殆的稳重相比，子张此时恰恰处于急躁好动的年龄。从子张问"达"，孔子一眼就看出他其实是想出名，所以告之以达者应"质直而好义"、谦虚谨慎，千万不要为追求闻名而"色取仁而行违，居之不疑"，这算是给子张浇了半盆凉水。

后来，子张入学既久，浸润君子之风渐多，他也逐渐明白了骚动于心胸的主要问题是什么了，便以极明确的语言问政、问行。

子张问政。子曰："居之无倦，行之以忠。"（《论语·颜渊》）

子张问行。子曰："言忠信，行笃敬，虽蛮貊之邦，行矣；言不忠信，行不笃敬，虽州里，行乎哉？立，则见其参于前也；在舆，则见其倚于衡也。夫然后行！"子张书诸绅。（《论语·卫灵公》）

这两个问题其实是前两个问题（问干禄与问达）的延伸，只不过显得更为严肃了。孔子的回答虽然简短，但都点到了关键。

再往后，子张的为政才能日渐显露，孔子也认识到这样的人才才是实现自己仁政理想的依靠，所以当子张再次问政、问仁时，他较为全面而系统地提出了自己的仁政主张。

子张问仁于孔子。孔子曰："能行五者于天下，为仁矣。"

"请问之。"曰："恭，宽，信，敏，惠。恭则不侮，宽则得众，信则人任焉，敏则有功，惠则足以使人。"（《论语·阳货》）

子张问于孔子曰："何如斯可以从政矣？"

子曰："尊五美，屏四恶，斯可以从政矣。"

子张曰："何谓五美？"

子曰："君子惠而不费，劳而不怨，欲而不贪，泰而不骄，威而不猛。"

子张曰："何谓惠而不费？"

子曰："因民之所利而利之，斯不亦惠而不费乎！择可劳而劳之，又谁怨？欲仁而得仁，又焉贪？君子无众寡，无大小，无敢慢，斯不亦泰而不骄乎！君子正其衣冠，尊其瞻视，俨然人望而畏之，斯不亦威而不猛乎！"

子张曰："何谓四恶？"

子曰："不教而杀谓之虐；不戒视成谓之暴；慢令致期谓之贼；犹之与人也，出纳之吝谓之有司。"(《论语·尧曰》)

尤其值得注意的是，孔子两答都提到一个"惠"字。"惠"即给人以好处。但为政者并不事生产，如何施惠？关键是"因民之所利而利之"，这就是民本思想的核心。孟子进一步发展了这一思想，提出"得天下者在于得民心，得民心者在于民欲而我施之，民恶而我止之"①。到了现代，经过无数的曲折之后，人们才意识到，政策的好坏需要辩证地看待，但是利民、惠民的初衷应是不变的。

二是探秘历史，为现实活动寻找理论依据。

孔门弟子中很少有人如子张一样，对历史表现出极为浓厚的兴趣的，他几次提问都提到了历史。

子张曰："《书》云'高宗谅阴，三年不言'，何谓也？"子曰："何必高宗？古之人皆然。君薨，百官总己以听于冢宰三年。"(《论语·宪问》)

子张问："十世可知也？"子曰："殷因于夏礼，所损益可知也；周因于殷礼，所损益可知也；其或继周者，虽百世可知也。"(《论语·为政》)

"高宗谅阴"的问题实即"三年之丧"的问题，这一问题隐含的历史

---

① 桀纣之失天下也，失其民也。失其民者，失其心也。得天下有道：得其民，斯得天下矣。得其民有道：得其心，斯得民矣。得其心有道：所欲与之聚之，所恶勿施尔也。(《孟子·离娄上》)

奥秘是“三年之丧”期间如何保证最高权力的稳定和正常运行。笔者觉得子张也许与宰予一样，对“三年之丧”表示怀疑，不过他没有直接反对“三年之丧”，而是借“高宗谅阴，三年不言”这令人称奇的历史传说，揭示这样的丧礼可能与现实政治有矛盾。孔子主张忠孝乃为仁之本，最高统治者是孝行的表率，“高宗谅阴，三年不言”正是孝行的有力证明。其实孔子如此解说历史，只是聊备一说而已，并不能令人信服。所以李泽厚说：“我以为其原意是新‘君’‘初立’、不谙政事，所以必需不乱讲话（发号施令），而由有经验的冢宰代理政务，处理事情。所谓伊尹、周公，不都如此？”（李泽厚：《论语今读》）

“十世可知”的问题是关乎礼制的未来命运问题。孔子说：“周监于二代，郁郁乎文哉！吾从周。”他似乎把周礼看得尽善尽美，而感觉敏锐的思想家都对礼崩乐坏的现实心存忧虑，子张不过借此表达了自己的怀疑而已。孔子此次给出了坚定的回答，认为周礼十世、百世可知。事实证明，孔子的判断太乐观了。有趣的是，孔门弟子中子张首先提出了这个问题。这不仅说明他敏感，也说明他所关注的是社会政治体制问题，与曾参等人注重个人修养的“内圣”之学不同，子张则更关注“外王”之学。

三是问“边”，为理论发展探“边”奠基。

任何事物的存在都依赖于某种度的规定性，这即是质与量的规定性。此“度”也可谓之“边”。过此“度”此“边”往往便引起质变，对此“度”此“边”的探问也意味着对本质的探问，意味着对新质的渴望。孔门弟子中，子贡、宰予都有着探“边”的热情，子张同样也是这样的探求者。

子张问曰：“令尹子文三仕为令尹，无喜色；三已之，无愠色。旧令尹之政，必以告新令尹。何如？”子曰：“忠矣。”曰：“仁矣乎？”曰：“未知，焉得仁？”

“崔子弑齐君，陈文子有马十乘，弃而违之。至于他邦，则曰：‘犹吾大夫崔子也。’违之。之一邦，则又曰：‘犹吾大夫崔子也。’违之。何如？”子曰：“清矣。”曰：“仁矣乎？”曰：“未知，焉得仁？”（《论语·公冶长》）

这一章含两问，都指向一点，即探问“仁”的边界。令尹子文忠于职守，颇似周公、伊尹；陈文子洁身自好，颇似伯夷、叔齐。孔子曾许微子、箕子、比干、伯夷为仁，所以子张也想问问令尹子文及陈文子这样的人是否达到了“仁”。虽然孔子对此给出了否定性的回答，但肯定也会给子张以很大的启发。子路、子贡曾因管仲未为公子纠而死，疑其为不忠不仁，孔子却舍管仲种种小过而肯定其“九合诸侯，不以兵车”的大功，而许其仁。相信子张会从这不同的历史故事中得出他要寻找的结论。即使一时得不出结论，这关乎忠、清和仁的关系的疑问，也会为仁学的探索开辟新的领域。

《论语》趣读五十一

子张未仁乎?

孔子之后，儒分为八，子张之儒即为其一。据郭沫若考证，此派推崇经世致用之“外王”之学，具有很强的民本主义色彩。按说此派最能代表孔子的大同理想，应为儒家主流，在历史上亦应文脉兴旺。然而，事实上此派只存在了很短的一个时期，待子张去世不久，就销声匿迹了。这还不算，后来的史书上竟连这一点痕迹也尽量擦抹而去，只是在反对派的言谈中，才偶尔见出一星半点的影像。

为什么子张之儒后继乏人？这恐是同室操戈及后世道德理想主义者不断对之污名化的结果。

先说同室操戈。子张才华横溢，为人高调，性格激进，还不会藏拙养晦，故孔子批评“师也辟”“师也过”。孔门中也有“见人下菜”的势利之气，当年子路鼓瑟受到孔子的批评后，“门人不敬子路”。孔子死后，这势利之气可能更盛，慢慢演化成同室操戈。《论语·子张》篇就记下了这样的情景。这情景中除子夏、子游互斗之外，就是子游、曾参、子夏对子张的“车轮战”了。子夏还只是在交往之道上与子张意见不合，子游、曾参则配合极为默契地攻击子张不仁。

子游曰：“吾友张也，为难能也。然而未仁。”（《论语·子张》）

曾子曰：“堂堂乎张也，难与并为仁矣。”（《论语·子张》）

后世有几个注家心太软，认为圣人之门都是谦谦君子，不至于互掐，更不会下手如此厉害，所以尽力为子游、曾参二子辩护。说子游只是责备自己难达子张之境，没有成为一个仁人；也同样说曾参觉得子张境界太高，难能与他同为仁。

但大多数注家都认为子游、曾参二子的话说得很明白，都认定子张不仁。子游较直白地说子张没有达到仁，曾参则委婉地说很难和他一块为仁。

再说后儒对子张的污名化。后儒主要指汉儒和宋儒中的几个权威人物，如汉之马融、郑玄，宋之朱熹、“二程”。他们多借注经之机，各抒己见，贬抑子张，说“子张才过人，失于邪辟文过”“便辟”“习于容止，少诚实也”，认为子张“行过高，而少诚实恻怛之意”“容仪盛而于仁道薄”，有的干脆说“子张少仁，无诚心爱民，则必倦而不尽心”，如此，等等。

子张之儒后继乏人原因多多，不必一一细究，但有几点思想方法上的问题，古今皆同，很值得讨论。举其大端来说，此类问题有三：一是片面化理解孔子的批评意见；二是静止化理解孔子的待人原则；三是公式化理解孔子的言论。

关于片面化理解孔子的批评意见，笔者在《柴也不愚》等文中已多次提及，基本观点即是很浅显的几句话：孔子是人不是神，且是一个性情中人，晚年投闲置散时，喜欢显摆他的几个高足弟子，而凡能入夫子法眼的显然都是高徒，即使有所批评，也是对白璧微瑕的批评，万不可把那一点“瑕”当作璧本身。因此，如“柴也愚，参也鲁，师也辟，由也喭”只能理解为这四人有点略显“愚”“鲁”“辟”“喭”。值得注意的是，柴、参都属极重个人道德修养而开“内圣”先河的儒家代表人物，而朱熹、“二程”等注释家都是“理学派”的代表人物，故对“柴也愚，参也鲁”的批评不当回事，却往往抓住“师也辟”不放，且认定这“辟”即是邪辟是便辟。

这其实是门户之见，现在应该大加破除的。

关于静止化理解孔子的待人原则，笔者亦曾提及，这次想借子张的话题再讨论一下。孔子是个教育家，他待自己的学生就像母亲对待孩子一样亲切，充满爱心，绝不会把学生的一点小错看作一生都不会改过的大恶。越是他喜爱的学生，他批评得也越厉害。同样，越是他批评得厉害的学生，也越是他喜爱的。比如，他曾批评“子贡方人”，批评子贡“欲去告朔之饩羊”，但他深知子贡聪明好学，可托大任，甚至临终前把自己死后的安排托付给了子贡，而子贡也是在孔子的谆谆教导下不断成长的。子张的成长道路与子贡有诸多相同之处。子张刚入学时，不过是个毛头小伙子，年轻好胜，也可能出言不逊，受到过孔子的批评和冷落。但孔子也深知子张质资颖慧，大可造就，从没把子张看得一成不变，而是细心地观察着他的每一点变化。有不足，即给予指正；有长进，则给予鼓励。笔者读《论语》，总觉得孔子对子张的爱要超过其他弟子，证据便是他们的多次答问。孔子答问力主举一反三，“不愤不启，不悱不发”，因而答弟子问都像挤牙膏，问一次，挤那么一点，算是点到为止，弄得樊迟要问：“何谓也？”连子贡也要“敢问其次”，如此，等等。子张问干禄，问政，问善人之道，孔子之答多属此类，略显冷淡，绝不多言。可除此之外的几问，孔子往往是问一答二，详加说明。比如，“子张问明”一章中，孔子不仅答了“明”，而且连带答了“远”。

子张问明。子曰：“浸润之谮，肤受之愬，不行焉，可谓明也已矣。浸润之谮，肤受之愬，不行焉，可谓远也已矣。”（《论语·颜渊》）

再看“子张问行”一章：

子张问行。子曰：“言忠信，行笃敬，虽蛮貊之邦，行矣；言不忠信，行不笃敬，虽州里，行乎哉？立，则见其参于前也；在舆，则见其倚于衡也。夫然后行！”子张书诸绅。（《论语·卫灵公》）

孔子不仅答出了怎样才能“行”，而且正反对比，指出非如此不可的重要性，生怕子张不能牢记在心，又让他感到“参于前”“倚于衡”，最后感动得子张“书诸绅”才算完。

更为感人的是答“子张问相师之道”：

师冕见，及阶，子曰：“阶也。”及席，子曰：“席也。”皆坐，子告之曰："某在斯，某在斯。"

师冕出。子张问曰："与师言之道与？"子曰："然。固相师之道也。"（《论语·卫灵公》）

这简直就是教学示范了。孔子以一连串的身体语言阐释了如何以爱心对待一个盲人乐师的礼数，同时也以行动展示了"己欲立而立人，己欲达而达人"的仁者之道。子张真是一个聪明的学生，竟在看似毫无问题的地方发现了问题，提出了疑问，发现这可能是"与师言之道"，而孔子则进一步告诉他："然。固相师之道也。"

笔者相信读过这段文字的人都可以感受到孔子那诲人不倦的良苦用心，以及他与子张之间那深深的师生之情。孔子如此喜爱子张，要说他认定子张"辟""过""不仁"而没有改变看法，那就错了。

再谈公式化理解孔子的言论。孔子因材施教的一个重要内容，即是对学生的提问应根据学生的性格特点，特别是性格弱点来作答。因此有人说，根据孔子之答可以判定某个学生的弱点，并认定这是一个普遍"公式"。一些注家就是根据这个"公式"判定子张"少仁""无诚心爱民"的。这个公式对吗？其有效性到底有多大？认真梳理就会发现，这还真是一个问题。

首先，应承认孔子确实有一些针对学生性格特点的回答，突出表现在问孝、问仁、问政上。孔门之学重践行，孔子对这些问题的回答，不是答学术性的"是什么？"，而是答实践性的"怎么办？"。忠孝乃为仁之本，求仁的初阶，因此凡答问孝者，几乎都可以认定是在答"我该如何孝？"，所以孔子答孟懿子、孟武伯、子游、子夏之问各有不同。但这不同并不都是因其各自的性格特点不同，而是因其各人所处地位、所面临的问题、所起作用等不同而定，不能一概认定性格特点不同。比如，孟懿子是掌权者，而"三桓"有不少越礼行为，所以孔子告以"无违"，即不要违礼；孟武伯尚勇，可能没少给父母惹祸，故问孝而答以"父母唯其疾之忧"；至于子游、子夏问孝，则属于课堂讨论，讨论的话题是孝的本质问题，孝的本质在敬，这具有普遍性，不能认为孔子答敬即是说子游、子夏不敬父母。

再如，为政问题。季康子问政，孔子根据季氏为政不正的特点答以

“政者，正也”。叶公问政，孔子根据叶公为楚之边臣的特点，答以“近者说，远者来”。子路、子张问政，孔子都强调要“无倦”；子路、仲弓问政，孔子都答以“先”作表率。勤政、垂范都是为政的基本做法，我们不能因孔子答此二事就认定子路、仲弓等人都是懒汉或两面派。再说，孔子去世时，子张也不过才二十多岁，问政时，是否已从政还是个疑问，因孔子答以“无倦”就认定子张不勤政、不爱民，未免太荒唐了。

最后顺便讨论一下“子张仁乎？”。孔子不轻易许人以仁，包括他自己，但他又是性情中人，高兴了说不定也会松口，出现例外。比如，他很喜欢子张，说过子张之庄超过自己。据《大戴礼记·卫将军文子》记载，孔子认为子张不弊百姓，以其仁为大。这起码说明，子张还是很有爱心的，而子游等人的论断则是大为可疑的。

第四章

探访春秋政要，领悟孔子智慧

《论语》趣读五十二

“定公问政”的玄机

孔子生于襄公二十二年（公元前551年），卒于哀公十六年（公元前479年），一生经历了襄、昭、定、哀四个时代，曾仕于鲁定公、鲁哀公时代。

鲁定公，名宋，是鲁襄公之子，鲁昭公之弟。昭公因得罪季氏，流亡国外多年。昭公之族子弟多随之流亡，定公也在流亡者之列。但他只是随波逐流而已，并非如昭公之子公衍、公为一样，是讨伐季氏、力主流亡的积极参与者。所以，昭公三十二年，当昭公死于晋之乾侯，叔孙成子迎灵柩回国时，明确告知“若公子宋主社稷，则群臣之愿也”，并说随昭公流亡之人可以回国者，都由贤臣子家羁说了算。子家羁说：“表面上随君出走的（‘貌而出者’），可以回国；与季氏结仇而随君出走的（‘寇而出者’），可以让他出逃；至于我，是国君同意我出去，却没得到同意回去，我将逃亡。”灵柩到达曲阜附近，公子宋先入都，其他人都从曲阜往回走了。

定公前期，季孙氏专权。定公五年，季平子死，季桓子嗣立，季氏家臣阳虎擅权作乱，操纵国政，孔子不仕。定公八年，阳虎叛乱。定公九年，阳虎逃往齐国。后来，定公启用孔子，孔子始出仕，为鲁中都宰，后由中都宰为司空，又为大司寇。定公十年，定公与齐景公相会于夹谷，孔子任相礼。定公十二年，孔子主张“堕三都”，以削弱“三桓”势力。后来，公山弗扰与叔孙辄袭鲁，定公与三子入于季氏之宫，孔子指挥卫队反击，取得鲁城保卫战胜利，但“堕三都”之事也随之泡汤。定公十四年，齐人馈女乐，季桓子受之，三日不朝，孔子离开鲁国，开始了周游列国的生涯。

孔子在定公时代供职约五年，政绩卓著，对鲁国政局亦了解甚深，与定公应有过多次对话，但《左传》中并无记载，倒是《论语》中留下了两次定公问政的重要记录。

定公问："君使臣，臣事君，如之何？"孔子对曰："君使臣以礼，臣事君以忠。"（《论语·八佾》）

定公问："一言而可以兴邦，有诸？"

孔子对曰："言不可以若是。其几也，人之言曰：'为君难，为臣不易。'如知为君之难也，不几乎一言而兴邦乎！"

曰："一言而丧邦，有诸？"

孔子对曰："言不可以若是。其几也，人之言曰：'予无乐乎为君。唯其言而莫予违也。'如其善而莫之违也，不亦善乎！如不善而莫之违也，不几乎一言而丧邦乎！"（《论语·子路》）

这两次问政，定公问的显然不是什么紧迫的现实政治问题，而是关乎长治久安的政治伦理、政治哲学问题。定公为什么会有此问？孔子为什么如此作答？这或简约或隐喻式的对话后面是否还有什么弦外之音、言外之意？话语空间里又蕴藏着怎样的历史玄机？这些都是很值得探讨的问题。

说起来，定公虽算不上庸主，但也绝不是什么明君。他被人扶植上位，形同傀儡，没什么政治主见，也无大志，既不会关心长治久安的治国大计，也不关心高深玄远的哲学问题。他之所以要如此提问，一定是有一些让他感到痛苦不安的念头时时纠缠、焦灼着他，从而想借助某些冠冕堂皇的话题疏解而已。人们知道，官场自古就有一套有别于商场的，特别是有别于日常生活语言的较为官方和正式的话语体系，有一套潜在的阐释原则，所以，听上去冠冕堂皇的话语下面可能深藏着难以言说的用意。

定公有什么难言之隐呢？他急于疏解的又是什么样的心结呢？联想他曾随昭公流亡多年，回国后又受人挟制，也曾遭遇公山弗扰的作乱，只要意识还算正常的国君都会纠缠于这样的问题："臣下们为什么会这样待我？我怎样才能走出如此困境？"因此，"君使臣，臣事君"之问的重点还在于臣事君。正如当年齐景公问政，孔子答以"君君、臣臣、父父、子子"，齐景公马上联想到"臣子不尽臣道，我会吃不下饭"一样。而"一言兴、一言丧"之问的谜底恐怕还是如何控制臣下，如何走出困境。

之所以做出如此这般的解读，还是因为孔子的回答已暗示了上面问题的答案。孔子是个智者，他对于同样的问题经常会给出不同的答案，以对症下药，因材施教。“君使臣以礼，臣事君以忠”这个命题，同样包含着“君使臣不以礼，臣事君难为忠”的命题。没有明说的也许才是真正想要表达的，孔子此答的重点也在于其隐含的意义。

因为定公的命运是和其兄昭公的命运紧紧捆绑在一起的，昭公对臣下的无礼直接导致了定公如今的困局。当年昭公围攻季平子，季平子表示服罪，愿意受罚流亡、被拘，这些都被昭公拒绝了，非要置季平子于死地不可。这才结下了季氏与昭公家族的深仇，以至于昭公的夫人吴孟子死了，季康子都不尽丧礼。

也许孟子最了解孔子的深意，所以对这个问题，孟子后来隔着辽远的时空给出了一个更为直接的回答：

君之视臣如手足，则臣视君如腹心；君之视臣如犬马，则臣视君如国人；君之视臣如土芥，则臣视君如寇雠。(《孟子·离娄下》)

所谓“一言兴”“一言丧”的“一言”，不是指一个字或一句话，而是应理解为一事（这里当然也包括一言）。因此，“一言”云云，对定公来说，不是说什么或怎么说，而是做什么或怎么做，才能走出困境，获得成功。这既表现了定公的急功近利、贪便取巧之心，也暴露了他内心的某种焦灼。

孔子的回答很机智。关于“一言兴邦”，他首先指出“言不可以若是”，告诫定公不可急功近利，世界上的事情也绝没有那么简单，然后结合定公最关心的问题告诉他：“如知为君之难也，不几乎一言而兴邦乎！”对于为君之难，定公应该深有体会，但对于造成此难的原因，恐怕他还未做深刻反省，平常只是怨天尤人，而并未自责自省，该是定公内心焦灼的主要原因。

关于“一言丧邦”，孔子指出，关键在于做君主的往往会独断专行、任性胡为，而他人不敢违抗。其实昭公就是这样一个喜欢独断专行、任性胡为的人，正是由于他的这种作为直接导致了定公此时的困局。如果定公不那么健忘，他一定还会记得他兄长的种种作派。比如，昭公流亡到晋国之后，季平子也曾亲自到晋迎接他，希望他回国。子家羁劝他说：“君与之归。一惭之不忍，而终身惭乎？”昭公也答应了个“诺”。但经不住他人的怂恿：“在一言矣，君必逐之。”（就在您的一句话了，一定要驱逐季孙氏。）晋国大臣从中斡旋说：“我们的国君声讨了季平子，季平子也不敢逃避死罪，请您还是回去吧。”这时昭公本该借坡下驴，答应回去。但让人想不到的是，他却摆上谱了，说什么回去可以，就是不能让他再见到那个人（指季平子）。晋国使者觉得这人真是不可理喻，就捂着耳朵跑开了。这样昭公就失去了回国的最后一次机会，死在了国外。这“一惭之不忍”和“在一言矣”都是“一字句”，昭公恰恰就毁在了这“一言丧邦”上。

“唯其言而莫予违也”，这几乎是中国历史上所有君主、帝王最喜欢的事。也许正因如此，周公在《尚书·无逸》中反复告诫他的侄子成王：要知百姓稼穑之艰难，要知创业之不易，不要任性胡为、贪图安逸。可惜的是，能够听得进这番劝告的君王很少。所以大多数君王也因“言莫予违”而身败名裂。定公是否听懂了孔子的这番劝告呢？回答也是否定的。他在位十五年，最后可以说就死在了做事不依礼上。

据《左传》记载，定公十五年春，邾隐公来朝，子贡观礼。邾子“执玉高，其容仰”，颇显傲慢；定公“受玉卑，其容俯”，显得有气无力，二人都不合礼仪。所以子贡预测二人都活不久，而定公将先亡。果然，同年五月，定公死。孔子说：“赐不幸而言中，是使赐多言者也。”其实，定公之死是定公自己长期抑郁的必然结果，与子贡无关，是怪不得子贡的。

《论语》趣读五十三

哀公问政：任性统治者的思维定式

鲁哀公，名将，是春秋时期鲁国第二十六任国君，他是作为定公之子而自然继位的国君。哀公从小生于深宫，长于妇人之手，不知稼穑之艰难、民生之疾苦，属于典型的太平君主。其父定公很希望自己的臣子对自己能“唯其言而莫予违也”，但毕竟因为他是被别人扶植上位的，顾虑多多，所以一生也没能达成所愿，最后算是无风无火、无声无臭地离开了人间。哀公自觉为自然上位，再加“三桓”势力在内耗中也有所削弱，便渐渐胆大，常以个人喜好行事，从而使国人失望。

哀公七年，鲁侵邾，随后招致吴国讨伐。后来，鲁国也曾与齐国多次交战，国力削弱不少。哀公十一年，孔子返鲁，但不得重用，子贡多次出使外国，为鲁解围，但也渐被冷落。哀公二十四年，哀公强立夫人、太子，“国人始恶之”。同年，哀公赴越，又想娶越太子女儿为妻，只是遭季孙氏阻挠才作罢。哀公二十五年，哀公自越回国，季康子等重臣迎接，哀公又置酒使气，与众大夫结怨。哀公二十七年，哀公想利用越国进攻鲁国而除去“三桓”，这引起了“三桓”的忌惮，于是“三桓”就起兵攻打哀公。结果哀公如昭公一样，偷鸡不成蚀把米，后来逃亡到了越国，再后来回国后死去。综其所为，他很像其伯父昭公，是个很任性的君主，最后也走了昭公的老路，落得同昭公一样的下场。

孔子回鲁后，虽不得重用，但也被待之以国老，鲁国政要倒也常常装模作样地向他问政。因孔子无职无权的特殊身份，问政者倒也放松了许多，所以有些话便显得颇为直率，很能表现个人性格、心理定式。比如，“哀公问政”一则。

哀公问曰：“何为则民服？”孔子对曰：“举直错诸枉，则民服；举枉错诸直，则民不服。”(《论语 · 为政》)

值得注意的是，哀公所问的“服”与孔子所答的“服”，同字而异义。这正如“公说公有理，婆说婆有理”中不同的“理”一样，价值观的不同，也规约了词语的不同含义。简言之，哀公所谓的“服”，是要民众顺服、畏服、力服；孔子所谓的“服”则是使民众信服、诚服、心服。孟子曾将这两种“服”说得很清楚：

以力服人者，非心服也，力不赡也；以德服人者，中心悦而诚服也，如七十子之服孔子也。(《孟子 · 公孙丑上》)

为什么认定哀公所要的“服”是顺服、畏服、力服呢？这是因为任性的统治者总是将自己与民众对立，他们总是视民众为敌，必欲制服之而后快，这是他们的思维定式。比如，虽与哀公有矛盾，但同为统治阶层的季康子就怀着同样的心思，且把这种心理定式表现得更清楚。

季康子问政于孔子曰：“如杀无道，以就有道，何如？”孔子对曰：

“子为政，焉用杀？子欲善而民善矣！君子之德，风；小人之德，草；草上之风，必偃。”（《论语·颜渊》）

试图以武力逼人就范，这不就是典型的顺服、畏服、力服吗？

孔子正是看到了统治者的这番心思，所以就都答以“德”服。不过也各有侧重。答哀公要选贤任能，也暗含批评哀公任用奸邪之意，只不过此意略隐而已；答季康子以正示范，也直斥季康子好残嗜杀，这态度就明显得多了。

哀公是否妒贤嫉能、任用奸邪呢？答案是肯定的。上面提到，孔子、子贡在哀公时代均不得重用；当颜回死后，哀公却问孔子他的弟子谁好学，引得孔子大发了一通感慨。

哀公问：“弟子孰为好学？”孔子对曰：“有颜回者好学，不迁怒，不贰过。不幸短命死矣，今也则亡，未闻好学者也。”（《论语·雍也》）

哀公不问贤而问学，当是避重就轻；孔子不答生者，而答死者，自是对哀公的最大不满。这次再答以选贤任能，以德服人，还是希望哀公能改过格非，不要一错再错。

可惜的是，无论是哀公还是季康子，都没有听进孔子的劝告，最后为了个“服”字，诉诸武力。哀公欲以越人武力去“三桓”，“三桓”也以自家武力逼哀公，鲁国又重演了一次宫廷内斗的闹剧。

明白了哀公的这番心思，“哀公问社”的哑谜就有谜底了。

哀公问社于宰我。宰我对曰：“夏后氏以松，殷人以柏，周人以栗，曰使民战栗。”子闻之曰：“成事不说，遂事不谏，既往不咎。”（《论语·八佾》）

人们都知道，鲁是周公之封地，周礼多在鲁。鲁人之社（即土神之牌位）即周人之社，这是国家的象征。哀公即使再愚钝，也不会不知。宰予（即宰我）为孔门高足，以善辩、明礼且熟悉历史典故而闻名，这在《礼记》中就有记载。哀公为何不向宰予问政、问礼，却偏偏要问社呢？明白了“社”的象征意义，就可以推知，哀公其实是在问如何巩固自己的地位，问什么样的政治传统可以使人力服，想重温、重申“使民战栗”的政策，或者向他人传递“使民战栗”的政治信号。“曰使民战栗”的主语是谁？一般认为是宰予，笔者觉得应该是哀公。因为这也正是他想要的“何为则民服？”的最佳答案。即使是宰予说出的，这也是哀公借他人之口，表达了自己的心中之意。所以，孔子对此答案大为不满，嘟嘟哝哝说了几句使人摸不清头脑的话。不过从承认“成事”“遂事”来看，“周人以栗”和“使民战栗”都该是历史事实，绝不是宰予胡编。从主张“不说”“不谏”来看，孔子还是在强调以德服人。这与他答哀公和季康子之问的思想完全一致。

如果说一切任性统治者在政治上都喜欢镇压，喜欢以力服人的话，在经济上则喜欢剥夺，即以公权力掠夺人民的财富。孔子初回鲁，季康子想实行田亩税，通过孔子的弟子冉有询问孔子，遭孔子反对。孔子告之以“施取其厚，事举其中，敛从其薄”，季康子不听，孔子即大骂弟子冉有“非吾徒也”，且号召弟子：“鸣鼓而攻之，可也！”此事哀公应该知道，所以当他也想增加税收时，就想绕过孔子，向孔子的年轻弟子有若讨口风。

哀公问于有若曰：“年饥，用不足，如之何？”

有若对曰：“盍彻乎？”

曰：“二，吾犹不足，如之何其彻也？”

对曰：“百姓足，君孰与不足？百姓不足，君孰与足？”（《论语·颜渊》）

有若真不愧是孔子的高才弟子，他一听就知道哀公是想因个人享乐的目的增加用度，所以他转换角度，从百姓用度的角度谈论税收原则。“百姓足，君孰与不足”，百姓生活安定富足，何愁国家不繁荣向上？

后来，孟子对这一藏富于民的思想又加以发展，提出不仅要减轻赋税，而且要能“市，廛而不征，法而不廛”（只抽取货仓税而不征货物税）、“关，讥而不征”（关卡只进行稽查而不征收税金）、“耕者，助而不税”（耕种者只须助耕公田而不必交纳地税）等。

任性的统治者总是以自己的利益为核心画圆，而与人民为敌，专制与剥夺则是他们维护自己统治的核心武器。当把人民压迫到极致，往往会爆发流血冲突。中国古代多次发生农民起义的原因也往往在于此。

近年来，“良治”即良好的治理（Good Governance），成了西方政治学文献中出现频率较高的术语之一。1997 年联合国开发计划署（UNDP）的一份报告将“良治”概括为八个特征：公众参与、法治、效能与效率、平等与包容、回应性（即民众诉求应有反馈）、透明、负责（即行权者要承担责任）、共识导向。西方的良治思维对人类历史经验的总结，从某种意义上来说，也是对孔子智慧的印证。

《论语》趣读五十四

君臣哑谜与历史诡计

齐景公问政于孔子，孔子对曰："君君、臣臣、父父、子子。"公曰："善哉！信如君不君、臣不臣、父不父、子不子，虽有粟，吾得而食诸？"（《论语·颜渊》）

孔子在齐，也算是客卿或外国顾问。如何为政，这是个大题目，齐景公向孔子请教，孔子竟答得如此简单。总结一下，实际上只有四个字，那就是"君""臣""父""子"，每个字重叠一次就算是答案了，简到了像打哑谜、对暗号、参禅机，"无乃大简乎？"。

唯其太简，就给阐释留下了很大的空间。

齐景公先给出了一个阐释。他的这个阐释是在第二个"君""臣""父""子"之前加了个"不"字，表否定、斥责、不满。否定的对象显然不是指向自己，而是指向他人。他觉得若是君不像个君（或是君不守君道），臣不像个臣（或是臣不守臣道），……那么，这"不像""不守"的结果就是他吃不下饭了。落脚点在"我"的安富尊荣。那么他就是以"我"为中心来理解"君君、臣臣、父父、子子"了，那意思即是如果不尊重"我"这个君，不尽臣子之道，是不行的。

齐景公名杵臼，是齐庄公的异母弟。大夫崔杼杀死庄公后立他为君。问政于孔子时，当在孔子三十五岁以后。这时景公已失政，大夫陈氏厚施于国，势力大增，景公又多内嬖，不立太子，为臣下所诟病，压力颇大，当时可说是"君不君、臣不臣"了。他以自我为中心阐释孔子的话，那是想把过错都推给臣下。

孔子是客卿，他知道侍奉君主、父母要“几谏”，即要态度委婉地进言，君、父有错，特别是君主有错，不好直言，不好挑明了说，所以只好以这种点到即止、简单隐晦的形式作答。他认为景公该是个明白人，齐国政治是好是坏，是顺是逆，症结在哪里，该谁负主要责任，这应是不言自明的。而且，既然景公为问政的主体，就该谈的是自己如何为政的问题，而不应理解为他人如何为政。没想到，景公听了孔子的话，却不愿正视自己的问题，反而像一切荒于政务的君主那样习惯性地把功绩都揽在自己的身上，把过错都推给了别人。好在景公还说了句“君主不像个君主（或是君主不守君道）”，也算蹭到了孔子答案的一点边儿。孔子也就不再与他理论，这场对话也就结束了。

景公虽悦孔子之言，但不能用，其后果是继嗣不定，启陈氏弑君篡国之祸。

孔子答问，往往同问而不同答。在学生，那是因材施教；在他人，那是根据提问者的不同身份及问话所暗含的迫切问题来回答的。比如，关于问政，颜回、冉雍、子路、子贡、子夏、子张问，孔子都是根据学生的不同性格作答。定公、哀公、季康子、叶公等问，孔子也是根据其各自的特点，答得很详细。如果把定公、哀公等一些君主或执政者问政的回答放在一起，很容易找到景公问政的答案。

定公问：“君使臣，臣事君，如之何？”孔子对曰：“君使臣以礼，臣事君以忠。”（《论语·八佾》）

定公问：“一言而可以兴邦，有诸？”

孔子对曰：“言不可以若是。其几也，人之言曰：‘为君难，为臣不易。’如知为君之难也，不几乎一言而兴邦乎！”

曰：“一言而丧邦，有诸？”

孔子对曰：“言不可以若是。其几也，人之言曰：‘予无乐乎为君。唯其言而莫予违也。’如其善而莫之违也，不亦善乎！如不善而莫之违也，不几乎一言而丧邦乎！”（《论语·子路》）

哀公问曰：“何为则民服？”孔子对曰：“举直错诸枉，则民服；举枉错诸直，则民不服。”（《论语·为政》）

这些回答都强调了执政者的责任，特别是“君使臣以礼，臣事君以忠”一句，可看作“君君、臣臣”的最好解释。

季康子虽为执政者，但因其问政时，孔子已处晚年，被视为国老，季康子无论怎样说都是晚辈，所以孔子对他的回答就更为严厉、明白。

季康子问：“使民敬、忠以劝，如之何？”子曰：“临之以庄则敬，孝慈则忠，举善而教不能则劝。”（《论语·为政》）

季康子问政于孔子。孔子对曰：“政者，正也。子帅以正，孰敢不正？”（《论语·颜渊》）

季康子患盗，问于孔子。孔子对曰：“苟子之不欲，虽赏之不窃。”（《论语·颜渊》）

季康子问政于孔子曰：“如杀无道，以就有道，何如？”孔子对曰：“子为政，焉用杀？子欲善而民善矣！君子之德，风；小人之德，草；草上之风，必偃。”（《论语·颜渊》）

总之，联系孔子几次回答定公、哀公、季康子的为政之问可以看出，孔子为政的基本思想是清晰的、一致的。所谓君主像个君主或君主要尽君道，就是要君主身正而正人，做出道德表率，才能使臣子尽责尽职；举贤任能，才能使贤能施展手脚，尽忠效力；勇于纳谏听劝，才能少犯错误；待人有礼，才能使人恭敬从命，如此等等。

这一套思想说来不是孔子的独创，也不是什么新鲜理论，而是对以前的历史规律的总结，是当时普遍流行的官方意识形态。只要翻开《左传》《国语》《诗经》《尚书》之类的典籍，里边都充斥着对尧、舜、禹、汤、文、武、周公的歌颂之辞，而歌颂的就是以上的一些内容。当时诸侯国的正直大臣劝诫君主也都是用这一套君主要先尽君道的理论。比如，僖公五年，宫之奇谏虞公不可借道于晋，即引用《周书》曰“皇天无亲，惟德是辅”；桓公六年，季梁谏随侯勿逐楚师，也是说小国胜大国之道在于忠于人民并取信于鬼神；庄公十年，曹刿论战，也是要君主敬神爱民；昭公十二年，子革谏楚灵王不可奢靡，核心则是要克己复礼，如此等等。

对一个可以多样性阐释的命题，操作话语权的人总是要朝着于己有利的方向阐释。比如，黑格尔有句名言曰：“凡是合理的都是现实的，凡是现实的都是合理的。”普鲁士王朝即认定这是对王室存在合理性的认定，而革命者则认为这是对必然性、合理性也会变成现实的预言。“君君、臣臣、父父、子子”这个命题也是这样。当政的景公认为这是对臣子们不尽臣道的谴责，是对自己执政功绩的肯定。而春秋时代如孔子这样的思想家们都认为这是对尧、舜、禹、汤、文、武、周公为政经验的总结（此谓“祖述尧舜，宪章文武”），是对君道的强调。

想不到，时间又过去了几百年，当孔子的思想成了统治者们的工具之后，这个命题又被给予了新的阐释。这个新阐释的要点有二：一是强调上下尊卑之秩序。这秩序似为天定，要各安其分、各守其位，下不可凌上，卑不可逾尊，任何一点想改变现状的想法都为忤逆，都为妄想。二是强调这是天地之纲。三纲中重要两纲，即“君为臣纲”“父为子纲”。而对这个“纲”的解释即是绝对的权威，为了维持这个纲，必须交出自己的独立和自由，任凭君、父处置，甚至君叫臣死，臣不能不死，父叫子亡，子不得不亡。这就离孔子当年的想法相去甚远了。孔子地下有知，也会被气得跳脚。他怎么也不会想到他理想的内圣、外王之“王道”竟成了强权专制之“霸道”。

有人说，历史常常演出这样的荒诞剧，你以为走进的是此门，事实上走进的是彼门。

这就是理性的诡计，历史的诡计。

《论语》趣读五十五

孔子仕卫：此意徘徊

孔子周游列国时，曾到过卫、宋、陈、蔡、曹、郑、楚诸国，也曾在去往晋国的道路上临河兴叹。据孟子所说，孔子在任何一个地方都没有一次待足三年（“是以未尝有所终三年淹也”）。但若就在一国待过的总时间而言，就不是这样了。据《史记》记载，孔子曾五次前往卫国又五次离开卫国，在卫国的时间可能要远远超过三年。

为什么孔子会围着卫国绕圈？

有人认为，这是因为卫国离鲁国近。但离鲁国近的国家绝不止卫国一个，为什么就偏偏对卫国那么留恋不舍、去意徘徊呢？

也有人认为，这是因为“鲁卫之政，兄弟也”（《论语·子路》），鲁国和卫国实际上是周公和他的兄弟康叔的封地，两国为同姓国，文化根性相近。但同姓国也不只是卫国一家，郑、蔡、晋三国都与鲁同姓，孔子却很少光顾。

笔者认为，这原因并不难找，其实原因就在于孔子曾看好过卫灵公。孔子返鲁后，曾与季康子谈论过卫灵公，谈话中就透露了曾经看好卫灵公而又最终失望的原因。

子言卫灵公之无道也，康子曰：“夫如是，奚而不丧？”孔子曰：“仲叔圉治宾客，祝鮀治宗庙，王孙贾治军旅。夫如是，奚其丧？”（《论语·宪问》）

据《论语》记载，仲叔圉（即孔文子）管外交，祝鮀管祭祀，王孙贾管军事，确实都尽责尽职，他们三个也都可以说是卫国的贤大夫。但他们之所以能各安其位、各尽其职，还在于卫灵公能任用贤能。在用人上，卫灵公应算个有为之君，无道只是他在位最后几年的事。

算起来，卫灵公要比孔子小十几岁，但此人继位时仍是幼童，不过五六岁年纪，在位四十多年，是一个曾被卫人寄予厚望，确实也一度有所作为的国君。

卫灵公，名元，是卫襄公的宠妃婤姶的第二子，其兄孟絷跛足。卫襄公死前，孔成子与史朝都说，曾梦到卫国始祖康叔要他们立元（即卫灵公）为君，并让仲叔圉与史苟辅助元。所以卫襄公一去世，卫灵公便顺利继位。

灵公在位时，卫为小国，夹在晋、楚、鲁等大国之间，危机四伏。它之所以能自立于诸国之间，一是在于卫灵公青少年时代之无为，即听命于几个辅佐大臣的建议行事，而不任性胡为；二是卫灵公成年以后也颇有作为，选贤任能。

比如，定公四年，卫灵公已年过而立，诸侯会盟，卫国大夫子行敬子认为朝会很难有意见一致的，要是争论不休，就不好办了，建议卫灵公让祝鮀陪同。祝鮀告诉卫灵公，他是管祭祀的“太祝”，“社稷不动，祝不出竟”，只有当发生战事，国君率军出国，先祭社，并杀牲以血涂鼓，然后太祝奉社主从军，才能出境。但卫灵公觉得事关重大，还是要让祝鮀陪同。最终，祝鮀在这次会盟中不辱君命，充分展示了他的辩才，与蔡国争位，也为卫国挣足了面子。

又如，定公六年，鲁侵郑。阳虎为借卫国之手除掉季氏，故意在去的时候不向卫国借路，在回来的时候却让季孙氏和孟孙氏的部队从卫国南门入，东门出。卫灵公很愤怒，就让他的宠臣弥子瑕追击鲁军。这年，卫国贤大夫公叔文子告老退休，但还是乘车拜见了卫灵公并说服卫灵公：“怨恨别人却又仿效他，不合于礼。因小愤怒而忘记旧恩德，是不应该的。当年周公与康叔关系和睦，我们不应上小人的当而丢弃旧传统。”卫灵公倒也从善如流，立即停止了进攻，轻松化解了这次危机。

再如，定公八年，晋卫会盟，赵简子因卫曾叛晋附齐，便派大夫涉佗、成何去和灵公订立盟约。卫人请他们二人执牛耳。成何公开说：“卫国”不过如同他们国家的温邑、原邑一样的小邑，怎么能等同于诸侯？”歃血时，涉佗推了一下卫灵公的手，血一直流到了卫灵公的手腕上，卫灵公很愤怒。王孙贾快步上前为卫灵公解围，事后让卫灵公住在了郊外。卫灵公打算背叛晋国，便把受辱的事告诉了大家，并说：“寡人使国家受到羞辱，不如占卜另立国君，寡人愿意服从。”大家说：“这是卫国的祸患，不是国君的过错。”不同意另立新君。卫灵公还告诉大家：“晋国要让卫国国君及诸大夫的儿子一齐前往晋国作为人质。”大夫们都说：“只要对国家有好处，公子如果去，群臣的儿子也一定跟随前往。”人质将要动身时，灵公让国人朝见，派王孙贾询问大家的意见，说：“如果卫国背叛晋国，晋国五次进攻我们，会危险到什么程度？”大家都说：“五次进攻我们，我们还有能力迎战。”王孙贾说：“那么应该叛晋，等到危急时再派人质，怎么能算晚呢？”于是卫国叛晋。晋国提出重新结盟，卫国也没有答应。

在这次叛晋事件中，卫灵公巧打国耻牌，凝聚了民心，鼓舞了士气，增强了国力，也在诸侯国之中赢得了威望。所以到了定公十三年，齐、卫联合攻晋时，齐景公想和卫灵公同坐一辆战车，一起宴饮，便命人套好车子，载上甲兵。这时使者报告说：“晋兵到了。”齐景公对卫灵公说：“来不及等君王套车了，寡人请求替你驾车。”于是披上甲和卫灵公一起上车，驱车前进。

这时，卫灵公的威望可说已达到顶峰了。然而，物极必反，卫国的危机因卫灵公的骄纵也在这时悄悄降临。就在定公十三年，卫国贤大夫公叔文子去世后，卫灵公立即开始了对公叔家族的清算与掠夺。原来，公叔文子曾宴请卫灵公，史鱼知道后说：“子必祸矣！子富而君贪，其及子乎！”意思是说，你公叔文子宴请国君，是显富于他，而国君是个贪婪之人，他不会对你怎样，但会对你的儿子下手。果然，定公十三年，公叔文子的儿子因为参与反对卫灵公夫人南子的计划，被南子告了一状，说他要造反。这也就给了卫灵公展开清算的借口。

定公十四年春，卫灵公驱逐公叔文子的儿子及其同党。事后不久，卫太子蒯聩欲杀南子，事败逃亡。

事有巧合的是，就在定公十四年，卫灵公正忙于对外战争和应付内乱时，孔子也于这年来到了卫国。卫国的繁荣景象及“卫多君子”的政风还是令孔子大为欣赏的，这也增强了他欲在卫国从仕行道的信心。

子适卫，冉有仆。子曰：“庶矣哉！”冉有曰：“既庶矣，又何加焉？”曰：“富之。”曰：“既富矣，又何加焉？”曰：“教之。”（《论语·子路》）

子问公叔文子于公明贾曰：“信乎？夫子不言、不笑、不取乎？”

公明贾对曰：“以告者过也。夫子时然后言，人不厌其言；乐然后笑，人不厌其笑；义然后取，人不厌其取。”

子曰：“其然，岂其然乎？”（《论语·宪问》）

蘧伯玉使人于孔子。孔子与之坐而问焉，曰：“夫子何为？”对曰：“夫子欲寡其过而未能也。”

使者出。子曰：“使乎！使乎！”（《论语·宪问》）

子曰：“直哉史鱼！邦有道，如矢；邦无道，如矢。君子哉蘧伯玉！邦有道，则仕；邦无道，则可卷而怀之。”（《论语·卫灵公》）

子贡问曰：“孔文子何以谓之‘文’也？”子曰：“敏而好学，不耻下问，是以谓之‘文’也。”（《论语·公冶长》）

子谓卫公子荆：“善居室。始有，曰：‘苟合矣！’少有，曰：‘苟完矣。’富有，曰：‘苟美矣。’”（《论语·子路》）

这些话，恐怕都是孔子刚到卫国不久之后说的，从中可以看出孔子这时心情很好。他对卫国的几个著名的贤大夫都有所赞许，这正好印证了“卫多君子”（《史记·卫康叔世家》）的传言，同时也意味着孔子对卫灵公的称许。

这次适卫，孔子在卫国待了十个月。卫灵公也给予孔子与他在鲁国时一样的俸禄。后因有人诬陷，卫灵公命人带着武器监视孔子。于是孔子离开了卫国。

在这将近一年的时间里，孔子大部分的时间都是等待，这种心情，被子贡看出来了，子贡以“玉”为喻，巧问孔子，孔子也以“玉”为喻，坦率地表达了急于出仕行道的心情。

子贡曰：“有美玉于斯，韫椟而藏诸，求善贾而沽诸？”子曰：“沽之哉！沽之哉！我待贾者也！”（《论语·子罕》）

既然不被信任，孔子离开了卫国，就想到陈国寻找机会。一出卫国，便遇到了麻烦，他被匡人误认为是曾在匡地作乱的阳虎，被匡人围困了五天。脱险之后，孔子一行人又辗转回到卫国。

重回卫国，卫灵公很高兴，孔子仕卫，大概就在二次前往卫国之时。孟子说：“可以仕则仕，可以止则止，可以久则久，可以速则速，孔子也。”（《孟子·梁惠王下》）他还称孔子为“圣之时者”（《孟子·万章下》）。但这“仕”的方式也各有不同。于鲁之季氏，可称之为“见行可之仕”，即见到道义能实行而仕；于卫灵公，可称之为“际可之仕”，即因礼遇而仕；于卫出公，可称之为“公养之仕”，即因国君养贤而仕[①]。

既然受到卫灵公的礼遇，孔子这次在卫国本想有所作为，干出点事业的。可是因卫灵公夫人南子的一次召见，生出了一些是非，使得弟子不悦，卫人有疑。卫灵公肯定也不大高兴。为了摆脱这些无聊的纠缠，孔子再次离开卫国。司马迁记录“是岁，鲁定公卒”，即定公十五年。

此次离开卫国之后，《史记》上说孔子后来又三次到卫国，三次离开卫国，仅在陈国就停留了三年。若司马迁记录无误，定公十五年后三年，

① 于季桓子，见行可之仕也。于卫灵公，际可之仕也。于卫孝公，公养之仕也。（《孟子·万章下》）

即哀公三年，而哀公二年，卫灵公已卒，不会再有会见孔子之事。《史记》还说，第三次离开卫国，是因“灵公老，怠于政，不用孔子”。其实此时卫灵公尚不到五十岁，以今天的眼光看，算不得老。但从定公十五年到哀公三年，这三年的时间里，孔子再次前往卫国也是可能的。要不，就是司马迁弄错了时间，孔子并未在陈国呆满三年，否则就与本篇开头孟子所说的话相悖。那么有可能孔子第二次离开卫国不是在定公十五年，而是在定公十四年。

这几年间，卫灵公多次带兵出战，如定公十三年，卫灵公与齐景公同车伐晋；定公十四年，卫灵公与鲁公会师谋救范氏、中行氏；哀公元年，卫灵公与齐景公会师救邯郸。卫灵公问陈（作战），当发生于孔子二次或三次前往卫之时。

卫灵公问陈于孔子。孔子对曰：“俎豆之事，则尝闻之矣；军旅之事，未之学也。”明日遂行。（《论语·卫灵公》）

孔子说过，“道不同，不相为谋”。卫灵公问陈与孔子之答，可以说都亮出了底牌——卫灵公最终关心的是征战杀伐，而孔子关心的是仁政德治。这是两条平行线，找不到交汇点。即使卫灵公去世不那么早，孔子也不会寄希望于他了。

历史总是惊人的相似。卫灵公问陈，孔子答以仁政德治的事，又多次发生在战国时期，发生在孟子身边，只不过稍微改换了一下剧中的人物与场面而已。比如，梁惠王问利、梁襄王问定、齐宣王问齐桓晋文之事，等等。然而，最终也都是不欢而散，无果而终。

为什么这样的剧情反复上演？为什么孔孟的仁政大道行不通？此路不通就没有其他道路可行了吗？这真是中国文化思想史中很值得研究的问题。

孔孟是否反思过这些问题？应该说，研究过。就在陈、蔡绝粮之时，孔子就与子路、子贡、颜回诸人讨论过一次。子路认为是他们自己修养不够，难以取信；子贡认为是孔子的道太大，应稍作减损；颜回则认为天下不识不容，他们应当坚信不疑。孔子认可了颜回的看法，算是勉强有了个结论，以自安自慰。

对于寻找新路，樊迟也做过尝试，那就是想学稼学圃，从养己富民做起，然后教之导之，务民之义。可惜当年被孔子否决了。这条路两千多年后被梁漱溟、晏阳初试过，在改善当时的人民生活水平方面取得了一定的效果。令人感叹的是，这么多年来，许多仁人志士关于如何治理国家，如何让人民安稳富足的探索从未停止，也曾走过弯路，也曾痛苦迷茫。如今，这条道路已愈加清晰地展现在我们面前，我辈只需坚定地走下去。孔子如有知，当也会欣慰。

《论语》趣读五十六

子见南子：一个礼仪小品的多样解读

定公十四年，孔子二次适卫，受到卫灵公的礼遇，在卫国做了官。是个什么官呢？史无明论。孟子说算是“际可之仕”，即只受到国君礼遇的客卿、外臣，并没有具体职权。

尽管如此，这对于孔子来说，也是一个难得的机会。孔子正想安下心来施展拳脚，有所作为，不想因与卫灵公夫人南子的一次会见，闹出了许多“八卦”，引起了一场风波，使得孔子不得不再次离开卫国。

关于子见南子，《左传》无载，司马迁的《史记》倒是把这次会见描绘得很详细，很生动，很是惹人眼球。

灵公夫人有南子者，使人谓孔子曰：“四方之君子不辱欲与寡君为兄弟者，必见寡小君。寡小君愿见。”孔子辞谢，不得已而见之。夫人在絺帷中。孔子入门，北面稽首。夫人自帷中再拜，环佩玉声璆然。孔子曰：“吾乡为弗见，见之礼答焉。”子路不说。孔子矢之曰：“予所不者，天厌之！天厌之！”

这本是一次很正常的礼节性会见，并无什么实质性内容。孔子也本不想见，不得已而见，双方也都是彬彬有礼，中规中矩，谁知却引起了风波。先是子路大为不满，红脸粗脖地说了一通不满的话，说得孔子脸皮发红。本来，孔子可以像后来与子路辩论“正名”一样，先痛骂一声：“野哉，由也！”再与他好好理论。可这次可能子路的话说得太冲，使得孔子太没面子，孔子一着急，才在话赶话的争辩中急不择言，指天发誓，自证清白。

“子路不说（悦）”之后，事还没完，卫国大夫王孙贾见到孔子，不阴不阳地说了一通曲里拐弯的话，引得孔子再次把老天拉出来帮忙。二人说了一段像在打哑谜的话。

王孙贾问曰：“‘与其媚于奥，宁媚于灶’，何谓也？”子曰：“不然，获罪于天，无所祷也。”（《论语·八佾》）

王孙贾问：“‘与其献媚于屋内西南角的神，不如献媚于灶神’，这话是什么意思？”孔子说：“不对。如果得罪了上天，祈祷也没有用了。”

子见南子，子路为什么不悦？王孙贾为什么要打那样的哑谜？要弄清谜底，还得先问问南子为什么要见孔子？

子见南子，发生在定公十四年，稍晚不过为定公十五年。

南子，卫灵公夫人，宋国人，子姓，生有一子，曰郢。南子为卫灵公的宠妃，但不是正妻。卫灵公长子叫蒯聩，已立为太子。宠妃弄权几为春秋时代各诸侯国之通例，当年晋国骊姬就因弄权而导致晋国的一场内乱。这南子也是个喜欢弄权之人，已为卫国大夫们所共识。所以公叔文子的儿子就想除去南子，结果被南子告了一状，于定公十四年春被赶跑。

南子赶跑公叔文子的儿子，又想进一步壮大自己的势力，便想从宋国把她的情人宋朝招来，于是发生了蒯聩出逃一事。

卫灵公为夫人南子召见宋朝，在洮地相会。太子蒯聩去齐国奉献盂邑，路过宋国郊外。乡野人唱歌说：“母猪已经得到了满足，为何还不放过我们漂亮的公猪？”太子感到羞耻，对戏阳速说：“跟我回去朝见夫人，夫人见我时，我朝你看，你就杀了她。”戏阳速说：“是。”二人便去朝见夫人。夫人见太子，太子三次朝戏阳速看，戏阳速不动手。夫人见太子脸色不对，哭着逃走，说：“蒯聩要杀我。”卫灵公拉着她的手登上高台躲避。太子逃往宋国，卫灵公把太子同党全部赶走。

这样一来，南子便自觉势力渐大、地位稳固。她会见孔子，当是在定公十四年秋赶走蒯聩之后。赶走了政敌，见到了情人，这时她心情当是很好。她之所以坚持要见孔子，不过是为了传递一个她已大权在握的信号，同时也是为进一步弄权加分。因为人们都知道，孔子为当时知名的文化人，孔子和他的追随者们也是个很有实力的团体，且孔子正仕于卫。如能会见孔子，得到孔子的喜欢、支持，那是天大的喜事；如不能取悦孔子，只是走走形式，做个姿态，自己也算是“星星跟着月亮走——沾光”。

子路不悦，主要的原因恐怕是因为南子名声不好，去见南子，恐对老师本人的名声有损。没想到老师还真见了南子，这不是自污吗？况且子路是大学长，自觉可以代表大家发声，所以才会对老师甩了脸子。

王孙贾之所以要打那个哑谜，则是因为南子弄权，正兴风作浪，危及国家，但他是圈里人，不好直说，所以才以神位暗示权位，告诫孔子不要投错了门，站错了队。至于该敬什么神呢？有人说“奥神”是指卫灵公，指南子，而灶神则是指自己——王孙贾治军旅，也是个实权派。但据孔子说，王孙贾应算是个君子，不至于心地如此阴暗。那么，如此看来，王孙贾所说的“奥”，应为处于房屋深处、暗处的神，指卫灵公、南子；灶神应为处于房屋外面、明亮处的神，指卫国的大夫们。

当然，对这个礼仪小品，还有多种解读。最常见的一种是认为这是一个桃色新闻，是南子向孔子传情送目，频递秋波，孔子也心领神会，眉目传情。两千多年后，为了“反孔”，林语堂写的话剧《子见南子》，就是依此演绎出的故事，引得孔氏后人不满，闹出了一场官司。这几年，网络文学发达，也有人编排文章，说南子是个文艺青年，想向孔子学诗、学礼，有点师生恋的意思。

当然，作为当事人，孔子也有自己的解释。当时子路不悦，孔子没把话说清楚，但后来还是讲清楚了，说这是“礼”。在哪里讲的？就在《论语·季氏》篇的最后一章。

邦君之妻，君称之曰夫人，夫人自称曰小童；邦人称之曰君夫人；称诸异邦曰寡小君；异邦人称之，亦曰君夫人。（《论语·季氏》）

这一章没头没尾，突兀而出，文体特殊，很像是名词解释，绝不类对话或独语式的各章。怎么回事？笔者认为这就是孔子对见南子一事的解释。他重点解释的是南子的身份、名分、地位。弄清了这种身份，不得不见的理由就清楚了。你看当时人家南子说得多清楚，多漂亮，她就是君夫人，而欲与她的夫君结为朋友的人，她都想见一见。话说到这个份儿上，孔子能失礼不见吗？依礼而见却被人误会，这事也就成了孔子心中的一个疙瘩、一个结，所以这样的话可能不止说过一遍。可惜的是《论语》的记录者多为后起之秀，对此事的背景不太熟悉，只记了主干，而省略了枝叶。

哀公二年，卫灵公去世，去世前，曾想让子南（公子郢，字子南）继位，但子南坚决推辞，他说："我不足以承担国家重任，请您改变主意。您的夫人在堂上，卿大夫、士们在下边，您未与他们商量，我若是接受了，也只是辱没了您的命令。"灵公去世后，卫君夫人想立子南，子南还是极力推辞，他说："我与别人不同，而且我随侍国君直到他去世，也没听到这样的命令。况且还有逃亡太子的儿子辄在。"于是立了辄，是为卫出公。卫灵公太子蒯聩虽然仍在外面闹腾，但国内还是安定了几年。南子虽未能完全达到目的，但也保住了她的势力，也算是聪明。

《论语》趣读五十七

孔子与季氏：合作且斗争

《论语》中多次提到季氏，有人统计，仅"季氏"作为一个词单独出现，就有七章，如果连同"三桓"、季孙、季文子、季桓子、季康子、季子然等加在一起，对季氏的记述就更多了。这些记述，除对鲁国先贤季文子的评论外，多是孔子对与他同时代的季氏子孙的批评之词。季氏家族在鲁国是什么地位？孔子与季氏是什么关系？孔子为什么老是批评季氏？这些可能都是在阅读《论语》时经常碰到的问题，很有必要讨论一下。

所谓"三桓"，是指鲁桓公的三个庶子的后代，即庆父之后孟孙氏、叔牙之后叔孙氏、季友之后季孙氏。庆父野心大，庄公死后杀公子般与闵公，死于僖公在位时；叔牙拥立庆父，被赐死；季友立僖公，对稳定鲁国政局有大功。僖公后，“三桓”专政。后来四分公室，季孙氏取其二，是鲁国的执政。而且季友在僖公时，就担任鲁国相，他的后代也辅佐了多位鲁国国君，势力在“三恒”中居首。正因如此，鲁国政治的好坏，孔子及其弟子的命运，多系于“三桓”，特别是季氏。

孔子生前经历了季武子、季平子、季桓子、季康子四代执政，与季桓子、季康子都有过合作。

季武子执政时，孔子尚年幼。季平子专政时，孔子还未仕，却经历了鲁国当年的一次很大的政治动乱，所以他对季平子的行状还是很了解的。

昭公二十五年，季平子因斗鸡得罪郈氏，又因事得罪臧孙氏，更因在家中举行八佾之舞（万舞）的仪式进行私祭，耽误了祭祀襄公的大典，众大夫怨恨季平子。昭公在郈氏的挑唆下围攻季平子，欲置季平子于死地。但因政令久由季氏出，贫民大多靠季氏生存，而昭公并未施惠于民，所以昭公之兵毫无斗志。再加上叔孙氏、孟孙氏积极救援季氏，昭公大败，从此流浪国外。后来昭公也想回国，但季平子态度消极，昭公最终死在国外。

正是由于这次动乱，孔子觉得在国内无出路，所以才到了齐国，想到国外找发展的机会。齐景公欲用孔子，“以季、孟之间待之”（《论语·微子》）。这“季”，即是季平子。

孔子对季平子的批评，主要集中于两方面。

一是指责季平子僭礼。

孔子谓季氏：“八佾舞于庭，是可忍也，孰不可忍也？”（《论语·八佾》）

这里说的“季氏”，就该是季平子。当年跳万舞的人都跑到季氏家去了，弄得只有两个人留在国家乐队，因而无法祭祀襄公。季氏家如果不是“八佾舞于庭”，怎么会惹得众大夫不满？又怎么会有昭公围攻季氏之事？出了那么大的乱子，季氏也该长点记性，季桓子、季康子不会再在这事上惹众怒。昭公围攻季氏时，孔子已开始了他的教育生涯，当他讲到礼时，会拿这个大事件做例子，也是常情。

二是指责季平子对国君昭公做得过分。昭公流亡时，季平子不许昭公回国，昭公死后，又不许昭公入祖茔，孔子都觉得过分。所以到了定公时期，孔子为鲁司寇时，就扩大公墓土地，让昭公墓也划入祖茔之内，算是纠正了季平子的错误。

孔子与季桓子合作，是在定公时期。

定公五年，季平子去世，季桓子继位。季氏家臣阳虎势力做大，欲作乱，曾在季氏家臣公山弗扰的挑唆下囚禁季桓子。定公八年，阳虎欲借祭祀僖公之机，杀死季桓子。幸亏季桓子及早觉察，逃过一难。阳虎事败后逃往齐国。阳虎与公山弗扰知道孔子的名望，都想拉拢孔子入伙，被孔子拒绝，这些事情当发生在这几年之间。也许正因如此，鲁国有权势者感觉到孔子及其弟子是一股重要的政治力量，开始聘用孔子。孔子出仕后，先为中都宰，一年后为司空，继为大司寇。

定公十年，定公与齐景公在祝其（夹谷）相会，孔子任相礼，这次会面后，齐国归还了不少之前侵占鲁国的土地。这也是鲁国外交史上的一次胜利。

定公十二年，孔子弟子子路为季氏宰，“堕三都”。公山弗扰等人率领费邑人袭鲁，定公与季孙、叔孙、孟孙三人躲进了季氏的宫室。孔子指挥果断，大败费兵。

虽然“堕三都”的行动最终失败了，但这外交与内政上的两次事件，都让齐国与“三桓”认识到了孔子的“能量”。齐国不想有一个强大的邻国，“三桓”氏也不想有一个强大且针对自己的政治对手。所以他们都想办法排挤孔子。这就有了后来齐人馈女乐与孔子离开鲁国之事。

齐人归女乐，季桓子受之，三日不朝。孔子行。(《论语·微子》)

对这件事，《史记》有较详细的记载。

（孔子为鲁司寇）齐人闻而惧，曰：“孔子为政必霸，霸则吾地近焉，我之为先并矣。盍致地焉？”犁钼曰：“请先尝沮之。沮之而不可则致地，庸迟乎！”于是选齐国中女子好者八十人，皆衣文衣而舞《康乐》，文马三十驷，遗鲁君。陈女乐文马于鲁城南高门外，季桓子微服往观再三，将受，乃语鲁君为周道游，往观终日，怠于政事。子路曰：“夫子可以行矣。”孔子曰：“鲁今且郊（举行郊祭），如致膰乎大夫，则吾犹可以止。”桓子卒受齐女乐，三日不听政；郊，又不致膰俎于大夫。孔子遂行，宿乎屯。

孔子离开鲁国之后，并未完全切断与季氏的联系。

哀公三年，季桓子死，季康子继位。季桓子死前，曾对其宠臣正常说其妻南孺子已有孕，如生男孩，就报告国君立为继承人；如是女孩，就立季康子。季康子继位后，南孺子生下一男孩，正常用车载男婴向国君报告，随后正常逃往卫国。哀公派人探视男婴，婴儿已被杀死。这样季康子有了杀弟之嫌，继位就显得不光彩。季桓子为什么不看好季康子？恐怕季康子人格上也确有某些重大缺陷。比如，后来他向孔子问政时，竟公开主张杀人（“如杀无道，以就有道”），就可知此人残暴粗鲁。

也许正是由于有一个不光彩的开头，且为了证明自己，季康子继位后还是想有所作为的。他知道孔子的政治才能，也知道孔门弟子多贤才，所以重用子贡、冉有等为他效力，这就为孔子归鲁留下了希望。哀公十一年，季康子以重礼召孔子。孔子回国后，虽只是以国老待之，并未授以实权，但孔子的政治影响力却是很大的，季康子对孔子还是尊重的，他时常向孔子问政。

季康子虽为上卿，地位比孔子高，但孔子年长，且是退休的国老，所以孔子在与季康子的合作中，对季康子的批评也是很严厉的。

一是批评季康子越礼。比如，有一次季氏想祭祀泰山，孔子就让冉有劝阻，冉有认为不可，孔子就狠狠地批评了冉有。这当然也是对季康子的批评。

季氏旅于泰山。子谓冉有曰：“女弗能救与？”对曰：“不能！”子曰：“呜呼！曾谓泰山不如林放乎？”（《论语·八佾》）

二是批评季康子炫耀武力、欺凌弱小。比如，季康子想讨伐颛臾，就先让冉有、子路征求孔子的意见。孔子一针见血地指出，颛臾在鲁国邦域之内，是社稷之臣，讨伐颛臾就是内斗，是自乱阵脚，自毁长城。

季氏将伐颛臾。冉有、季路见于孔子，曰：“季氏将有事于颛臾。”

孔子曰：“求！无乃尔是过与？夫颛臾，昔者先王以为东蒙主，且在邦域之中矣，是社稷之臣也。何以伐为？”

冉有曰：“夫子欲之，吾二臣者皆不欲也。”

孔子曰：“求！周任有言曰：‘陈力就列，不能者止。’危而不持，颠而不扶，则将焉用彼相矣？且尔言过矣，虎兕出于柙，龟玉毁于椟中，是谁之过与？”

冉有曰："今夫颛臾，固而近于费。今不取，后世必为子孙忧。"

孔子曰："求！君子疾夫舍曰欲之而必为之辞。丘也闻有国有家者，不患贫而患不均，不患寡而患不安。盖均无贫，和无寡，安无倾。夫如是，故远人不服，则修文德以来之。既来之，则安之。今由与求也，相夫子，远人不服，而不能来也；邦分崩离析，而不能守也；而谋动干戈于邦内。吾恐季孙之忧，不在颛臾，而在萧墙之内也。"（《论语·季氏》）

三是批评季康子贪财聚敛。季康子欲实行田亩税，派冉有征求孔子的意见，孔子坚决反对。冉有帮助季氏聚敛，孔子大骂冉有。

季氏富于周公，而求也为之聚敛而附益之。子曰："非吾徒也，小子鸣鼓而攻之，可也！"（《论语·先进》）

四是批评季康子残暴好杀。季康子多次向孔子问政，孔子总是教育他要自身端正，施行仁义，尤其反对季康子为政残暴、好杀。

季康子问政于孔子。孔子对曰："政者，正也。子帅以正，孰敢不正？"（《论语·颜渊》）

季康子患盗，问于孔子。孔子对曰："苟子之不欲，虽赏之不窃。"（《论语·颜渊》）

季康子问政于孔子曰："如杀无道，以就有道，何如？"孔子对曰："子为政，焉用杀？子欲善而民善矣！君子之德，风；小人之德，草；草上之风，必偃。"（《论语·颜渊》）

对这些批评，季康子到底听进去多少，不得而知，但孔子的仁政思想却在这些对话中得到了尽情的发挥，为后代的政治家们留下了许多宝贵的启示。

哀公十六年，孔子去世，季康子从此再也听不到孔子严厉的批评、正直的规劝。哀公二十七年，越国使者来鲁，强迫鲁与越结盟，"三桓"都参加了这次会盟。季康子尤觉耻辱，所以才想起了子贡，说"如果子贡在这里，我们就不会如此"。同年，季康子死，哀公降礼吊唁。不久，哀公又因"三桓"专横，想借越人之力消灭"三桓"，结果又像昭公一样，逃亡国外，后被鲁人迎回，死于有山氏家中。

《论语》趣读五十八

孟懿子问孝：答案后的答案

据《左传》记载，昭公七年九月，昭公从楚国回到鲁国，孟僖子惭愧自己不能相礼，就招人讲学，如有懂礼者都虚心学习。及其将死，对大夫们说："礼，人之干也。无礼，无以立。吾闻将有达者曰孔丘，圣人之后也，而灭于宋。其祖弗父何以有宋而授厉公……。臧孙纥[①]有言曰：'圣人有明德者，若不当世，其后必有达人。'今其将在孔丘乎？我若获没，必属说与何忌于夫子，使事之，而学礼焉，以定其位。"所以后来孟懿子和南宫敬叔师事孔子[②]。

昭公七年，孔子不过十几岁年纪，已以习礼闻名。孟僖子死于昭公二十四年，孔子在此之前，已经开始设帐授徒，孟懿子与南宫敬叔当会遵父命向孔子学礼，应该是孔子的学生。然而遍查孔子弟子名录，却不见他们的大名，原因何在？第一种可能是孔子谦虚，不愿认位尊者为徒；第二种可能是孟懿子兄弟骄横，不肯认位卑者为师；第三种可能是当时的礼制，位尊者师事贤者，问礼贤者，不必即认定为贤者学生。当年，多国国君及政要都曾向孔子问政、问礼，就不可认定为拜孔子为师。但不管怎么说，孟懿子曾向孔子问礼的史实是存在的。也许正因他们之间的关系有点儿别扭，所以《论语》中才有了孟孙氏父子问孝两章哑谜式的短文。

孟懿子问孝。子曰："无违。"

樊迟御，子告之曰："孟孙问孝于我，我对曰，'无违'。"樊迟曰："何谓也？"子曰："生，事之以礼；死，葬之以礼，祭之以礼。"（《论语·为政》）

孟武伯问孝。子曰："父母唯其疾之忧。"（《论语·为政》）

---

① 臧孙纥即臧武仲，为臧文仲之孙。

② 孟懿子名仲孙何忌，南宫敬叔即仲孙阅。

之所以说这两章颇似哑谜，是因为孔子答得太简，以至于樊迟都摸不着头脑，虽经孔子解释，但还是疑问多多。比如，为什么问孝而答礼？孟懿子在礼上有什么欠缺吗？

孟武伯是孟懿子之后的继位者，此人向孔子问孝，孔子是答他要关心父母的疾病，还是说让父母除了子女的疾病之外，不要再有什么烦忧？

《论语》中，孔子曾指责“三桓”后代“以《雍》彻”（《论语·八佾》）等越礼行为，也曾感叹“三桓之子孙微矣”（《论语·季氏》），从而为解开这个谜底留下了一些草蛇灰线，但毕竟没有告诉人们谜底，这谜底还要到更大的历史文本中去寻找。

据史书记载，所谓“三桓”，即是指鲁桓公的几个儿子的后代。孟孙氏是桓公的儿子庆父的后代，又称仲孙氏。庆父在闵公时期以能折腾而闻名，故《左传》中说，“不去庆父，鲁难未已”。庆父的后代当然有所收敛，其玄孙孟庄子也曾以孝闻名，得到过孔子的赞扬。

曾子曰：“吾闻诸夫子：孟庄子之孝也，其他可能也，其不改父之臣与父之政，是难能也。”（《论语·子张》）

孟懿子是否孝？史无明确记录，不过他向孔子问孝的时间倒是可以确定的。文中提到“樊迟御”，而樊迟在哀公十一年抗齐保卫战时还被认为是年轻的。为孔子驾车该是在孔子为国老时期，这时孟僖子已经死去了三十多年，孟懿子问的肯定不是如何孝敬父母的问题，而只是泛问，或重点在儿孙怎样才算孝敬。

孟懿子既是泛问，孔子也就泛答。但因答案多样，泛答也会有重点，有针对。比如，子游问孝，孔子答以“敬”；子夏问孝，孔子答以“色难”。虽都是泛问泛答，但因子游、子夏尚属青年，他们孝敬父母的机会很多，孔子以此作答，即是勉励他们在孝上能更进一步。孟懿子问孝，孔子答之以“无违”，且向樊迟解释说无违礼，当是也有针对。针对的是什么？考虑到孟懿子为国之重臣，孔子这是在教他不要违礼。如果违礼，虽对先人“事之以礼”“葬之以礼”“祭之以礼”，先人也不会安享祭礼的。而据历史记载，孟懿子为政三十多年，确实做过很多违礼之事。

昭公二十五年，昭公因要祭祀襄公，跳万舞的只有两人，其余的舞生都跑到季氏家去了，昭公便与季平子结了仇，并联合臧孙氏、郈孙氏围攻季平子。昭公要联络孟孙氏和叔孙氏，但孟懿子骑墙观望，见到叔孙氏带兵打败了昭公后，立即倒戈，并逮住了郈孙氏，在南门的西边杀死了他。由此，造成了昭公的七年流亡。

定公十二年，定公与孔子谋“堕三都”，季孙堕费，叔孙堕郈，但孟懿子以郕近齐境而不积极堕郕，遂使“堕三都”计划流产，并逼迫孔子离鲁。

哀公二年，季桓子、叔孙武叔、孟懿子帅师伐邾。哀公三年，孟懿子再次围邾。

哀公十一年，齐侵鲁，季氏欲抗齐，孟孙氏、叔孙氏不合作。季氏不得已而背城一战，孟孙氏之右师又临阵而退。

孔子对孟孙氏的行为了如指掌，而又有教礼之诺，所以当孟懿子问孝时，孔子答以不要违礼就合情合理了。

孟武伯，即仲孙彘，又名孟孺子泄，武是谥，伯为行。此人曾向孔子问仁，因事涉公西赤，且从孔子之答的语气上看，孔门三子还都未仕，所以在孔子为鲁司寇时期，他还未当权，只是在其父亲手下历练而已。

孟武伯问子路仁乎？子曰：“不知也。”又问。子曰：“由也，千乘之国，可使治其赋也。不知其仁也。”

“求也何如？”子曰：“求也，千室之邑，百乘之家，可使为之宰也。不知其仁也。”

“赤也何如？”子曰：“赤也，束带立于朝，可使与宾客言也。不知其仁也。”（《论语·公冶长》）

孟武伯问孝，虽难以确定具体的时间，但可以肯定的是在其还未当政时期。孔子之答，是说要多关心父母的疾病呢？还是说除了让父母关心子女的疾病之外，不要再有什么让父母烦恼的事呢？从孟武伯的立身行状、为人风格上看，显然是指后者。此人谥“武”，也同叔孙武叔一样，属“刑民克服”“大志多穷”之武，为人强横，喜欢惹事。

哀公十四年，孟武伯想在成邑养马，成邑宰说：“孟孙因成邑人民贫困，不在这里养马。”孟武伯发怒，攻打成邑。后来成邑派官员去，孟武伯就鞭打人家。八月，孟懿子死，成邑的人来奔丧，孟武伯不接纳。成邑的人脱去上衣和帽子在大街上哭吊，并表示愿意听命驱使，孟武伯还是不答应，成邑的人害怕，不敢回去。

这年孔子还健在，当然听说过这事。孟庄子能在父亲死后不改父之政与父之臣，被人称孝。孟武伯攻打成邑时，其父还没有死，就想改父之政与父之臣，孟懿子听说这事也一定很伤心。那么，此前他一定也做过一些令父母伤心的事。因此，当他问孝时，孔子答以“父母唯其疾之忧”也就在情理之中了。

最后，笔者想顺便提一下《论语》中另外一个颇具黑色幽默意味的小故事，那就是“孺悲欲见孔子”的事：

孺悲欲见孔子，孔子辞以疾。将命者出户，取瑟而歌，使之闻之。（《论语·阳货》）

这也是个哑谜。孺悲是何人？无人能知。但据《礼记·杂记下》说：“恤由之丧，哀公使孺悲之孔子学士丧礼，士丧礼于是乎书。”可以肯定此人是哀公时期的人，能由君主指定学礼吊丧，当也有些来头。孟僖子不是遗命后人向孔子学礼吗？此人该也是孟孙氏子弟了。此人名中带个孺字，也许就是孟武伯或其族人吧！

《论语》趣读五十九

叔孙武叔毁孔子：浮云难蔽日

叔孙武叔，名州仇，谥号曰“武”，是叔孙成子之子。定公十年，孔子相定公会夹谷，州仇也于是年继位，成为叔孙氏家族的掌门人。哀公十六年，孔子去世，几年后州仇亦逐渐淡出鲁国政坛。州仇与孔子是多年同僚，在定公十二年“堕三都”的斗争中，也曾算同一战壕里的战友，应该有些情谊的。但出人意料的是，孔子逝世后不久，州仇即多次在朝堂上公开诋毁孔子。

叔孙武叔语大夫于朝，曰：“子贡贤于仲尼。”

子服景伯以告子贡。

子贡曰：“譬之宫墙，赐之墙也及肩，窥见室家之好。夫子之墙数仞，不得其门而入，不见宗庙之美、百官之富。得其门者或寡矣。夫子之云，不亦宜乎！”(《论语·子张》)

叔孙武叔毁仲尼。子贡曰：“无以为也！仲尼不可毁也。他人之贤者，丘陵也，犹可逾也；仲尼，日月也，无得而逾焉。人虽欲自绝，其何伤于日月乎？多见其不知量也！”(《论语·子张》)

叔孙武叔为何要抬高子贡，诋毁孔子？这段历史公案在中国文化史上的意义何在？这都是一些值得探讨的问题。

叔孙武叔为什么要抬高子贡？一个最为直接的原因是子贡曾为他解难，甚至可以说救过他一命。

哀公十一年春，齐人侵鲁，叔孙氏及孟孙氏畏敌怯战，不敢于边境接敌。在城郊之战中，二孙氏的右师又临敌即退，吃了败仗，倒是冉有率领的左师击退了齐师，取得了抗齐保卫战的胜利。当时社会风气、价值取向，是以战斗中勇敢无畏为荣的，所以《左传》战争叙事原则之一即是“叙勇”，对战争中的勇士总是不惜笔墨加以描述的。在抗齐保卫战中，叔孙氏表现得不光彩，这名声应该随后就传开了。

所以，到了五月，鲁、吴会师伐齐时，吴王夫差专门召唤了叔孙武叔，问他担任什么职务，叔孙武叔说担任司马。吴王就赐给他一副皮甲，一个剑铍，并对他说：“认真奉行你国君交待的事，希望你能自尊，别辱没了你的使命。”依礼，君赐臣剑，是欲其死。但古无赐剑铍之礼。何谓“铍”？有人认为是“剑而刀装者”，即用刀鞘装的剑。这可能是吴王看不起叔孙氏，所以故意给他个剑铍，讽刺他名不副实，也可能是吴王故意为难一下叔孙武叔，看他如何应对。叔孙武叔果然不知如何应答。这时子贡走上前去代叔孙武叔拜谢道：“叔孙州仇敬受皮甲跟从国君。”回避了赐剑铍之事，算是为叔孙武叔解了围。

再说，子贡与子服景伯在哀公时期的外交活动中确实为鲁国出力不小，挣足了面子，这是为各国朝野所公认的。以至于在哀公二十七年鲁与越结盟时，没有子贡的参与（因季孙氏不重用子贡），受了气，季康子认为是耻辱，才想起子贡，说："他要是在这里，我不会到这种地步。"孟武伯趁机说："为什么不召他来？"叔孙文子（而不是武子）说："以后请记住这句话。"

另外，子贡还有更令人称奇之处，那就是他的预测能力。孔子说他"亿则屡中"，说的是他预测市场行情的能力。其实在预测未来政治情势、政治人物的命运方面，子贡也是"亿则屡中"的。比如，他因见定公十五年正月邾隐公来朝时，定公执礼卑，预言定公将死。定公果于是年五月死，孔子还怨子贡多言。再如，哀公二十六年，卫出公逃亡在外，赠子贡弓，问子贡可否复国。子贡虽当面答以"臣不识也"，但也私下对使者说，卫出公内外都无亲信，复国无望。卫出公果然不久即死于越。

子贡贤能却不得重用，叔孙武叔抬高子贡并诋毁孔子，这显然是别有用心。值得注意的是，在诋毁孔子的行列中，有个人也特别活跃，他就是陈亢。

陈子禽谓子贡曰："子为恭也，仲尼岂贤于子乎？"

子贡曰："君子一言以为知，一言以为不知，言不可不慎也。夫子之不可及也，犹天之不可阶而升也。夫子之得邦家者，所谓立之斯立，道之斯行，绥之斯来，动之斯和。其生也荣，其死也哀。如之何其可及也！"（《论语·子张》）

陈亢，有人认为是子贡的学生，他的这番话明显是对叔孙武叔的呼应。此人抬高子贡的目的，一方面在于使自己升值，另一方面则是为叔孙武叔帮腔，向权势者献媚。叔孙武叔抬高子贡显然不是为了抬高自己，而是为了拉拢子贡。如果子贡表示同意，或者只是沉默，那么他就会进一步造舆论，说连孔子高足都认为孔子不行，可见孔子真的不行。

那么，问题来了：叔孙武叔为什么要拼命贬低孔子？

孔子主张谨言慎行，绝不是口无遮拦、信口开河之人，不会因言语而得罪什么人，更不会在行动上伤害到叔孙武叔。那么原因只能是孔子的政治信念危及到了权势者的利益，而叔孙武叔又是一个心地阴暗且喜欢仗势欺人之人。

孔子与"三桓"结仇，始于定公十二年"堕三都"之时，此时"三桓"家臣专权，借私邑叛乱，同意孔子"堕三都"的主张。孔子则想趁机削弱"三桓"势力，所以临时结盟，取得初胜。但很快"三桓"便醒过神来，觉得这是一次自伤。所以不久孔子被排挤离开鲁国，开始了十四年的政治流浪。

哀公十一年，齐侵鲁时，叔孙武叔和孟孙氏态度消极，在大战前叔孙武叔向冉有探听作战计划，受到冉有的奚落，也使他憋了一肚子气，当然也算到了孔子头上。

叔孙武叔谥“武”，这“武”字之谥有多义。事实证明，他不是英勇无畏、开疆拓土之武，而是“刑民克服”之武，“大志多穷”之武，这在历史上也是有记载的。定公十年，叔孙成子欲立叔孙武叔，公若藐说：“不可。”叔孙成子立了叔孙武叔后去世，叔孙武叔大权在握，就开始了报复之旅。他先是派其家臣公南杀公若藐，未成，又让公若藐为郈宰，然后派郈之马正侯犯杀了公若藐。不久侯犯在郈地叛乱，叔孙武叔又设计赶走了侯犯。可以说，此人是以残暴手段开始自己的为政之路的。哀公二年，叔孙武叔又带头伐邾，夺取邾之“漷东田及沂西田”。哀公三年，叔孙武叔再次包围邾国。但在哀公十一年齐侵鲁时，叔孙武叔却不愿出兵，临敌即败。由此可见，此人一贯恃强凌弱而又欺软怕硬，在孔子生前，他自知不是对手，孔子死后，他便把一肚子怨气撒在了孔子头上。多次诋毁孔子，也就不难理解了。

其实，对孔子的诋毁并不自叔孙武叔始，孔子在周游列国的过程中就不断受到权势者的反对与诋毁，到了秦始皇焚书坑儒，“反孔”可以说达到了高潮。有趣的是，汉代之后，孔子却是声名日高，渐被捧到了云端。为什么会发生如此的反转？其实都是利益使然。当孔子思想侵害到统治者的利益时，统治者就拼命反孔；当统治者发觉改造一下孔子思想就可为己用时，便又拼命尊孔了。

真理总是在争论中越辩越明的，孔子思想的发展也没有离开争论。叔孙武叔的反孔引发了第一波孔子思想保卫战，子贡、宰予、有若都是这次保卫战的勇士。而今有人说他们是在大树特树孔子，是在树神，这就不合事实了。真不能设想，如果孔子思想遭人诋毁时，众弟子都没人出声，那将是什么后果。

《论语》趣读六十

子服景伯与孔子：惺惺相惜

子服景伯，名何，子服是氏，景是谥，伯是字。子服氏是鲁国仲孙氏的一支。据他自己说，自鲁襄公以来，子服氏世代掌司鲁国祭祀之职（《左传·哀公十三年》），故子服景伯以明礼而闻名。他是否是孔子的学生？史无定论。孔子弟子排行榜上，也无他的名字。但他却在《论语》中出现了两次，从这两次的表现看，他是孔子的铁杆粉丝当是无疑的。

公伯寮愬子路于季孙。子服景伯以告，曰："夫子固有惑志，于公伯寮，吾力犹能肆诸市朝。"

子曰："道之将行也与，命也。道之将废也与，命也。公伯寮其如命何！"（《论语·宪问》）

叔孙武叔语大夫于朝，曰："子贡贤于仲尼。"

子服景伯以告子贡。

子贡曰："譬之宫墙，赐之墙也及肩，窥见家室之好。夫子之墙数仞，不得其门而入，不见宗庙之美、百官之富。得其门者或寡矣。夫子之云，不亦宜乎！"（《论语·子张》）

这两件事发生在什么时候？子服景伯为什么表现得如此激愤？他是个什么样的人？解开这些谜团，当会对《论语》有更深入的了解。

子服景伯在《左传》中第一次出现是在哀公三年。这年，鲁国都发生大火，火越过公宫烧到桓公、僖公庙，救火者都高呼要照顾好府库财物。南宫敬叔到达现场，命令掌管周书典籍的官员先搬出送给鲁君看的书籍；子服景伯到场，命令主管礼仪的官员先运出礼书，等待命令；季桓子到现场，强调注意人的安全，指示"旧的典籍不能丢失"。

也许正是因为子服景伯在这次火灾中指挥果断、表现出色，从而引起了季氏的注意。同年，季桓子去世，季康子当政，子服景伯也似乎得到了重用，频繁出现于鲁国政坛之上，在外交、军事等重要活动中表现出了眼光远大、贤明果敢的君子风范。

哀公七年，吴、鲁会盟，吴国恃强凌弱，要鲁国贡献百牢，子服景伯对吴人说："先王没有这种先例。"吴人强征，子服景伯批评这是抛弃周礼，并预料吴国会灭亡。但考虑到吴强鲁弱，还是满足了吴国的要求。

同年，季康子欲攻打邾国，宴请大夫讨论此事。子服景伯率先发言："小国事奉大国靠的是信，大国保护小国靠的是仁。背弃大国是不信，进攻小国是不仁。失去了信与仁，就有危险。"众大夫也赞同此议，宴会不欢而散。但季康子还是自行其是，进攻邾国。

哀公八年，吴王因邾国求助，进攻鲁国。孟懿子问子服景伯："怎么办？"子服景伯倒是临危不惧，他说："吴军前来，就与他们交战，有什么可怕的？而且是我们把他们招来的，还有什么要求呢？"有了子服景伯这样的态度，鲁国不得不认真备战，有若就是在这次抗吴战中崭露头角的。

看到鲁国人英勇反抗，吴人答应讲和，将要结盟时，子服景伯坚决反对。他认为，吴军轻率远征，不能持久，将要撤兵回去了，鲁人应稍等几天。吴人还没有大的损失，就与他们订立城下之盟，这是抛弃国家！季康子不听。子服景伯就背着盟书跑到莱门。鲁国请求把子服景伯作为人质留在吴国，后才与吴国订立盟约。

哀公十二年，鲁、卫、宋三国结盟，拒绝与吴结盟，吴人包围了卫出公的住处，想胁迫卫出公。子服景伯认为吴国无礼，便叫子贡去见吴太宰。子贡说服了吴太宰，吴人才释放了卫出公。

哀公十三年，吴人打算带哀公去见晋定公。子服景伯对使者说这样不合周礼，对吴国也没有好处。吴人听了子服景伯的话，但过后又后悔了，打算囚禁子服景伯。子服景伯说："我早已立下了继承人，准备带两辆车子和六个人跟你们走。"走到半路，子服景伯对吴太宰说："我家世代在祭祀中有职事，不久鲁国会有祭祀活动，我不能参加，国人会怪罪吴国。况且你们抓了我这样地位低的人也没有什么好处。"吴国人觉得捉了子服景伯只会给自己带来坏名声，还是把他放了回来。

哀公十五年，子服景伯同子贡出使齐国，受到陈成子的隆重接待，齐国为表诚意，归还了鲁之成邑。

值得注意的是，哀公十六年，孔子去世后，子服景伯也似乎被投闲置散，不再参加重大政治活动，《左传》也从此没了他的记录。这样看来，他的活动应主要集中在哀公三年至哀公十六年之间，他与孔子的交集应在孔子离开卫国返回鲁国之后。他的威望与权力也应于哀公十年后为最高。所以，笔者认为可以做一个大胆的推断，公伯寮说子路坏话，子服景伯想将其“肆诸市朝”的事，也应发生在哀公十一年至哀公十六年之间，而叔孙武叔说孔子坏话，子服景伯以告子贡的事，当在哀公十六年，孔子去世之后。

从《左传》的记载看来，子服景伯其人讲礼重信，思想很接近孔子，其人能言善辩很似子贡，刚直果决又颇似子路，一定很受孔子的赏识，也一定与子路有交往。所以当孔子、子路受到他人的诋毁时，便感到不平，从而及时相告便在情理之中了。

子服景伯与季康子同为鲁国贵族，二人有过不错的合作，子服景伯一度得到重用也应与季康子的提携有关，所以，季康子身边的人诋毁子路，子服景伯能够知情。但子服景伯不满季康子的短视与无礼，曾与之进行过斗争，这也是事实。

公伯寮很可能也是孔子的弟子，此人应与冉有、子路同时为季康子服务。孔子的弟子中看人下菜的小人也不少，当年子路鼓瑟于孔子之门，孔子批评子路后，便有人不敬子路。子路与冉有都做过季氏宰，孔子曾因征田赋和伐颛臾等事批评过他们，冉有不听，子路可能从此对季氏有所警惕，时有违逆也是可能的。

哀公十四年，小邾大夫射带着句绎逃来鲁国，说：“要是子路和我口头约定，我就不需盟誓。”季康子派子路去，子路推辞。季康子派冉有对他说：“对千乘之国不信其盟，却相信你的话，这对你有什么损害呢？”子路回答说：“如果鲁邾开战，我不敢问缘故，可以战死城下。现在他不守臣道，我却帮助他，就是肯定他的行为合乎义了，我办不到。”这件事就肯定会使季康子不快，二人关系有所疏远也在情理之中。笔者想，公伯寮当是很会看人眼色行事的人，他诋毁子路也当在此事前后不久。

子服景伯要杀公伯寮，孔子不许，还说出那么一通叫人颇感悲伤的话来。这是为什么呢？此时孔子已步入暮年，他知道自己不得重用，子路也不得重用，从政而行道的事是不可行了，这是无法强求的。他也深知子服景伯勇敢果断，但也与子路一样颇显鲁莽，如果一时冲动，真的动手杀人，这更是不仁不义之举，所以他便说出一番颇为低调的话来，为子服景伯“降温”。

《论语》趣读六十一

孔子见阳货：道与术的较量

《论语·阳货》篇“阳货欲见孔子”一章，颇具戏剧性。虽然只是一出“二人传”，表面上也都彬彬有礼、温文尔雅，但由于孔子与阳货（又称“阳虎”，本文中称为阳虎）都亮出了心中之长剑，剑锋相挫，火花四溅，一时也使人眼花。

阳货欲见孔子，孔子不见，归孔子豚。

孔子时其亡也，而往拜之，遇诸涂。

谓孔子曰：“来！予与尔言。”曰：“怀其宝而迷其邦，可谓仁乎？”曰：“不可。好从事而亟失时，可谓知乎？”曰：“不可。日月逝矣，岁不我与。”

孔子曰：“诺。吾将仕矣。”（《论语·阳货》）

阳虎为什么要见孔子？孔子为什么不愿见阳虎？阳虎为什么要说那么多话，怂恿孔子出仕？孔子又为什么答应阳虎出仕？要弄清这些问题，需要先弄清阳虎是什么人，以及孔子此时的处境。

阳虎是季氏资深家臣，一个惯于要弄权术、谋取势位的人物，其势力渐大应在季平子时期。季氏连续几代把持鲁国朝政，到了鲁定公初年，季氏权柄落入阳虎之手。

定公五年六月，季平子死，阳虎想用鲁国国君的佩玉随葬季平子，季氏家臣仲梁怀不同意，于是与阳虎结仇。同年九月，阳虎勾结季氏费宰公山弗扰囚禁季桓子及其族人。同年十月，阳虎与季桓子结盟并举行大诅的仪式，赶走了季氏的几个族人，这事才算完结。

定公六年，鲁伐郑，阳虎故意不向卫国借道，并强迫季桓子、孟懿子从卫国都城南门进，东门出，以触怒卫国，与“三桓”结仇。令阳虎想不到的是，这场仇怨却因卫国贤臣公叔文子的一番劝告而轻松化解，公叔文子预料“天将多阳虎之罪以毙之”。

同年，阳虎又以向晋国献俘、献礼名义，强迫季桓子、孟懿子出使晋国。孟懿子向晋国大臣范献子通报鲁人患阳虎，并预料他会逃往晋国，暗示将来晋国不要重用他。同年，阳虎和定公及“三桓”在周社结盟，与国人在亳社盟誓，在五父之衢行诅咒的仪式。

定公七年，齐人归还郓、阳关，阳虎居住在那儿执掌政事，势力大增。

同年，齐国国夏率军攻打鲁国。阳虎为季桓子驾车，公敛处父为孟懿子驾车，准备夜袭齐军，齐军得知后设下埋伏等待。公敛处父说：“阳虎你不考虑这样做的危险，必死无疑。”季孙氏家臣苫夷说：“阳虎你若把他们二人陷于祸难，不等军法官判决，我就一定先杀了你。”阳虎害怕了，便撤兵，鲁军才得以不败。但这一次也让阳虎认识到自己的危险处境。

定公八年，阳虎欲除去“三桓”，以季桓子之弟季寤取代季氏，以叔孙辄取代叔孙氏，自己取代孟孙氏，准备在十月祭祀之日在蒲圃杀死季桓子。公敛处父发现了阳虎的阴谋，提前防备，打败了阳虎，阳虎出逃而叛鲁，季桓子得以脱险。

定公九年，阳虎奔齐，后奔晋。差不多在同一时期，孔子出仕，为中都宰。

阳虎何时见孔子？那一定是在定公五年阳虎专擅鲁国国政，至定公八年叛鲁之间。只要看他这几年多次设计陷害“三桓”，也多次受到“三桓”族人的警告，其野心大增的同时，恐惧心也大增，从他多次与“三桓”盟誓、诅咒，就可以明白。这时候，他最需要取得支持，以增加取胜的筹码，安顿恐惧的灵魂。他也曾将眼光投向国外，想借卫国、齐国武力削弱“三桓”，只不过这种借刀杀人之计被人识破，没能玩成，所以他只得在国内寻找力量，而孔子就是他的最佳人选。

孔子于年幼时即以习礼闻名，三十岁时，已办学授徒，名满天下。昭公晚年，孔子曾入齐见齐景公，景公欲“以季、孟之间待之”，即以卿大夫的爵禄待孔子。定公时期，孔子私学办得更红火，其手下人才济济，颜回之贤、子路之勇、冉有之艺、宰予之辩都已为人所公认，后来就连孟懿子兄弟也向孔子问礼，师事孔子。孔子集团事实上已成为鲁国民间的一支极重要的学术、政治势力。定公初期，正是孔子及其弟子都想在鲁国政治舞台上一试身手、展示实力的时候，况且，孔子反对“三桓”擅权、越礼，欲强公室而弱私门的政治主张，阳虎应该早已嗅到。他极想利用孔子欲出仕的心理，拉孔子结成反“三桓”的联盟。

所以，阳虎此时急于会见孔子。但他又放不下他那大夫的架子，便趁孔子不在家给孔子送礼。按孟子的解释，“大夫有赐于士，不得受于其家，当往拜其门”。孔子也以其人之道还治其人之身，趁阳虎不在家，往拜阳虎。结果，两人在路上相遇了。

一见面，阳虎便摇动其如簧之舌，开始了紧急动员。先是拉近乎：“来！予与尔言。”继之“戴高帽”，说孔子才德高尚，如怀大宝，再加上表同情，感叹孔子怀才不遇，“迷邦”“失时”，且惋惜式地批评孔子“迷邦”“失时”为不仁、不智，最后则以时光流逝、机会难得之类理论加以怂恿。

孔子当年也是弟子遍天下，消息灵通，知道阳虎葫芦里卖的是什么药。孔子虽然反对“三桓”，但他的目的却在于强公室、张正义，而阳虎反“三桓”的目的在于强私门、擅国政。虽然是道不同不相为谋，但在反“三桓”的现实目标上，孔子与阳虎倒也有相同之处。况且孔子知道，不出仕便无以行道，能得阳虎之助而出仕，有何不可？所以孔子漫应之曰：“诺。吾将仕矣。”

他们虽然在“出仕”上达成了共识，但在仕于谁的问题上却南辕北辙。阳虎显然想让孔子仕于自己，这时他很可能已有郓、阳关这些私人领地，还有其同党公山弗扰占据的费，让孔子到这些领地做个邑宰当是小菜一碟。但孔子想的是仕于朝廷，绝不会屈就于阳虎门下，更不会助纣为虐。

阳虎是否知道孔子的这番心思呢？知道。但小人总是认定只要诱之以利，就可以使人就范。但这是小人逻辑，以小人的逻辑揣度君子，往往会以失败告终。

孔子是否知道阳虎的这番心思呢？知道。孔子知道阳虎不会推荐他到朝廷为仕，只不过是想壮大自己的势力而已。但孔子之所以漫应之曰“诺。吾将仕矣”，也是想借阳虎传递一个准备出仕的信息。阳虎为给自己壮胆，也一定会传递这个信息的。以君子的逻辑揣度小人，往往十拿九稳。

与阳虎欲召孔子一样，阳虎的同党公山弗扰也召过一次孔子。

公山弗扰以费畔，召，子欲往。

子路不说，曰：“末之也已，何必公山氏之之也？”

子曰：“夫召我者而岂徒哉？如有用我者，吾其为东周乎！”（《论语·阳货》）

有的注家认为，公山弗扰以费叛发生在定公十二年，召孔子也应是这一年。但此时孔子已为大司寇，绝非一个小小的费宰所能召得动的，况且，孔子想行道已经有了鲁国这个大舞台，不会再到费邑这个小台面上去建什么“东周”。有人便曲辩之曰，孔子这时想借公山氏的势力打击季氏，恢复公室权力，这种曲辩更是无力的。事实上，早在定公八年阳虎叛乱时，阳虎的同党公山弗扰、叔孙辄等人就是积极的支持者，只不过阳虎在鲁都劫持了定公和叔孙武叔攻打孟孙氏时，公山氏不在场，阳虎叛乱失败后，公山氏仍留在费。到了定公十年，叔孙氏的马正侯犯就以郈叛，叔孙武叔曾两次围郈。这才有了定公十二年，子路为季氏宰，将“堕三都”，公山弗扰与叔孙辄率费人攻鲁之事。

其实，《论语》中并没有指实公山氏之叛发生在哪一年，《左传》也没有明指公山氏哪年叛的，只在《左传·定公十二年》的记载中说公山氏反对堕费，“帅费人以袭鲁”。笔者认为，公山之叛极有可能就发生在定公八年阳虎叛乱之时，是年孔子尚未仕，召孔子也应在这一年。

孔子真的急于出仕，响应公山氏之召，到费地建立一个理想国吗？也不是。笔者认为他的目的还在于借公山氏之口，传递准备出仕的信息，只不过子路不理解老师的这种用心，孔子也不便明告子路而已。

果然，这个信息传递出去了，阳虎反叛失败后，孔子也顺利出仕。

孔子陈、蔡绝粮后，欲仕于楚国，他也是之前就放出了欲去楚国拜见答礼的消息，又叫子贡去先行安排。这就是不打无准备之仗。

还有一个证据就是，哀公五年，孔子还在西游路上时，晋国范氏家臣佛肸也曾于中牟叛乱，召孔子前往。

佛肸召，子欲往。

子路曰："昔者由也闻诸夫子曰：'亲于其身为不善者，君子不入也。'佛肸以中牟畔，子之往也，如之何？"

子曰："然。有是言也。不曰坚乎，磨而不磷；不曰白乎，涅而不缁。吾岂匏瓜也哉？焉能系而不食？"（《论语·阳货》）

这里的"欲往"，还只是"欲"而已，是做个姿态、传递信息。孔子的真实用意还在于想到晋国碰碰运气。所以，《史记》在记载佛肸召后不久，就说"孔子既不得用于卫，将西见赵简子"，只是听说赵简子杀了晋国的两位贤大夫窦鸣犊、舜华，才临河而返。

宋人晏殊有一首词说："昨夜西风凋碧树，独上高楼，望尽天涯路。欲寄彩笺兼尺素，山长水阔知何处？"这是感叹信息传递之难。其实这种艰难孟子也早就说过："君子之厄于陈、蔡之间，无上下之交也（跟这两个国家的君臣都没有交往）。"孔子又何尝不知这种艰难？所以他会借用各种渠道传递信息，只是后人很少从这个角度理解他，所以才造成了许多误解。

《论语》趣读六十二

臧文仲是窃位者吗？

孔子曾修订过《春秋》，对春秋时代几百年间的历史人物都甚为了解，对影响一个时代的政治人物都有过极为公允、准确的评论，如对齐桓公、晋文公、管仲、子产等人的评论就很令人信服。但奇怪的是，他对鲁国一些已故的文化名人和政要却多有微词，批评较多，如他曾两次谈到臧文仲，但都是给出了负面批评。

子曰：“臧文仲居蔡，山节藻棁，何如其知也？”（《论语·公冶长》）

子曰：“臧文仲其窃位者与？知柳下惠之贤而不与立也。”（《论语·卫灵公》）

“人非圣贤，孰能无过”，仅凭一两件事就断定某人不仁不智，似乎也太勉强了。所以《左传》中就专门记了仲尼（孔子）的一段话，为孔子的这个结论做注脚。

仲尼曰：“臧文仲，其不仁者三，不知者三。下展禽，废六关，妾织蒲，三不仁也。作虚器，纵逆祀，祀爰居，三不知也。”（《左传·文公二年》）

“下展禽”，展禽即指柳下惠，此句是说没有推荐柳下惠担当更大职务，却使他居于下位；“废六关”，是说设立（或废止）了六个关卡（又一说法是关口的名称是“六关”），用以收税（或禁止出入）；“妾织蒲”，是说让妾织蒲席卖，与民争利；“作虚器”，就是私藏大蔡之龟，并为它建造了一个豪华的房子；“纵逆祀”，是说默许他人举行不和顺序的祭祀而不加制止；“祀爰居”，是指有一只名叫爰居的海鸟落在鲁国东门外，臧文仲让人祭祀它。

但仅凭这样的六件事，就真的能断定臧文仲是个不仁不智的“窃位者”吗？还是叫人生疑。

孔子曾批评管仲“有三归（收市租），官事不摄”，生活奢华，且家有塞门、反坫，僭越礼仪。孔门弟子也曾批评管仲不忠不义，公子纠死而己不死，且投降于公子纠的敌人小白，做了小白的宰相。但孔子还是许管仲以“仁”。子张也曾问孔子：“令尹子文三仕为令尹，无喜色；三已之，无愠色。旧令尹之政，必以告新令尹。何如？”又问，当齐国的崔杼杀了齐庄公以后，陈文子虽然有马四十匹，却弃而违之，逃离齐国，这人怎样？应该算是仁者了吧？但孔子只是认为他们不过是忠于职守、洁身自好而已，算不得“仁”。由此可见，孔子对历史上重要的政治人物的评价，是十分谨慎的，他绝不轻易许人以“高帽”，也不随便加人以恶名，他有自己的一套评价标准，这就是看其在历史上的作用如何，是否为国家、民族、大众带来过福祉。因此，他重其大节，略其小过，绝不细察苛责。正是用这套标准，他认定管仲仁，子产惠，史鱼直，而令尹子文不过是忠，陈文子不过是清而已。那为什么到了臧文仲这里就显得有点细察苛责，武断地给他戴了顶“窃位者”的帽子呢？

既然《左传》引用了孔子的话批评臧文仲，这就启示人们，不妨到《左传》中看一看臧文仲的行状、举止。但这一看不要紧，人们却会得出与孔子完全不同的结论。

臧文仲，即臧孙辰。臧孙氏是鲁孝公之子彄的后代，虽世代为卿，但到了庄公时期已不属国君近族，所以臧文仲既没有闵公、僖公时期的季友（此人曾除掉自己兄弟叔牙、庆父，立僖公，稳定鲁国政局）的权威，也没有“三桓”氏的势力。他为政较为谨慎、本分，历经庄、闵、僖、文四朝。如果从庄公十一年他出现于《左传》中算起，到文公十年去世，他在鲁国政坛上活跃了六十多年，从庄公二十八年记载他作为卿为国效命到他去世，也有近五十年的时间，算是鲁国政坛上的“常青树”。但他绝不是那种随波逐流、只知自保的“不倒翁”。自他为卿到他去世的时间里，如果说鲁国政治还有些亮色，值得在史书上留下光彩几笔的话，这几笔也都与臧文仲相关。他在鲁国政坛上举足轻重，言行足以左右当时，但基本都是发挥的正能量，算得上一个仁者、智者、贤者。

说他仁，是因为他能坚持以民为本的仁政思想，关心民众疾苦，为民众谋取福利。

比如，庄公二十八年，鲁国发生饥荒，臧文仲劝说鲁庄公拿出名贵的钟鼎玉帛“籴于齐（向齐国买谷）”。因为前几年鲁国与齐国之间争战不已，谁也不愿担当赴齐籴粮的任务，臧文仲就自告奋勇。随从们对他说：“国君并没有指派你前去，你这不是自找苦吃吗？”臧文仲说：“贤德之人应急国家之危难而谦让平常易办之事。处于上位而不体恤民众，身为官吏而又懒于理事，不是事奉国君所应做的。”结果，此事感动了齐人，“归其玉而予之籴”。

再如，僖公二十一年，鲁国大旱，僖公准备烧死巫、尪来求雨。臧文仲说：“这不是防备大旱的办法。修好城郭、节约饮食、节省开支、致力农业、劝人施舍，这才是当务之急。巫、尫能做什么？天如要杀他们，则不如不生他们，如果他们能造成旱灾，烧死他们旱灾会更厉害。”僖公听从了他的话，这年，虽有饥荒却没有造成很大的伤害。

说他智，则是因为他不仅知人知礼，而且很会根据人情物理判断社会情势，从而为国计民生做出正确决策。

比如，早在庄公十一年，臧文仲还是个青年的时候，夏天，宋国侵鲁，被鲁国打败，到了秋天，宋国遭到水灾，庄公还是派使者前往慰问。宋闵公对使者说：“我对于上天不敬，上天降灾，还使贵国国君担忧，承蒙关注，实不敢当。”臧文仲说：“宋国恐怕要兴盛了吧！禹、汤责罚自己，他们勃然兴起。桀、纣责罚别人，马上灭亡。而且诸侯国发生灾荒，国君自称‘孤’，这是合乎礼的，言语有所戒惧而称名合于礼制，兴盛大概是没问题了。”后来听说上面的话是公子御说（即后来的宋桓公）所说的，臧孙达（臧文仲的祖父）说：“这个人适合当国君，因为他有体恤百姓的心思。”庄公十二年，宋闵公被杀，国人立公子御说为君，是为宋桓公。

再如，僖公二十年，宋襄公想会合诸侯，称霸天下，臧文仲听说后说：“让自己的欲望去服从别人就可以，强迫别人服从自己的意愿就很少能成功的。”这话果然也说准了。到了僖公二十二年，宋楚交战，宋大败，宋襄公大腿也受了伤，不久死去。

另如，僖公二十二年，邾国侵鲁，僖公轻视邾国，不设防就抵御邾军。臧文仲说：“敌国无大小，都不能轻视。不设防，虽是人多，也不可靠。《诗》里说：‘战战兢兢，如临深渊，如履薄冰。’又说：‘敬之敬之，天惟显思，命不易哉！’以先王的那样的明德，尚且会遇到困难，没有不戒惧的，何况我们小国呢？”僖公不听，结果大败，邾人缴获了僖公的头盔，把它悬挂在鱼门之上。

臧文仲生前受人尊重，死后也被称为圣贤，鲁国的一些政要往往以他的言行为准则，处理国事。比如，文公十七年，即臧文仲死后第七年，襄仲到齐国去，拜谢谷地之盟。他回报文公说：“我听说齐国人打算来鲁国吃鲁国的麦子。但在臣下看来，恐怕不能。齐国国君说话草率。臧文仲说过：‘百姓的主人草率而无远虑，必死无疑（民主偷，必死）。’”果然，第二年，齐懿公被人杀死。

文公十八年，太子仆依靠国人杀了莒纪公，带着纪公的宝玉逃奔到鲁国，鲁国新任国君鲁宣公收留了他，还命令送给他食邑。季文子却派司寇把太子仆赶出了国境。宣公问什么缘故，季文子派太史克回答说："先大夫臧文仲教导行父（季文子）侍奉国君的礼仪，行父尊奉它以应对宾客，不敢失礼……。这个莒太子杀父弑君，偷宝来鲁，是逆子盗贼。用这样的人来教育百姓，百姓将迷乱而失去准则，因此要赶走他。"

如此说来，臧文仲应说是一个有德有才的贤者，君子"不以一眚掩大德"，孔子既然整理过鲁史，了解臧氏，为什么却对他多作出负面评说呢？如何理解孔子在这个问题上的矛盾呢？这也应是理解孔子思想的一个重要话题。笔者认为，这可能是认识上的两个盲区或误区所致。

一是《春秋》责备贤者。据说孔子编辑《春秋》的一个重要原则，即惩恶劝善，为此就要秉笔直书，不隐善，亦不隐恶。由于那些肩负重任的贤者具有引导风尚的能力，所以就格外强调这些贤者的领导责任，这大概即是《春秋》责备贤者的意思。比如，晋灵公不君，多次想杀死晋之贤臣赵盾，赵盾不得已而逃走，未出国境，听说晋灵公被赵穿杀死，便又回到晋国，太史董狐却大书"赵盾弑其君"。孔子认为董狐是良史，"书法不隐"；赵盾也是良大夫，他只是因为史官坚持原则而蒙受弑君的恶名，"为法受恶"，如果他走出国境，就能免除这个恶名。臧文仲之"下展禽""纵逆祀"，实际上就属于责备贤者之列。

臧文仲与展禽之交集主要在僖公、文公时期。僖公二十六年，齐侵鲁，逼近鲁之北门，展喜犒劳齐师，他向展禽请教如何措辞，与此同时，臧文仲则赴楚求救兵。看来两个人的配合还是很默契的。据《论语》说，展禽"为士师，三黜"，很难说他未得重用。展禽之用舍行藏，原因多多，恐怕不能全归之于臧文仲，只是臧文仲当时地位举足轻重，领导责任是免不了的。孟子说柳下惠是"圣之和者"，想来他与臧文仲之间应不会互有恶感，臧文仲也不会有意贬低展禽。

"纵逆祀"也属代人受过。这事发生在文公二年，鲁国为去世不久的僖公立神主，主管祭祀的夏父弗忌把僖公的神主升到了闵公之上，还说什么"新鬼大，旧鬼小，先大后小，这是顺序"。这就是"逆祀"。虽然当时执政大臣为公子遂，但由于臧文仲威望高、影响大，也没有制止此事，算是默认。

“废六关”更是代人受过，因为无论是设立关卡还是废止关卡，恐怕都不会是臧文仲一人的主意，何况臧文仲并非鲁国执政大臣。

至于“妾织蒲”“作虚器”“祀爰居”，或为个人小事，或为一时糊涂，都算不上什么大奸大恶的，放在一般人身上可能存而不论，只是因为臧文仲名望太大，所以才格外惹人议论。比如，“居蔡”一事，按当时的风俗应属畜养宠物，并非什么犯上之举，后来臧文仲的孙子臧武仲还曾拿这样的大龟当作礼物送人，也没见有什么议论。

二是语境不明或错位。一个文本意义的生成，离不开一定的语境，语境错位往往会导致理解错位。《论语》中的一些问答式文本或叙述式文本的语境具有自足性，而那些独语式文本就容易产生歧义。孔子评说臧文仲的两章都是独语式文本，语境不明，只有放到《论语》及《左传》等大文本之中，才会找到正解的方向。另外，语式、语态等也会给人提供一定的帮助。比如，《论语》中曾提到：

子曰：“君子而不仁者有矣夫，未有小人而仁者也。”（《论语·宪问》）

子贡曰：“君子之过也，如日月之食焉：过也，人皆见之；更也，人皆仰之。”（《论语·子张》）

可见，孔子认为君子、贤者也会有过，有不仁之处，但却不能因为君子之过而否定其君子人格。《左传》中所谓“三不仁”的那段话，是在叙述完夏父弗忌逆祀及“君子”对这种行为的评说之后引用孔子的话的，“三不仁”“三不知（智）”都有确指，是说臧文仲一生的白璧微瑕，并非对其人格的整体否定。《论语》中孔子的独语多属平时教学的片段话语，是对某一论述的举例，亦不是对人物或问题的整体评说。从语式、语态来看，“何如其知也？”是反问感叹，语气中带有某种惋惜，是惋惜臧文仲“居蔡”与他的智慧不相称，感叹以他的明智不应有“居蔡”的糊涂举动，婉而讽，绝不是严厉指责。所以，杨伯峻先生把这句话译为“这个人的聪明怎么这样呢？”是很传神的。至于“臧文仲其窃位者与？”是一种揣测、虚拟语气，是就没能推荐柳下惠而言，臧文仲没能尽到责任，并非认定他即是一个“窃位者”。

可惜的是，长期以来，人们总是将孔子神化，把他的每一句话都当作至理名言，孔子认为是者皆是，孔子认为非者皆非。这样不但不能真正理解孔子，反而会造成诸多误解。比如，谈到臧文仲，有不少权威学者还是把孔子的话进行了极端化理解，认定臧文仲即是个“窃位者”，甚至有位大学校长还自以为是地说：“臧文仲是鲁国权臣，总理大事，权倾朝野，骄逸跋扈，却又妒贤嫉能，不能用柳下惠。”

另外，笔者还要说几句题外话。《春秋》责备贤者，是为了规过改善，也是对贤者真正的尊重与爱护，但前提是对贤者的信服与肯定。离开了这个前提，就会走上求全责备、吹毛求疵、深文周纳、颠倒是非的错误道路。

第五章
深入争鸣现场，探秘大道创化

《论语》趣读六十三

宰予问仁的深层寓意

孔门弟子中，宰予（即宰我）以提问刁钻古怪而闻名。人们一般认为“井有仁焉”之问就属于这样的古怪问题。

宰我问曰：“仁者，虽告之曰：‘井有仁焉。’其从之也？”子曰：“何为其然也？君子可逝也，不可陷也；可欺也，不可罔也。”（《论语·雍也》）

这样的问题，王充称之为“极问”，孔安国也认为是为了“极观仁者忧乐之所至”。他们所说的“极”，意思是指将矛盾、情景推向极端，将问题放大，以便于从中寻找理论裂缝、事物边界。

宰予此问之所以会被认为不合情理、古怪，是“极问”，其极点、怪点有二：

一是井里怎么会有仁，即仁德、人道？一种非实体化的东西怎么会实体化，变成了一个物，而且还会落到井里？

二是到井里去寻找或获取某种东西总是很危险的，宰予恰恰就此追问，一个求仁的人面对如此险境是否还会前往？

为了淡化这种“怪味”，不少学者认为此“仁”乃人，或仁者，李泽厚、杨伯峻、钱穆诸位学者都是如此认定的。也有一些学者，如日本的物双松、中国的孙钦善等人则认为此仁即仁德、人道。

笔者认为解作仁德、人道、人学比较好。

为什么如此解释？这需要还原语境。人们知道，“仁”为孔子思想的核心，《论语》中提到了一百多次。比如，一个君子应里仁、利仁、好仁、近仁、亲仁，而不能不仁、害仁、去仁、违仁。要“造次必于是，颠沛必于是”；要能舍生以取仁，不要求生以害仁。这种高调、频繁、无限制的强调，使“仁”实体化，神圣化，高于一切，大于一切，无所不在，无所不有，包容天地、牢笼万物。如同庄子的道一样无所不在，“在瓦甓”“在屎溺”。

然而，“仁”真的高于一切，如高于生命？“仁”真的没有边界，不受理智引导？

宰予问的就是这些问题。孔子答的也是这些问题。问是尖锐轻松之问，答是严厉峻急之答。问答之间都实际指向仁与生命、理智的关系。

人们知道，孔子的哲学，说到底是一种社会伦理哲学、政治哲学。他虽然也强调个体人格的养成，要人做君子，但个人的修养归根到底还是为了构建整个社会的和谐。所以，他理解的人乃是社会人、道德人、政治人，而不是单独的生命个体。所以，道德与生命的关系，仁与智的关系，孔子讲得少，似乎可有可无。这不能不说是孔子学说的一个弱点，理论上的一道裂缝。道家正是抓住这点攻击儒家以理杀人，以德杀人。庄子认为，人之所以会被物役，盗跖、孔子可各为物役的代表，一是为利，一是为名。老子哲学区别于孔子学说的一个重要方面，即是老子虽然也高调强调他的“道”，但也对“道”给予了极通俗简易的解释，即“道法自然”，一切都顺乎自然，是无为而为，反对胡为、乱为、强为。老子认为儒家推行仁义礼智都是强为，他不无偏激地认为，“上德无为而无以为；下德无为而有以为。上仁为之而无以为；上义为之而有以为。上礼为之而莫之应，则攘臂而扔之。故失道而后德，失德而后仁，失仁而后义，失义而后礼。夫礼者，忠信之薄，而乱之首”“大道废，有仁义；慧智出，有大伪；六亲不和，有孝慈；国家昏乱，有忠臣”。他甚至主张“绝圣弃智”“绝仁弃义”“绝巧弃利”。而这些又与他对个体生命的尊重联系在一起，他高度强调要养生、爱生、保生，反对为名为利而弃生、害生。他曾告诫人们：“名与身孰亲？身与货孰多？得与亡孰病？甚爱必大费；多藏必厚亡。故知足不辱，知止不殆，可以长久。”

陶渊明应是孔子的忠实信徒，但他也不满于仁高于一切，他写过：“先师有遗训，忧道不忧贫。瞻望邈难逮，转欲志长勤。”还在诗中写过：“人生归有道，衣食固其端。孰是都不营，而以求自安。”

孔子是否意识到这个理论裂缝了呢？应该说意识到了，从他对“宰我之问”的反应如此强烈来看，他还是感到了这个问题的挑战性。但任何一个思想家、理论家都不可能面面俱到，他的思想或理论总是有所偏重，甚至因此也有一些思想理论上的弱点、盲点。特别是当他形成某种思维定式之后，这弱点、盲点便会被掩盖起来，本人会对其视而不见。对孔子来说，平常当他的理论遇到挑战时，他总是用他理论中的“万能软件”或者说最强“预备队”来应对，这“万能软件”即是“中庸”“权”“灵活性”。这一次，他仍然是拿这个法宝来应对。“可……不可……”这个语式，其实正是“泰而不骄”“威而不猛”“过犹不及”之类中庸语式的另外一种表述。

但仔细分析孔子的这个回答，可以看出，他的中庸理论在这里的应对是软弱无力的，他的回答也是有所回避、有些游移的。宰予的问题很尖锐，也很清楚，就是追问一个仁者在面对具体的而不是想象中的生与死的考验时，是否应像孔子说的那样做出决绝的选择，“造次必于是，颠沛必于是”，且要能舍生求仁，而不是“求生以害仁”。理论的生命力就在于能否接受实践的检验。

然而，孔子对这样的检验却有意回避了。他先说一句“何为其然也？”以问代答，实际上即是想转移话题。不少学者解读这句“何为其然也？”为“为什么这样（或那样）呢？”，似乎是说不会有这样那样的情景。杨伯峻先生译作“为什么你要这样做呢？”，似乎是说这样的问题就不该提出，这个译注很贴近孔子的原意。孔子就是认为宰予不该提出这样的问题，生活中也不会出现这样的情景。所以，下面孔子会很轻松地说：“君子可逝也，不可陷也；可欺也，不可罔也。”也就是说，如果井里真有什么仁德、人道或求仁的机会，一个君子可以前去看看，可以站在井上观察求索或打捞获取，但不会跳到井里去送死，他可以被人诓骗以理之所有（如井有仁，而又可以站在井上观察），但不会被愚弄以理之所无（如盲目地下井）。一句话，君子不是傻瓜，绝不会受你的愚弄。

这样看来，孔子主要还是答的仁与智的关系问题，对道德与生命的问题虽然也蹭了个边，但毕竟还是轻轻地滑过去了。

当然，井里不会有什么抽象的仁德、人道，宰予的情景设计是有些荒唐的。但联系孔子对“仁”的极端化强调，宰予也许正是想用荒唐来解构孔子理论的荒唐。如果不是仅仅把宰予的设计看作一种荒唐，而是认真体会他话中的机锋，并将“井有仁焉”稍作具体化理解，比如，理解成井中有求仁的机会、途径，或干脆就像有些学者所理解的那样，理解成井中有人等待救援，或者再扩大一下，在面临生与死的考验时，一个君子该如何处理仁与生的关系？他应该怎么办？这样的话题还是很具有哲学意味，很有价值的。

也许正是因为孔子在这样的问题面前采取了躲闪的方式，所以问题其实并没有解决，孔子理论的裂缝还依然存在，所以，继宰予之后，孔门弟子还是会有人以不同的方式提出。比如，笔者认为可以进行一个大胆的猜测，以宰予之问的尖锐与孔子之答的急切来看，他们还都处在血气方刚的年龄，所以这场问答应出现于孔子还未出仕之前。在这之后，子贡与子路就把“管仲不为公子纠死，算不算不仁？”的问题，重新提了出来。孔子这次答得很明白：管仲不为公子纠而死，还做了公子纠的政敌——齐桓公的相，但他却造福百姓，安顿天下，这不能算不忠不仁不义，而应是大忠大仁大义。但为什么会如此？看来小仁小义与大仁大义之间还有个重要的中介，这是个比仁义更重要的东西，那就是个体生命。

孔子当然不会意识到子贡、子路之问也算是“宰我之问”的继续，更不会意识到，他对子贡、子路之问的回答也算是对“宰我之问”的进一步回答。这进一步的回答却使他的“万能软件”更充实、丰富了，即对中庸之中的权变思想的阐释更明确了。这正是理论发展的具体体现。

到了孟子时代，“宰我之问”还在继续，只不过是换了换样式而已。比如，有人就曾问孟子，如果遵照礼制的规范男女应“授受不亲”，但是看到嫂子落水，怎么办？孟子回答说：“男女授受不亲，礼也。嫂溺，援之以手者，权也。”不合礼与不知权，都是非人的行为。

如果从人类生存、人类文明的角度看，“宰我之问”其实还涉及一个原生性、永恒性矛盾，或人类生存的悖论，这就是道德、信仰与生命、生存的矛盾。所以，像宰予这样的问题，不仅中国有，外国也有。《圣经》中就有一个著名的故事，叫作“亚伯拉罕的痛苦”，故事大概是这样的：神命令亚伯拉罕，让他到了某一天，把他的独生子领到山上做燔祭。到了那天，亚伯拉罕就真的把他的独子领到了山上，架好了林柴，并让他的独子站在了林柴上，准备点火做燔祭。这时，神才叫亚伯拉罕住手，并从天上降下了羊做祭品。这是神对人的考验，考验的是信徒在信仰与生命之间的取舍。从科学的角度看，当然荒唐，而这荒唐也正如宰予设计的情景。

到了现代，这样的人生悖论依然存在，也依然考验着人类的智慧。比如，有一个时期，舆论不加思考地过度鼓吹要大公无私，要不怕苦，不怕死，要勇于奉献。一些没有自保能力的人下水救人、扑火救灾或见义勇为的故事时常见诸报端。但是现在，人们对这样的行为有了更加客观理性的看法。舆论也建议人们“见义勇为”，更要“见义智为”。于是，不少地区更有警方提示：见到不义行为要先报警，然后估量自己的能力后适当采取行动。这就是社会的进步，是当代中国人对“宰我之问”的当代回答。

近几年，不少学者也意识到了《论语》中“宰我之问”的深层寓意，可惜作出了庸俗化、搞笑化的解读。比如，有人说，这是宰予在考验孔子，正如恋爱中的女孩为考验男友，找人装暴徒，考验男友是否出手相救一样。洪峰有篇小说叫《湮没》，就是对这样的故事的演绎。说的是有个男子，他对救人怀着一种偏执狂般的向往。于是他提议未婚妻跳河然后由他去救助。未婚妻弃他而去，恋爱不了了之。但当他有了新未婚妻之后，在一次泛舟之时，他如愿以偿地把新未婚妻推到水里，然后如愿以偿地跳入湖中去救人……。这里“湮没”的不仅是人，还有爱情、道德、正义、英雄。这是对人类永恒矛盾的虚无化解构，绝不是什么认真的回答。

《论语》趣读六十四

子贡问政：对政治本质的深层探寻

孔门弟子中，子贡以敢问、勤问、善问而闻名。大凡孔门弟子之问，多是一问一答，或再问再答，即告结束。在这样的问答之中，孔子似乎老是握有终极答案，只要说出，问题就算解决。子贡与其他弟子不同，他善于连续发问，大有穷根追底之势，即使孔子出示了最后的答案，他总感觉问题还不算完，还有诸多令人思考的余地。比如，“子贡问士”即是如此。

子贡问曰："何如斯可谓之士矣？"子曰："行己有耻，使于四方，不辱君命，可谓士矣。"

曰："敢问其次。"曰："宗族称孝焉，乡党称弟焉。"

曰："敢问其次。"曰："言必信，行必果，硁硁然小人哉！抑亦可以为次矣。"

曰："今之从政者何如？"子曰："噫！斗筲之人，何足算也！"（《论语·子路》）

有趣的是，子路也曾问士。

子路问曰："何如斯可谓之士矣？"子曰："切切偲偲、怡怡如也，可谓士矣。朋友切切偲偲，兄弟怡怡。"（《论语·子路》）

二子问士，何者为先？这当然很难找到一个确定的答案。但从子路问之略，而子贡问之详来看，子贡似乎应该知道有子路之问与孔子之答，只是对这答案不大满意，所以要重复问，且要追根究底。

"何如斯可谓之士矣？"一般译作"怎样才可以称得上是士？"，但此问包括两个重点：一是学理之问，即问士之名、士之质，或问士的性质、地位、职责、义务及德行等；二是实践之问，即问怎么做才可以具备士的德行，或成为一个合格的士。孔子教学生因材施教，且重践履，所以一般都答以如何做。而在"怎样做？"上，孔子对子路给出的是一个一般性的标准，做到朋友间互相勉励监督，兄弟间和睦相处；对子贡给出的则是一个较高的标准，叫他能做国士、乡士。子贡确实做到了国士，能"行己有耻，使于四方，不辱君命"。所以他对孔子之答并不满意，所以要继续追问。看来他问的重点在学理上，而不是在实践上。从子贡最后一问来看，重点也正在学理。"今之从政者"都是贵族，他们有职有权，做到"行己有耻"以及"言必信，行必果"并不困难，他们难道就是天然的士吗？真正的士该是什么样的？可惜的是，孔子虽然对子贡的最后一问给出了否定性的回答，却并没能真正触及子贡之问的核心，子贡虽然没再发问，恐怕还是难以满意的，关于"何如斯可谓之士矣？"的问题只是暂时搁置了起来而已。

据专家考证，士在商周时代是贵族中的最底一级，他们受三重束缚：一为身份；二为职位，士大都在天子、诸侯的宫廷和基层行政机构中担任一般职事官；三为思想，士之所事，在礼、乐、射、御、书、数等他们接受过教育的领域，思想亦受此所限，所以士“思不出其位”。春秋中后期，由于礼崩乐坏，宗法制松弛，士作为一个社会阶级逐步解体，士成为与庶接近的平民。游士多，自由多，于是开始为天下思考，为人类思考，可把他们称之为当时的公共知识分子。所以，孔子曾告诫其弟子，士要“志于道”，为天下思考，“士而怀居，不足以为士矣”。曾子领会了孔子的这一思想，所以他说“士不可以不弘毅，任重而道远”；子张也认为士应该有天下志，“士见危致命，见得思义，祭思敬，丧思哀，其可已矣”。曾子和子张都比子贡小，他们对士的见解，正可看作对子贡之问的遥远的回答。

与“子贡问士”相比，“子贡问政”也是连续问，且问得更尖锐，更沉重，大有步步紧逼、穷追不舍之势。

子贡问政。子曰：“足食，足兵，民信之矣。”

子贡曰：“必不得已而去，于斯三者何先？”曰：“去兵。”

子贡曰：“必不得已而去，于斯二者何先？”曰：“去食。自古皆有死，民无信不立。”（《论语·颜渊》）

从“子贡问士”的例子可以看出，子贡作为“孔门十哲”四科之“言语”科的哲人，是很有理论素养的，他的一些问题往往牵涉到学理之问，而不仅仅是实践之问。这里的“问政”，同样也包含两个重点：一是问政之本质，二是问为政之方式。

各国政要及孔门诸弟子问政，孔子多因其不同地位、性格，做应景式的简单回答，但基本都是答如何为政，如答季康子“政者，正也”；答子路“先之，劳之”；答子夏“无欲速，无见小利”，等等。唯对颜回、子贡之问答之甚详，从答中可见期许甚高。对颜回，孔子是以国之宰辅期之，希望他能“行夏之时，乘殷之辂，服周之冕，乐则《韶》舞。放郑声，远佞人”；对子贡期以成为可造福一方的大员，故答以治理好一方的基本要素，保持政权稳定、正常运转的基本条件，包括军事、经济、政治诸项。

从子贡的剥笋式之问来看，他不仅是问如何为政，还问为政的根本、政治的本质、政治的核心是什么。正是由于他的提问中包含着这么多尖锐的问题，而这一场问答却极为简略，所以有不少人以为子贡是没话找话，是玩深沉，弄矫情。这样一来，反而把严肃的话题轻松化了。

笔者以为子贡问得严肃，孔子答得也很严肃，子贡问到了政治的核心，孔子也答到了核心。现代政治理论认为，军事是政治之继续，政治是经济之反映。但政治是什么？有人说是阶级斗争，也有人说是治理民众之事。孔子在这里也算是给出了一个答案，这个答案不同于斗争，也不同于简单的治理，而是答之以“民信”。“民信之矣”不是要民守信，而是民众相信政府，政府代表民众利益，倾听民众的呼声，取信于民，进而使民众参与政治，民众之事与政府之事合一。

孔子如此作答，并不是随机性的应对，而是深思熟虑的结果。在《论语》中，孔子的这一政治思想见于多处。比如，“子之所慎：齐、战、疾”“所重：民、食、丧、祭”。这里所说的“战”，无非是兵的另样表述；“齐（斋戒）”“丧、祭”不过是敬畏而取信的另样表述；“疾”与“民、食”实际都关乎民生疾苦；关于“信”，说得就更多了，比如，“人而无信，不知其可也”“信近于义，言可复也”“上好信，则民莫敢不用情”“君子信而后劳其民，未信，则以为厉己也”“信则民任焉”，等等。由此可见，一个政权能否取信于民，是否能为广大民众谋福祉，从而获得广大群众的拥护和信赖，乃是其存在的合理性、合法性的基础。“信”，作为政治的核心，无论在古代还是现代，都具有很强的民主成分。也许正因如此，李泽厚先生极为重视“子贡问政”一章，认为“好些注解都作个体修养讲，但原文明明是回答如何搞政治。但这并非说对政府，老百姓吃饭问题不重要，而在强调政治如不守信任，就不能维持，就失去存在的根据”。

但如何才能取信于民呢？子贡没有再问，孔子当然也没有再答。子贡是冰雪聪明之人，当孔子拈出一个“信”字，已答到了政治的深层本质，孔子对如何取信于民也有多次论述，他无需再问，只需把老师讲过的话温习一下即可。

孟子自称是孔子的“私淑弟子”，他的最大贡献之一，就是发展了孔子的王道政治思想，并为其注入了更为新鲜、明确的民主政治元素。比如，他认为“天时不如地利，地利不如人和”，得民心者得天下，而得民心的关键则在于民之所欲而与之，民之所不欲而去之，一切以民为本，即“民为贵，社稷次之，君为轻”。而作为民之赋予权力的君主，如果不能顺民意，得民心，那就成了独夫民贼，人民就可以推翻他、打倒他。也许正是因为孟子的政治思想中有如此激烈的反专制、扬民主的成分，所以后来封建君主专制的代表——朱元璋要下令取消孟子在孔庙中配享的资格，后来虽然恢复配享，但朱元璋仍命当时儒臣删除《孟子》中这些“不合时宜”的言论。

孟子被赶出孔庙，这恰恰是他的光荣，证明他说到了要害，说到了痛处，揭示了真理。后来，孔子的学说也一度遭到打压，其政治上的原因，恐怕也与孟子相同。这，也应是孔子的光荣。

《论语》趣读六十五

从子张问政看个人成长及学理演进

孔门诸弟子问政，从提问的次数、问题涉及的范围及触及的学理深度来说，子张都是弟子中的佼佼者。在前面谈子张的小文中，笔者曾有所论及。笔者想再次强调的是，从子张之问，既可以看出他的成长过程，也可以看出孔子的学理演进。

《论语》诸章，除个别篇章外，在发生时间上并没有明确的标识，很难断其先后。但揆情度理，仍能大体认定其时间差别。比如，按照《史记》的说法，子张小孔子四十八岁，入学时不过是一个十几岁的青年后生，但此人才高气盛，急功近利，问干禄，问闻达，当在其刚入学不久，受到孔子的批评之后，转而重视自我修养，问崇德，问辨惑，也是自然之理。随着学问渐长，所知渐多，自会对一些历史及社会发展问题有所钻研，问“十世可知”，问“高宗谅阴”以及问政、问仁的事，发生在这个年龄段，也当是无疑的。

因此，笔者认为从子张之问可大体看出他学问渐进、修养渐高的成长过程。以一成不变的观点论人是不合适的，如因看到“子张问干禄”一章，便认定他汲汲于仕进，无心向仁，就显然是一种偏见。另外，从教学相长、孔子答问的角度，也可看出孔子对子张的态度变化、认识变化以及孔子思想的发展历程，这也是研究孔子应该注意的问题。

“教学相长”是孔子的重要教育思想，他一贯重视师生间互相学习，多次说过从学生的提问中受到了重要的启发。比如，他曾因子贡、子夏向他请教《诗》的问题，而认为可以与二子讨论《诗》，并说“起予者商也”；他还说过：“三人行，必有我师焉！”说明孔子是非常主张向他人学习的。子张在跟从孔子学习的十多年的时间里，提出过很多深刻而尖锐的问题。从孔子对这些问题表现得或冷淡或热情的态度上看，孔子肯定也受到了不少启发，只不过这样的启发不尽是正向（所见略同）或纵向（由浅入深）的，也可能是反向（是中有非或非中有是）或横向（由此及彼）的而已。比如，“子张问达”一章就可说是一种反向启示。

子张问：“士何如斯可谓之达矣？”子曰：“何哉，尔所谓达者？”子张对曰：“在邦必闻，在家必闻。”子曰：“是闻也，非达也。夫达也者，质直而好义，察言而观色，虑以下人。在邦必达，在家必达。夫闻也者，色取仁而行违，居之不疑。在邦必闻，在家必闻。”（《论语·颜渊》）

在这一章中，孔子的反问就很有点苏格拉底的风格，逼对手亮出他的偏见，然后给以辩证。从这场对话中，孔子注意到了“闻”与“达”的区别，并给予了明确的辨析，可以说各有所获。

再如，樊迟和子张都曾问惑。孔子对同问的不同回答，无疑可视为他认识上的一次扩展。

樊迟从游于舞雩之下，曰：“敢问崇德、修慝、辨惑。”子曰：“善哉问！先事后得，非崇德与？攻其恶，无攻人之恶，非修慝与？一朝之忿，忘其身以及其亲，非惑与？”（《论语·颜渊》）

子张问崇德、辨惑。子曰：“主忠信，徙义，崇德也。爱之欲其生，恶之欲其死；既欲其生，又欲其死，是惑也。‘诚不以富，亦祇以异。’”（《论语·颜渊》）

人之惑生于蔽，蔽之源又多有，孔子答樊迟勿为忿蔽，答子张勿为爱蔽，后来又曾教子路要知道“六言六蔽”，可见孔子思想也是不断丰富发展的。

子张是孔门中的一位很有天赋的理论家，理论思辨能力极强。孔子与子张的对话越是到了后期就越带有高手过招、高端对话的性质。在与子张这样的高手的对话中，尤其是在关于政治问题的对话中，孔子思想表现得极为活跃，往往突破惯例，问一而答二，问此而答彼，甚至带有沉潜其中、自言自语的意味。于是《论语》中就出现了使人感到奇异的几章。比如，“子张问行”一章，人们对此理解上的分歧就很大。

子张问行。子曰：“言忠信，行笃敬，虽蛮貊之邦，行矣；言不忠信，行不笃敬，虽州里，行乎哉？立，则见其参于前也；在舆，则见其倚于衡也。夫然后行！”子张书诸绅。(《论语·卫灵公》)

“子张问行”，孔子竟说了这么多，正反对比、反复交代，这答问风格显然与他一贯主张的不愤不启、点到为止、举一反三的做法有别。笔者认为这区别中正可以看出他对子张的特别期待。期待什么呢？笔者认为是期待子张在政治上有所作为，在王道思想上能传承孔子大道。不然的话，这个“行”字就不好理解了。

对于“问行”中的“行”字，宋代大儒朱熹认为其同于“子张问达”中的“达”，不少学者也跟风说这是问如何行得通，吃得开。心气平和的学者则认为这“行”是行为。还有学者提出新见，认为“问行”，即如问算命先生能否出门远行。笔者认为这样的解释都很难说得通。《论语》中“问行”只此一例。若说此“行”即是关乎个人修养、行为准则，那么问仁、问孝、问礼皆属此类，为什么子张不遵从大众语法，而偏偏“问行”呢？从孔子之答看，忠信、笃敬虽也关乎个人修养，但此修养却又与蛮貊之行、乡里之行相关，恐怕就超出了个人修养的范围。正因如此，有学者认为此“行”如同行人之官（即外交家）之“行”。子张是否从事过外交活动，历史无据。此说虽也缺乏确切证据，却给人提出了理解的新路，即此“行”与行政有关。巧的是，子张在问行之前，也问过政，孔子之答中即点出了个“行”字。

子张问政。子曰：“居之无倦，行之以忠。”(《论语·颜渊》)

此“行”一般译为推行或执行政令。为什么“居之无倦，行之以忠”即可推行政令呢？怎样才算是“行之以忠”呢？孔子语焉未详。以子张善问的性格，还应追问下去。可惜到这里却戛然而止了。所以笔者想，“子张问行”实际上可能是对问政的连续问，接着问。两问本属一题，只是被记录者记作了两段而已。

与“子张问行”一章相比，“子张问仁”一章就更加令人称奇了。

子张问仁于孔子。孔子曰：“能行五者于天下，为仁矣。”

“请问之。”曰：“恭，宽，信，敏，惠。恭则不侮，宽则得众，信则人任焉，敏则有功，惠则足以使人。”（《论语·阳货》）

钱穆先生很敏感，他于此章体会甚深，疑问也就甚多。他在《论语新解》中说：“此章颇多可疑。《论语》记孔子与君大夫问答始称孔子，对弟子问只称子，此处对子张问亦称孔子曰，后人疑是依《齐论》，亦无的据。又此章答语乃似答问政，与问答仁不类。或说此乃问仁政，然亦不当单云问仁。又孔子答子张，《论语》所载共十一条，多欲其鞭辟近里，慎于言行，而此章语不然。孔子以天下告者，颜渊问仁章以外惟此，或疑以为子张之才大，岂其然乎？”

孔子答子张，《论语》所载有十三条之多，不是十一条。除这点外，笔者认为钱穆先生的疑问都是很有道理的。子张问仁而孔子答政，也算不得错位之答，因为仁政也是仁的重要内涵。孔子“以天下告者”，不止此一处，问行也是“以天下告者”。可见孔子对子张期许甚高，笔者认为孔子希望子张能作为王道政治的传承者的猜想，在钱穆先生的疑问中也算得到了认同。

更令人称奇的是《论语·尧曰》篇中的“子张问政”一章。

子张问于孔子曰：“何如斯可以从政矣？”

子曰：“尊五美，屏四恶，斯可以从政矣。”

子张曰：“何谓五美？”

子曰：“君子惠而不费，劳而不怨，欲而不贪，泰而不骄，威而不猛。”

子张曰：“何谓惠而不费？”

子曰：“因民之所利而利之，斯不亦惠而不费乎！择可劳而劳之，又谁怨？欲仁而得仁，又焉贪？君子无众寡，无大小，无敢慢，斯不亦泰而不骄乎！君子正其衣冠，尊其瞻视，俨然人望而畏之，斯不亦威而不猛乎！”

子张曰：“何谓四恶？”

子曰：“不教而杀谓之虐；不戒视成谓之暴；慢令致期谓之贼；犹之与人也，出纳之吝谓之有司。”（《论语·尧曰》）

这一章是继“尧曰”一章而出。钱穆先生认为“尧曰”一章“历叙尧、舜、禹、汤、武王所以治天下之大端”，似为“《论语》之后序”。关于“子张问政”一章，钱穆先生则认为“或说孔子告问政者多矣，未有如此之备者，故记此以继帝王之治，此说可发明以本章承尧曰章后而合为一篇之意”。

为什么《论语》最后一篇要如此安排？为什么孔子答子张问政如此详尽？如何理解“问于孔子”这样的特殊语式？这些都是很值得探讨的问题。

从答问如此详备来看，孔子与子张的这场对话应发生于孔子晚年时期，此时子张的理论已趋成熟，孔子的人生也已进入“从心所欲，不逾矩”的阶段。此时孔子对子张寄予厚望，希望他能传承其王道理想，所以孔子是借子张之问对自己的政治理论做了一次总结。关于政治的本质及如何为政，孔子已谈论过多次，如为政之核心的忠、信、惠，失信之要害的虐、暴、残等，已散见于《论语》多处，只是未成系统而已。这个总结是对以往论述的系统化整理及理论性提升，也可看作对子贡、子张诸人之问的再回答。比如，答子贡、子张都提到了一个“信”字，但为政者如何取信于民，又是如何失信于民的？这个总结不仅答出了如何取信于民的关键，也答出了失信于民的原因。

为政者怎样才能取信于民，孔子曾多次谈到。他认为，首先要身正，然后才能正人；其次，要能举贤任能，处事公正，“举直错诸枉，则民服”；再次，要认真倾听民声、民意，“博施于民而能济众”“节用而爱人，使民以时”等。答子张之问，正是对这些主张的重述。

为政者是如何失信于民的？孔子认为主要是由四种恶政造成的：“不教而杀谓之虐；不戒视成谓之暴；慢令致期谓之贼；犹之与人也，出纳之吝谓之有司。”总之，急功近利、懒政庸政、“钓鱼执法”、残酷镇压、巧取豪夺等都是造成为政者失信于民的重要原因。

正是因为此章可视为孔子对自己政治理论的一个总结，甚至也许是孔子的临终交代，孔子当十分重视，应该会专门强调，甚至可以认为是经孔子认可后记录下来的，所以才会有“子张问于孔子曰”这样庄重的语式。此章排列在“尧曰”一章之后，同样是为了强调此章的重要。弟子们平时已有孔子思想“祖述尧、舜，宪章文、武”之评说，如此排列也正是为了强调孔子之道的道统。

如此猜测的根据何在？一是孔子在多次谈话中都曾以周代文化的承继者自居，比如，他曾说："文王既没，文不在兹乎？天之将丧斯文也，后死者不得与于斯文也；天之未丧斯文也，匡人其如予何？"二是与孔子一样，孟子也很有这种文化自信，他认为孔子之后他就是孔子思想的真正传人，所以在《孟子》一书的最后一章，也专门强调了一下从尧、舜到商汤、周公和孔子的这样一个道统。这种巧合，正可以看出孔子、孟子认识上的一致，恰恰证明了道统意识的传承性。

附记：

从子张问仁、问政两章看，子张善于抓住孔子答问时提出的一些新概念、新提法连续提问，如"何谓五美？""何谓四恶？"等。这正是子张之问的风格特征。若能确认这一特征，那么，"子张问政"与"子张问行"可合为一章，也是合情合理的。

子张问政。子曰："居之无倦，行之以忠。"(《论语·颜渊》)

子张问行。子曰："言忠信，行笃敬，虽蛮貊之邦，行矣；言不忠信，行不笃敬，虽州里，行乎哉？立，则见其参于前也；在舆，则见其倚于衡也。夫然后行！"子张书诸绅。(《论语·卫灵公》)

这样，"行"即是政令之推行、实行或执行，而不是什么个人行得通，吃得开。泼在子张身上的"污水"也可以除去一些了。

《论语》趣读六十六

管仲的历史定位与仁学的内在矛盾

孔门弟子提问，问的多是一些可作大范畴逻辑概括的问题，即问的都是一些大词，如问仁、问礼、问政、问君子之类。这样的问题都有些空疏，故可一题多问，孔子亦可同问异答。但也有例外，即同题多问，但问的又都是具体问题，甚至具体到对一个人的评价。比如，子路、子贡问“管仲仁乎”即属于此类。

子路曰：“桓公杀公子纠，召忽死之，管仲不死。”曰：“未仁乎？”子曰：“桓公九合诸侯，不以兵车，管仲之力也。如其仁！如其仁！”（《论语·宪问》）

子贡曰：“管仲非仁者与？桓公杀公子纠，不能死，又相之。”子曰：“管仲相桓公，霸诸侯，一匡天下，民到于今受其赐。微管仲，吾其被发左衽矣！岂若匹夫匹妇之为谅也，自经于沟渎而莫之知也。”（《论语·宪问》）

子路、子贡同为孔门高足，都很受孔子的喜爱，对孔子思想的领悟亦很深刻，二子为什么会同有此疑，同发此问呢？这确实是一个值得好好琢磨的问题。

二子之所以同问，在提问中即含有答案。从提问的内容和语气来看，这是因为二子对管仲的人格定位产生了怀疑。他们都认为管仲既然算不上忠，自然也应算不上仁，忠与仁应是统一的，如果不忠者也可称仁，那么这仁与忠之间就有了矛盾，如何理解这种矛盾是个大问题。

那么，问题又来了：二子为什么会发现这种矛盾现象？或者说，这种矛盾又缘何而起的呢？笔者认为这种矛盾即来自孔子平时的谈论，或者说，就来自孔子思想自身的矛盾。

比如，伯夷、叔齐二人不食周粟，不与被孔子称为圣贤的周武王合作，这就很难说是忠于周武王，但孔子却说这二人是仁人。而对于曾造福鲁国的先贤臧文仲、忠于职守的楚令尹子文，孔子又说他们算不上仁。这忠与仁到底该是怎样的关系？自我修养与服务社会到底是怎样的关系？仁的标准又该如何确定？……这些问题，如果不是大智大贤，或者深谙中庸奥义的人恐怕都说不清、道不明，也就难怪二子会有此问了。

更为直接的例子就是，孔子本人在对管仲的评价上就有些叫人难以理解。比如，他说管仲奢侈越礼，器量不大，但又说他处事公道，算得上是个好人或者仁者。

子曰：“管仲之器小哉！”

或曰："管仲俭乎？"曰："管氏有三归，官事不摄，焉得俭？"

"然则管仲知礼乎？"曰："邦君树塞门，管氏亦树塞门；邦君为两君之好，有反坫，管氏亦有反坫。管氏而知礼，孰不知礼？"（《论语·八佾》）

或问子产。子曰："惠人也。"

问子西。曰："彼哉！彼哉！"

问管仲。曰："人也。夺伯氏骈邑三百，饭疏食，没齿无怨言。"（《论语·宪问》）

孔子多次说过要"立于礼""不学礼，无以立"，要"克己复礼"，也多次批评"三桓"越礼、僭礼。在上面两章中，孔子一方面指责管仲越礼、非礼，一方面又称道管仲算得上个人物，甚至可与郑国先贤子产并列。对同一个人的评价有如此巨大的反差，这其中的奥妙确是叫人难解。

其实，差异即是矛盾，孔子对管仲评价上的差异正反映了孔子理论自身的矛盾。如果不是把这种矛盾仅仅聚焦于对管仲的评价上，聚焦于忠与仁的矛盾上，而是扩大一下，聚焦于孔子对人生价值的根本设定上，那么，个人修养与服务社会，仁德与仁政，或曰内圣与外王之间的矛盾差异就所在多有。如何理解二者之间的对立与统一就成了理解孔子思想的一个难题。

比如，《论语》中不少地方都强调，修身是人之本，一切都应统一到这个"本"上，出仕与治平不过是这个"本"的自然延伸。什么"孝弟也者，其为人之本与""弟子入则孝，出则悌，谨而信，泛爱众，而亲仁"，什么"克己复礼，天下归仁"等，就都与这种思想相关。在学生出仕的问题上，孔子多次说"三年学，不至于谷，不易得也"。孔子使漆雕开出仕，漆雕开认为自己对此还不能有自信，孔子听了这话就很高兴。有一次子路想让子羔做费宰，孔子就说这是"贼夫人之子"，子路说可以让他在干中学，孔子就批评子路是强辩。也有人曾问过孔子为什么不出来做官，孔子拿《尚书》中的话答复说："孝乎惟孝，友于兄弟，施于有政。"后来他还说过"政者，正也""其身正，不令而行；其身不正，虽令不从"。从这些话，人们就得出孔子是以内圣统外王，内圣之学是孔子思想核心的结论。

但同样也是在《论语》中，孔子也多次强调要学以致用，要从服务社会、造福大众的角度审定修身的价值，即应让仁政统率仁学。比如，"道"

是孔子理论中的一个重要范畴，孔子也说“吾道一以贯之”。但这一以贯之的“道”是什么呢？曾参认为是忠恕之道，也有人会认为是仁爱之道、中庸之道。但从周游列国的路上孔子对子贡的提示来看，这道应是大同之道或外王之道——一种伟大的社会政治理想。正是为了这个“道”，孔子一生栖栖惶惶，东奔西走。也正是这个“道”，吸引了无数有志青年投身于孔子门下，并为之献身。没有这个“道”的强大光辉的照耀，任何一种人格设定都显得灰暗而渺小。正因如此，孔子不但自己出仕为官，也鼓励学生积极从政。他说过，“雍也可使南面”，认定“由也果”“赐也达”“求也艺”，从政都是好样的。学习上，他强调要学以致用，不能做好看不好用的葫芦。他说过：“诵《诗》三百，授之以政，不达；使于四方，不能专对；虽多，亦奚以为？”

孟子说过，孔子是“圣之时者”，即一切问题都能因时因势而定。对孔子在人生价值上的这些不同的甚至矛盾的论述，也应辩证地理解。大致来说，孔子早年重视修身，中老年之后则重视致用。他教育初学者，强调修身；对于学成者，则鼓励致用。只要认真考察一下子贡、子张的成长之路，当会发现孔子这一思想变化的轨迹还是很清晰的。子路、子贡、子张都是很有政治才能的人，所以当子路、子贡问管仲的人格定位时，孔子从历史发展的角度，充分肯定了管仲的功绩。孔子也曾告诉过子路和子贡，“博施于民而能济众”或“修己以安百姓”，尧、舜也是难以做到的。而对管仲的评价，孔子却称他能“九合诸侯，不以兵车”“一匡天下，民到于今受其赐”，大有可以与尧、舜比肩的意味。这实际上是告诉二子，能像管仲那样造福天下，就是最大的仁德、仁政，任何一种精致美妙的小仁小义都是无法与之相比的。

能对管仲作出如此高的评价，能把仁德与仁政的关系说得如此清楚明白，这正反映了孔子思想中最为成熟、最为坚定，也最为光辉的一面。如果把孔子对管仲的历史评价与孔子答子贡、子张问政诸章结合起来，人们即可窥测到孔子晚年思考的重心所在，这重心即是造福天下的外王之学。这也应是孔子思想最为重要的一个方面，或者说是孔子思想的主流。

可惜的是，造化弄人，孔子思想的主流却未能延续下去，而是在流变中成了支流、末流。

《论语》趣读六十七

从诸弟子问仁看孔子仁学的建构

世间任何事物的生成发展都有一个过程，孔子思想的生成发展也应如此。所以，从生成发展的角度探讨一下孔子的仁学思想，应是理解孔子思想的一个重要途径。

但问题来了，谈发展，总离不开时间坐标，《论语》不是历史文本，每一章都没有明显的时间标志。对于专家来说这不是难事，不过作为一个阅读爱好者，笔者就只能用笨办法，根据有关历史资料进行一些大胆假设，然后小心求证了。

任何理论都是因实践的召唤和现实的启示而产生的，在《论语》之前的历史典籍中，“仁”不过是偶尔出现的一个词，一般属于“德”这个大概念的二级概念，与“德”可以并列的另一个大概念是“礼”。到了孔子时代，礼坏乐崩，社会也由“竞于德”而转向“竞于智、竞于力”了。孔子是个没落贵族的后代，按鲁迅的说法属于“曾经阔气”的一代，而“曾经阔气的要复古，正在阔气的要保持现状，未曾阔气的要革新”。所以，孔子从小立下大志，要挽救历史颓势，建立一个可比三王的大同世界。在学术上，他就要接着古代圣王的“德”与“礼”往下讲，且“述而不作”。

说起来，孔子的学术生涯是从习礼，教礼开始的。三十岁之后开始的教学生涯也主要是教礼，教德。“志于道，据于德，依于仁，游于艺”，再加“立于礼”，这就很像是“孔子大学”初创时的校规校训，也是孔子当时思考的重心。这几样事即使算不上平等并列，但起码说明这时“仁”还不是孔子思想的核心概念，偶尔提及，也不过按传统语义当作仁慈、仁爱讲而已。这里所说的“道”肯定还不是孔子之道，还只不过是古圣先王之道以及尧、舜、禹、汤之道。

所以，孔子仕鲁之前的几次重要“言志”活动，弟子们大都谈的是个人功业或者修身理想，没人说什么志仁、好仁的事。孔子讲到自己的志向时，也只是说要“老者安之，朋友信之，少者怀之”，“仁”已经到了嘴边上，就是没把这个“仁”字点出来。倒是他的政敌阳虎，在一次邂逅孔子后，指责孔子“怀其宝而迷其邦”，不可谓“仁”，“好从事而亟失时”，不可谓“知（智）”，把“仁”与“智”作为知人论世的重要尺度。

就在邂逅阳虎之后不久，孔子开始了他的从政之旅，先是做中都宰，因政绩突出又做了鲁国的大司寇。孔子是个有大理想的人，在从政时就想把古人的德政、礼政体现到执政实践中，也许这时“仁”已经开始在他的思想中被聚焦了。同时，孔子也没有放弃他的教育事业，他平时总是教育学生要做君子，做一个好的士人，但是君子的本质该是什么，也许他思来想去，便找到了这个“仁”字。这两种力量相聚合，仁德与仁政相交织，仁学思想便开始萌芽。《论语》中明显留下了二者相交的痕迹。比如，谈到“礼”，他说：“人而不仁，如礼何？人而不仁，如乐何？”“礼云礼云，玉帛云乎哉？乐云乐云，钟鼓云乎哉？”谈到君子，他说：“君子而不仁者有矣夫，未有小人而仁者也。”这就明显把“仁”作为君子区别于小人的本质特征了。

孔子仕鲁的时间并不长，还没等他施展开手脚，就被排斥出局，开始了周游列国的政治流浪。一路上，孔子时时寻找实践仁政的空间与机会，但一直没有找到，倒是对各种恶政有了更深的了解，这无疑促使他对仁政有了更多也更深的思考。更重要的是，流浪路上的艰难也曾使一些弟子对行道志仁产生了动摇。比如，子路有一次就抱怨孔子怎么会造成如此困局，孔子教导他说：“君子固穷，小人穷斯滥矣。”这里所说的“固穷”，显然不是固守贫穷，而是说越是在贫穷中越要坚定信念，不忘初心。也许正是为了把这个“君子固穷”思想解释透彻，孔了还对这个“仁”字详加解释，真可谓诲人不倦了。

子曰：“不仁者，不可以久处约，不可以长处乐。仁者安仁，知者利仁。”（《论语·里仁》）

子曰：“唯仁者能好人，能恶人。”（《论语·里仁》）

子曰：“苟志于仁矣，无恶也。”（《论语·里仁》）

子曰：“富与贵，是人之所欲也；不以其道得之，不处也。贫与贱，是人之所恶也；不以其道得之，不去也。君子去仁，恶乎成名？君子无终

食之间违仁，造次必于是，颠沛必于是。”（《论语·里仁》）

子曰：“我未见好仁者、恶不仁者。好仁者，无以尚之；恶不仁者，其为仁矣，不使不仁者加乎其身。有能一日用其力于仁矣乎？我未见力不足者。盖有之矣，我未之见也。”（《论语·里仁》）

思总是有对象之思，孔子上面的话肯定不是无的放矢，是针对“处约”“贫贱”“造次”“颠沛”的具体情境与对象而言。所以断定这些话大多说于周游列国的路上该不算错。

正是由于思想的不断碰撞与锻造，孔子对仁学的思考日渐活跃，一个明显的标志就是，他也喜欢从仁与不仁的角度评说人物了，就像当年阳虎评说他一样。比如，他认为郑国的子产、齐国的管仲是仁者，那是因为他们都曾造福人民，行过仁政；他说伯夷、叔齐是仁人，那是因为他们固守仁德，“求仁而得仁”，虽贫无怨。

但孔子仁学思想的真正成熟期还应是在他返回鲁国之后的老年时期。这时，他政治上极为超脱，只是个投闲置散的国老；学术上正进入整体反思和思想超越之时。除教学之外，他把大量时间投入到《诗》《书》《礼》《乐》的整理当中。这项学术工作进展很快，他自己就曾不无得意地说：“吾自卫反鲁，然后乐正，《雅》《颂》各得其所。”也许正因这样的学术工作拖累了他，本来他可以像孟子、荀子一样，著书立说，把他的仁学思想整理出来，但他却仍是“述而不作”。好在这时弟子们也都成熟起来了，尤其值得注意的是，孔门新添了几个理论思维极为活跃的后进弟子，如子张、有若、子游、子夏、樊迟等。他们因为孔子对仁学的反复强调，也纷纷将思想向仁学上聚焦，因而《论语》中问仁的对话就格外多了起来，也格外深入了起来。正是在这样的思想的不断碰撞、交流中，孔子也加紧了对其仁学思想的思考与整理，其仁学思想的轮廓便渐渐清晰地显示了出来。

举其大端，孔子仁学思想可大致概括为“一体两用”。“一体”，即仁的本质在爱，仁者爱人；“两用”，即仁德与仁政，或曰修身与经世、内圣与外王。行仁有初阶，这就是孝；立仁有底线，这就是恕；志仁有高标，这就是圣。仁学还有一些二级概念，或曰一体多支，这便是关乎修身的孝悌、忠恕、恭敬、诚信、礼让以及关乎经世的恭、宽、信、敏、惠等。而这样一些基本思想恰恰都是在孔子与弟子们的对话中显露出来的。

试举例说明，诸弟子问仁，孔子一开始总是从实践角度，且根据不同个性作答，点到为止，要言不烦。比如，司马牛问仁，孔子答曰“仁者，其言也讱”；子贡问仁，孔子答之“友其士之仁者”。

有意思的是，樊迟问仁，孔子几次都想一句话打发过去，可这个樊迟偏偏是个爱钻牛角尖的人，非要问个究竟不可，所以一连问了三次，逼着孔子把仁的本质说了出来。

樊迟问知。子曰：“务民之义，敬鬼神而远之，可谓知矣。”

问仁。曰：“仁者先难而后获，可谓仁矣。”（《论语·雍也》）

樊迟问仁。子曰：“居处恭，执事敬，与人忠；虽之夷狄，不可弃也。”（《论语·子路》）

樊迟问仁。子曰：“爱人。”问知。子曰：“知人。”

樊迟未达。子曰：“举直错诸枉，能使枉者直。”

樊迟退，见子夏，曰：“向也吾见于夫子而问知，子曰：‘举直错诸枉，能使枉者直’，何谓也？”

子夏曰：“富哉言乎！舜有天下，选于众，举皋陶，不仁者远矣。汤有天下，选于众，举伊尹，不仁者远矣。”（《论语·颜渊》）

再如，“恕”是为仁的底线，子贡思考过这个问题，也曾向孔子请教，但孔子开始没有给出肯定答案。

子贡曰：“我不欲人之加诸我也，吾亦欲无加诸人。”子曰：“赐也，非尔所及也。”（《论语·公冶长》）

子贡不满足，所以再次发问，孔子才给出明确的答案。

子贡问曰：“有一言而可以终身行之者乎？”子曰：“其‘恕’乎！己所不欲，勿施于人。”（《论语·卫灵公》）

有了这个答案，冉雍问仁时，孔子就明确告知其把“恕”作为“仁”的基本内涵。

仲弓问仁。子曰：“出门如见大宾，使民如承大祭。己所不欲，勿施于人。在邦无怨，在家无怨。”

仲弓曰：“雍虽不敏，请事斯语矣！”（《论语·颜渊》）

有了这些回答，孔子的后期弟子曾参才认定，孔子一以贯之的道就是“恕”。

子曰："参乎！吾道一以贯之。"曾子曰："唯。"

子出。门人问曰："何谓也？"曾子曰："夫子之道，忠恕而已矣！"（《论语·里仁》）

另如，"孝"是为仁的初阶。孟懿子问孝，孔子答"无违"，弄得樊迟再问"何谓也？"[①]以求解惑；孟武伯问孝，孔子答以"父母唯其疾之忧"[②]，留下个哑谜；子游问孝，孔子答孝的本质在"敬"[③]；子夏问孝，孔子进一步发挥，说真正的孝敬应是让老人高兴[④]。

有了这些答案，有若进一步做了理论概括，才提出了"孝为仁之本"的命题。

有子曰："其为人也孝弟，而好犯上者，鲜矣！不好犯上，而好作乱者，未之有也。君子务本，本立而道生。孝弟也者，其为仁之本与！"（《论语·学而》）

此外，如仁与圣的关系问题、仁学的理论基础问题、仁与智的关系问题等，也都是孔子在与弟子们的问答、争辩中形成的。可以说，到了孔子的晚年时期，"仁学"成了孔门的一个热门话题，以至于孔子死后，弟子们之间的争论往往也集中在一个"仁"字上，如《论语·子张》篇，就记录了弟子之间的一场争论，话题就是子张是否仁，子夏是大仁还是小仁等。

这样的争论延续至战国后期，到了秦代，虽说是"焚书坑儒"，也未能尽封天下人之口。孔子思想能够一直保持其鲜活的生命，这恐怕也是一个重要原因。

---

① 孟懿子问孝。子曰："无违。"樊迟御，子告之曰："孟孙问孝于我，我对之曰，'无违'。"樊迟曰："何谓也？"子曰："生，事之以礼；死，葬之以礼，祭之以礼。"（《论语·为政》）

② 孟武伯问孝。子曰："父母唯其疾之忧。"（《论语·为政》）

③ 子游问孝。子曰："今之孝者，是谓能养。至于犬马，皆能有养；不敬，何以别乎？"（《论语·为政》）

④ 子夏问孝。子曰："色难。有事，弟子服其劳；有酒食，先生馔。曾是以为孝乎？"（《论语·为政》）

《论语》趣读六十八

子路的理论贡献

子路是典型的实干家、行动派，心直口快、古道热肠，是最可爱的孔门弟子。孔子说："子路无宿诺。"意思是说子路许下的诺言，就一定要兑现，不打折。前几年一些地方政府成立了"马上就办办公室"，可以说行政部门的初衷是好的，但是离开了公众监督，仅靠这种自我改进式的暂时性举措，很难说效果会怎么样。《论语》还记载："子路有闻，未之能行，唯恐有闻。"意思是说，子路听到一个道理，若未能实行，未经验证，便生怕再听到一个道理。这更像是执行"最高指示"——马上就办的虔诚了。

一般来说，长于行者疏于知，即长于实践操作者多疏于理论思考。因此，有人甚至认为子路就属于四肢发达、头脑简单的蛮干派，是李逵式的人物。要说这样的人在孔门中还有什么理论贡献，那简直就是天方夜谭。但同样应当承认的是，世界上超出常识、常理的事多有，既长于实干也长于思考的人也不在少数，子路就应属于这样的人。把一部《论语》一路读下去，且不存汉儒、宋儒们的偏见，只凭自己的直觉作判断，笔者相信大多数读者都会承认子路的理论素养也极高，在孔门中理论贡献也极大。汉儒、宋儒们常拿子路作反面教材说事，而《孔子家语》一类神化孔子的书又常拿子路与子贡、颜回作比，认为子路是精神境界远低于子贡、颜回的"小丑"，这些认识都是不公平的。

子路的理论贡献何在？

首先，就在于他作为孔子的诤友，总是能公开直率地批评孔子，从而为孔子的行动选择增添了新的考量，也为孔子的理论设想增添了新的维度。孔子说过，自从有了子路，他就很少有恶言闻于耳，即很少再有过错。子路作为孔子诤友的地位是任何人都无法替代，也无法比拟的。比如，"孔门十哲"中的诸贤，除宰予、子贡偶尔提点不同意见，冉有稍微显得不顺随之外，其他诸贤大都是唯孔子之命是从的谦谦君子，所以，孔子有时也抱怨“回也非助我者也！于吾言无所不说”。当听到陈司败的批评后，孔子甚至极为感激地说：“丘也幸，苟有过，人必知之。”那么，子路能够直率批评，就更是孔子一生的幸事了。笔者认为，这“幸”在很大程度上就表现于子路的理论建树上。

孔子是个理论家，无论是教人还是行事，他都有一大套理论作支撑。因此，要对孔子的言行有所匡正，即使不能在理论上与孔子旗鼓相当，也应有相当的理论积累才行，而子路就是一个志大才高且有相当理论水平的孔门弟子。他对孔子的批评绝不是什么“蚍蜉撼大树，可笑不自量”的狂言狂语，而是很有理论深度，很值得琢磨的。他有时以常识、常理、俗情、俗理批评孔子的超常之举，如孔子欲应公山弗扰之邀，前往费邑，子路就批评说：“末之也已，何必公山氏之之也？”这“何必公山氏之之也？”就指的是常识、常理，因为当时公山氏叛迹已著，恶名已显，正人君子一般是不会与这样的人为伍的。后来发生的事实证明，孔子最终没有支持公山弗扰，还派人打退了公山氏的进攻，这虽然很难说是听从了子路的批评，但起码可以证明子路的批评还是很有道理的。

类似的故事后来又发生了一次，这便是孔子在周游列国时，晋国大夫范氏的家臣佛肸以中牟反叛，召孔子前往，这事同样遭到了子路的批评。不过子路这次不是以常识、常理与孔子理论，而是采取了“以子之矛，攻子之盾”的方式，即用孔子的话批评孔子。“昔者由也闻诸夫子曰：‘亲于其身为不善者，君子不入也。’佛肸以中牟畔，子之往也，如之何？”子路这“如之何？”三字极有锋芒，说白了，就是追问孔子如何解释自己理论与实践的矛盾。子路的这一激似乎把孔子逼进了墙角，但令人难以想象的是，孔子却又似乎处于绝地而后生，在原有的理论中开辟出几条新路。孔子说：“然。有是言也。不曰坚乎，磨而不磷；不曰白乎，涅而不缁。吾岂匏瓜也哉？焉能系而不食？”一是说坚而不磷、白而不缁，君子接近不善者也是可以的；一是说人不能被动地等待，要创造机会。有了这样两点，如何在逆境中生存，如何与不善者交往的理论就丰富得多，也精彩得多了。

其次，子路的理论贡献表现在对一些重大理论问题的质疑与追问上。

理论发展的一条重要的生路，即在于自身的调节，在于对理论自身普遍性、合理性的追问。通过追问，不断寻找、弥补理论自身的裂缝，从而促进理论的发展。因此，古人很重视质疑问难的问学功夫，认为只有有疑才会有知。孔门弟子中那些善于独立思考且具有很强的理论思辨能力的人也都善于提问，如子贡、子张、宰予诸人。笔者曾认为，子张是孔门弟子中开拓型的理论家，他提出的问题多、范围广，是其他弟子难以企及的。后来详读了《论语》中有关子路的章节，笔者更相信在理论的开拓上，子路丝毫不让于子张。比如，他像一般弟子一样，也问政，问士，问君子，但他更有一种突破禁区、大胆开拓的勇气，问了一些其他弟子不敢问或不愿问的问题，如问鬼神，问生死，问成人，问事君，问君子尚勇，问为政孰先等。这些问题的提出，有的虽然也一时很使孔子不悦，比如，孔子就认为子路问生死就有点多事，有点越界，但也不得不承认子路提出的问题是很有挑战性的真问题，这些问题也促进了孔子的思考和对理论的创建。孔子学说中的一些重要理论命题实际上也都是结合子路的问题而展开的。比如，关于卫君待孔子为政，孔子“将奚先”的问题，引起了孔子的一通“正名”说，这“正名”说就是孔子政治哲学的核心思想。再如，也许受到子路关于君子是否尚勇以及如何事君诸问题的启发，孔子提出了一个“六言六蔽”说，丰富了他的中庸哲学思想，也综合性地回答了君子如何尚勇、如何事君等诸多问题。更值得一提的是，提出关于管仲是否仁的疑问，是需要一定的勇气和理论眼光的，它确实触及了孔子学说中的一些内在矛盾，如礼与仁的矛盾、忠与仁的矛盾、大信与小信的矛盾等。对两个大弟子提出的这样一个严肃的问题，孔子也确实进行了认真的思考，并从历史发展的高度给出了一个科学的回答。尤其对管仲千秋功过的评说，更是成了千古不移之论，为后人科学、准确地认识与评价历史及历史人物作出了榜样。

也许有人会说，在《论语》中，子路毕竟没有什么独立言论，更不见什么理论创见，说他有理论贡献，还是有些勉强。笔者认为，这正是对子路的一种偏见，这种偏见背后既有对孔子理论的误解，也有对理论表达的误解。破除这些误解，才能正确认识子路的贡献。

我们应该认识到，孔子的理论并不是西方那种纯属认识论范畴的知识，或是对世界规律性的认识，而是与个人修养、社会理想联系在一起的价值理想、社会伦理。这种理论是知与行的统一、认识论与价值论的统一，或者说是言与行的统一、知与思的统一、思与在的统一、在与道的统一。行动中即有言、有知、有思、有在、有道。努力实践、身体力行既是体道、弘道，也是作为一种理论表达的显道、明道，是“道”的行动化表达，人格化表达。孔子曾表彰伯夷、叔齐“求仁而得仁”，表彰子产“有君子之道四焉”，即是说这些古圣先贤是以身体道的实行家、理论家。孔门中这样的贤哲也大有人在，如“德行”科的闵损，孔子就曾说他是孝行的典范；出身低微的冉雍，孔子认为他说话在理，“雍也可使南面”，至于孔子最为推崇的弟子颜回，则更可以说是以身体道的典范了，孔子多次说他安贫乐道、勤奋好学，做到了“用之则行，舍之则藏”，能够“不迁怒，不贰过”，等等。与闵损、冉雍、颜回诸人相比，子路也完全可以称为这样的言行一致的传道者。

比如，青年时代的子路曾与颜回一起言志，子路说：“愿车马衣裘，与朋友共，敝之而无憾。”意思是说，自己愿意与朋友共享车马衣服，即使用坏了也不感到遗憾。这志向很好，讲的是要谦让礼敬、真诚合作。当子路要求孔子也谈谈他的志向时，孔子说：“老者安之，朋友信之，少者怀之。”即是说让天下的人都能得到幸福安康。很明显，孔子之志既是对子路之志的肯定，也是对子路之志的提升。言志之后，子路是否践行了他的诺言，实现了他的志向呢？笔者认为，他做到了，而且做得很好。

子曰：“衣敝缊袍，与衣狐貉者立，而不耻者，其由也与！‘不忮不求，何用不臧？’”子路终身诵之。子曰：“是道也，何足以臧？”（《论语·子罕》）

对《论语》中这一章的前半部分，读者们在理解上大体相同，认为这是孔子夸奖子路不嫉妒，不贪求，不羡富贵，一心向道。但对后半部分的理解就不同了。有人认为，子路受到夸奖之后，便沾沾自喜，整天念叨，因而受到了孔子的批评，说是仅仅这样算不上好。但仔细想来，这样理解大为不妥，有几个矛盾无法解决。一是子路既已“不忮不求”，心地自会坦然、淡然，而沾沾自喜、整天念叨恰是欲火中烧的表现，这样夸而成骂，反差也太大了。二是“终身诵之”明显不实，因为孔子夸前不会诵，孔子批评之后也不会再诵，这“终身诵之”恐怕就太夸张。笔者想，这“终身诵”恐是“终日诵”之误。三是孔子刚夸完“何用不臧”，又批评“何足以臧”，不管怎么解释，总有点自相矛盾。毛子水认为，“臧”字既可训为好、善，亦可训为隐、藏。孔子说这就是为人之道，用不着隐藏。这样解释很合人情事理，也是对子路言行一致、以身体道的肯定。

又如，子路曾向孔子请教“成人”的问题，孔子教导他说“成人”应全面发展，但重要的是要“见利思义，见危授命，久要不忘平生之言”。子路做到了没有呢？做到了。他用生命实践了自己的诺言。《左传》中记载，哀公十四年，小邾国大夫射带着句绎投奔鲁国，射说：“只要子路给我口头约定，我就不需盟约。”但子路坚决不应。季康子派冉有对他说：“对千乘之国不相信其盟约，却相信您的话，这对您有什么屈辱呢？”子路回答说：“如果鲁国对小邾国发动战争，我不敢询问缘故，战死在城下就行了。现在他不守臣道，我却让他的约言得以落实，这就是认为他的行为合于义了，我办不到。”宁可放着到手的利益不要，也绝不认同小人的不义之举，这不就是典型的“见利思义”吗？

一年后，即哀公十五年，子路死于卫，践行了“见危授命”的做人原则。这一年，蒯聩潜回卫国，劫持了孔悝，发动了政变。子路此时为孔悝家邑宰，他认为食人之禄，就应忠人之事，况且他认为蒯聩政变实为不义之举，所以他还是冒着危险攻打蒯聩，并在战斗中英勇战死。临死前还从容地整理好帽缨，庄严而死。子路之死，是对孔子仁义思想的最好阐释，更是对仁道理论的最完美体现。

笔者想，孔子的理论如果没有闵损的孝行作阐释，没有子路的循义而死作注脚，没有子贡的守墓六年作生命象征，恐怕就不会那么感人至深，那么灵气飞动，那么鲜活，那么生动。这就是理论的真正的力量和生命。这也正是子路最为重要的理论贡献。

《论语》趣读六十九

独断、矛盾与《论语》的开放式结构

大凡人类历史上那些能够给人以深刻启示，引导人类不断前进的思想文献，都如海洋一样博大精深、汪洋恣肆，但也如海洋一样包容万有、精糟杂陈。《论语》就是这样一部著作。关于它的博大精深，这是公认的，不必多作赘述。笔者想说的是它作为一个理论文本的含混与矛盾，这一点恐怕不易为公众所理解，还会遭致一些误解。但为了深入地理解，就必须勇敢地面对。

《论语》是一部以记录孔子及其弟子言行为主的语录体、对话体文献，整理与记录者并非一人、一时。孔子及其弟子的活动发生在前后几十年的时期之内，其思想感情也会发生变化，这是造成含混与矛盾的重要原因。另外，这些记录并不是当时实录，而是事后回忆与整理的。这回忆与整理已把当时的语境过滤掉不少，再加上当时记录工具的简陋、书写的艰难，记录者又省略了那些他认为并不重要的语境交代，删除枝叶后，只留下了一些梗概，这就造成了一些前后难以搭界的悬空式的独立言论。这些言论因缺乏语境的限制，大都是可作多样性解释的独断性结论。因此，含混、矛盾与独断，构成了《论语》文体的某些缺陷性特征，这也正是对《论语》的解释聚讼纷纭的一个重要原因。

先说独断。此独断并不是康德所认定的那种哲学式独断，而是指那种上天指令式的独断。这种独断缺乏具体语境的制约，不需要论证，不容许商榷，似乎成了绝对的真理。但也正因如此，其真理性很值得怀疑。《论语》中这样的独断性命题不在少数，诸如“君子不器”“攻乎异端，斯害也已”“不患人之不己知，患不知人也”等，都属于这类独断性命题。一旦将这样的命题置入具体语境或者展开讨论，有了具体的现实规定，都可发现为这些命题所无法容纳的例外或对立命题。

比如，当子贡问孔子对他的评价时，孔子说他是个“器”，子贡又问是什么“器”，孔子说是相当于国之重器的“瑚琏”。有了这样的事例，君子是该作“器”还是不作“器”，就成了问题。

又如，“攻乎异端”一句，孔子似乎兼容并包，宽容异端，但当樊迟提出点另类要求欲学稼学圃时，当宰予不同意“三年之丧”而主张“一年之丧”时，孔子却大为光火，大骂樊迟为“小人”，骂宰予为“不仁”。到了后来，孔子的一些后辈似乎都不同意对异端的宽容，且都以“攻乎异端”为己任，孟子排斥墨、农诸家；荀子大“非十二子”，连子思、孟子也被他很“非”了一顿；韩愈则排斥佛教……有了这些事例，这“异端”是该攻还是该容，就成了问题。

再如，孔子确实多次说过“不患人之不己知”的话，但孔子也说过：“后生可畏，焉知来者之不如今也？四十、五十而无闻焉，斯亦不足畏已！”他甚至还发表过这样的矛盾论断：“不患无位，患所以立；不患莫己知，求为可知也。”[①]虽然有人为这话百般回护，但联系孔子一生行状，却不得不承认，这“求为可知”也许说的就是真话。比如，孔子就说过自己不是挂在墙上的葫芦，不能光装装样子，还说过自己就是急于被人买去的美玉，这都是“求为可知”的表现。这样一来，人生的闻默之选就使人左右为难了，“不患人之不己知”也就使人难辨真假了。

然后说矛盾。其实我们在独断中已发现了一些矛盾，这些矛盾恰恰是由独立篇章的独断与互相对比中的差异造成的。这样的矛盾还有很多，举其大端来说，就有义利之争、争让之别、隐见之辩、贞谅之殊、顺犯之反、直隐之差、闻默之选，以及交友上的宽严之争、为学上的为己为人之别、个人修养上的直曲之分、个人评价上的智愚之异等。

这些矛盾，有的属客观存在，即由孔子自身的矛盾造成的，如关于人生选择的隐见之辩，闻默之选以及交友上的宽严之争等就是。

孔子曾多次说过，“用之则行，舍之则藏”，还说过，“道不行，乘桴

① 不少学者指出，这段话可能在“求为可知也”前少了个“患”字，因为“不患……患……”这样的句式在《论语》中多见，如“不患人之不己知，患其不能也。”（《论语·宪问》），“志士仁人，无求生以害仁，有杀身以成仁。”（《论语·卫灵公》）以及“君子病无能焉，不病人之不己知也。”（《论语·卫灵公》）这些句式都是正反对比，一表肯定，一表否定。

浮于海”或要“居九夷”，但几次与隐者照面，他却又明确表示不能认同隐者的人生选择。这就是隐与仕的矛盾。

君子是该遁世无闷，不事张扬，默默地进行自我修养，还是该在自我修养的同时也尽力使人了解？是“不患人之不己知”，还是“求为可知”？这就产生了“默”与“闻”的矛盾。

交友是该宽，还是该严？子张与子夏有过争论，子张主宽而子夏主严。人们一般认为他们都受教于孔子，只是各执其一端而已。这就产生了交友上宽与严的矛盾。

而有些矛盾则属于主观上的矛盾，即由于读者理解不同而造成的，如义利之争、争让之别等。从语义的角度看，义与利各有其对立设置的概念，如义与不义相矛盾、利与害相对立。而义与利并不构成矛盾或对立。孔子虽然罕言利，但并不是不言利，如他曾多次说过要“因民之所利而利之”。但在人们的解读中，却因为义利往往对举，就认为二者是矛盾的，甚至有人认为儒家是重义轻利的。这其实是一种误解。细读《论语》就可以发现，其中的义与利虽未严格正名，但由于出现多次，其含义也是大致固定的。比如，“义”一般是指合乎道义的公平正义或公众利益，“利”一般是指某种物质利益甚至是个人的私利。义与利对举时，或指事物不同的方面，如“君子喻于义，小人喻于利”，或把义作为谋利、取利的标准，如“见利思义”或“见得思义”。卫人评论公叔文子时说他“义然后取，人不厌其取”，就是以义为标准的典型事例。

再说争与让的问题。近年来有不少人认为孔子主张忍让、退让，而反对竞争、进取，所以才造成了中国文化的落后。这种认识也是源自对《论语》的误读。孔子确实说过类似“君子不争”这样的话，但都是在如何修身、如何循礼的范围内谈论的。“礼”的本质在敬，敬的一个重要方面即是让，礼让是对他人的尊重，而“争”可能意味着对他人人格及权利的剥夺或侮辱。正是在这种意义上，孔子主张“君子不争”。而对于不属于这种范围，能促人上进、社会发展的竞争，孔子也是支持的。比如，在对真理的追求上，他主张“当仁，不让于师”；对季氏的越礼行为，他要冉有去“救”；对冉有的退守，他也多次批评说这是画地为牢，应勇于进取。

最后说说含混。其实，无论是独断还是矛盾，都指向含混，带来含混，这是不言而喻的。

如何认识《论语》的这种缺陷性特征，是解读中的一个重要问题。

首先应承认，世上没有什么绝对的优长与缺陷，此为优者往往彼则为劣，彼为短者此则为长。《论语》中的一些独断性结论大都因缺乏具体语境的制约而来，但语境制约的宽松也带来了另外的好处，那便是文本意义自由扩张的可能及多样性阐释的自由。比如，《论语·学而》篇开篇一章，有人认为这是“孔子大学”的开学训词，是鼓励学生向学的；也有人认为这是说为学的三个阶段；还有人认为这是说为学的三种境界。各说都有理，可以给人多种启发。

再如，“志于道，据于德，依于仁，游于艺”一章，有人认为这是修身养德的几个要点或基本途径；也有人认为本章所举“四端”，为孔门教学之条目。就小学言，应先教书数，此即“游于艺”；后教孝悌礼让，此谓“依于仁”；自此以往，始可“据于德”“志于道”。就大学言，孔子主张“十五志学”，即“志于道”；求道有得，斯为德；据德熟，则仁显于性，然后“游于艺”。这样讲，也很有道理。

诸如此类，可以作多方解读的篇章还有很多，笔者每读一次都会有新的感悟。《论语》也因此不断在解读中增值，其意义空间呈现一种开放式结构，这岂不是阅读的最好境界？

再加上矛盾的存在，使理论保持了某种张力，开启了思考空间，也为自我纠错提供了某种动力，这就更为其意义的开放提供了条件。举例来说，孔子与宰予在“三年之丧”上确有矛盾，但这矛盾却为儒家理论的发展提供了动力，后世的经世派更重视历史的变化，修身派则更重视人性的研究，这两种发展都使儒学提升到了一个新的高度。

其次，应该认识到，《论语》的这些所谓缺陷性特征，实际上显示了它在价值取向上的偏重。西方哲学关注的是人与自然的关系，印度哲学关注的是人的灵魂归属，而中国哲学关注的则是现世中人与人的关系。《论语》最能体现这种价值取向，它不同于以探索客观世界的规律为特征的科学思维，如果从纯认识论的角度解读它，实际上是对它的偏离。借用康德的话，它不属于纯粹理性，而属于实践理性。这就是说，它所追求的东西总是与善在一起的，而不能用“真”作标尺要求它。有一次，孔子与楚国的叶公谈起“直”的问题。叶公说：“我们乡党有个行事正直的人，他父亲偷了别人的羊，他告发了父亲。”孔子告诉他说：“我们乡党中正直的人与此不同，父亲为儿子隐瞒，儿子为父亲隐瞒，正直也就在里面了。”[1] 这件事具有很强的象征意味，它说明在儒家的世界观中，真与善是紧连在一起的，智与仁是紧连在一起的。孔子曾评论卫国大夫宁武子说，这人“邦有道，则知；邦无道，则愚。其知可及也，其愚不可及也”，这话就说得很清楚，智愚总是与有道无道、仁与不仁连在一起的，不能做分割，没有什么绝对的是非曲直、善恶美丑，当然也没有什么绝对的矛盾对立。所以，非此即彼的逻辑思维不能作为打开孔子学说的钥匙。

孔子认为最好的德性是中庸，中庸是仁者、圣者修养的最高境界。中庸的本质即在于承认存在的多元性，讲究中和、中正。因此，中庸思维最反对二元对立、一元选择的矛盾思维，也反对看不到发展变化的机械性思维。这样的思维虽不那么黑白分明，对事物的判断可能显得含混，甚至是显得文体含混，但这样的含混中却有着难得的丰富与公正。比如，孔子谈到管仲，曾批评他越礼、奢侈，他的弟子们认为管仲不随公子纠去死是为不忠，但孔子从历史的角度谈论管仲，认为他造福人民，是小忠小信难以比拟的大仁大智，所以称管仲为“仁者”。再如，关于周武王，孔子多处称道他是古代圣王，但对这样的“圣王”的赞扬孔子也是有所保留的，孔子说过《武》乐尽美而不尽善，还表彰反对武王伐纣而不食周粟的伯夷、叔齐“求仁而得仁”，也是古代圣贤。至于他的学生，孔子更是从多种角度给予过评说，使这些弟子瑕瑜互见，性格丰满。后世不少学者恰恰没有体会到孔子这种中庸思维的妙处，片面认定子张不仁、宰予多佞等，实是对孔子的最大误解。

所以，走近孔子，走近《论语》，不妨先从走近《论语》的这些文体特征开始。为了深入理解，必须面对。

---

① 叶公语孔子曰：“吾党有直躬者，其父攘羊，而子证之。”孔子曰：“吾党之直者异于是。父为子隐，子为父隐，直在其中矣。”（《论语·子路》）

《论语》趣读七十

口语的魅力

关于孔子的语言习惯，《论语》中有这样一条记载：

子所雅言，《诗》、《书》、执礼，皆雅言也。(《论语·述而》)

“雅言”即是周人的国语、标准语，或曰普通话。孔子诵《诗》、读《书》、参加礼仪活动，都用这样的国语、普通话。那么，除此之外，他进行课堂教学、回答问题、与人交谈用的是什么样的语言呢？虽然没有这条记载，但也给出了暗示：除这些特殊情况之外，他可能也和大多数国人一样，操持的是方言口语。说白了，孔子平时所说的就是鲁语。《论语》是一部以记录孔子及其弟子言行为主的对话体、语录体文集，所用的语言基本上也是孔子式的鲁地口语。《论语》为什么读起来让人感到新鲜活泼、灵气飞动？这就与其保持着最鲜活气息的口语有关了。因此，从鲁地口语的角度认识、解读《论语》，也不失为走近它的一个重要途径。

语言具有社会性、公共性、传播性。对于具体的使用者来说，它又具有个人性、私密性和物种性。因此，口语较之书面语的最大特点，即在于它能更多地表现个人性情，是一种个人化、情感化的语言。口语也多是方言土语，所以，它也更能表现地方特色，融有地方风俗习惯的鲜明印记。而风俗又是一个民族常绿的童年，最富有诗意，所以这样的口语也往往是一种诗意化的语言。还要指出的是，风俗中更多地保留着历史传说、集体记忆，“礼失而求诸野”，已经被官方语言洗刷淡化的那些历史印记，如风俗礼仪、生活模式、语言习惯等，还会保留在方言口语之中。所以，口语也是研究历史、礼仪、语言的最佳入口之一。

更重要的是，语言不仅意味着一种使用工具，同时也意味着一种世界观，甚至一个世界。因此，从一个人即兴而发的口语中更能透视一个人的情感世界、心灵世界。口语魅力大矣哉！

比如，正是凭借口语的魅力，人们得以走进孔子心理世界，发现了他世界观上的某些奥秘。举例来说，孔子在面临危难或极度痛苦时都会呼天喊命，过去不少学者就据此认定孔子是有神论者，信天命。但孔子又多次说过，他对鬼神采取的是敬而远之的态度，还说过："知之为知之，不知为不知，是知也。"两相对照，可以看出，从理智的角度来说，孔子是不信鬼神，不信天命的。但为什么他又会呼天喊命呢？习俗使然也。人在紧急情况下往往会急不择言，最容易从自己的母语、习俗语中汲取词汇，这也是常情。比如，孔子去见南子，子路不悦，孔子对天发誓，说："予所否者，天厌之！天厌之！"有学者考证说古人的誓言，皆上用"所"字，下用"者"字。这就更能说明，孔子的誓言也是习惯之套语。但为什么会用这样的套语？这言语活动背后还有更深次的原因，即个人无意识深处与民族无意识相连，习惯语后面带出的是个人无意识、民族无意识。这样，孔子的显意识与他的潜意识就呈现出了明显的矛盾，这个矛盾正好说明孔子时代的社会意识正由天道观向人道观转向，而孔子正是促成这次转向的代表人物之一，他的伟大也正在这里。

孔子会在情况危急、感情激烈时呼天喊命，而在平常却又不大谈论天命，这就使人对"子罕"篇第一章的断句犯难了：

子罕言利，与命，与仁。(《论语·子罕》)

断句难，难在对"与"字的认定。有人认为，这里的"与"是连词，意思是说孔子很少谈论利、命、仁。但此说与事实明显矛盾，孔子对仁的谈论并不少。于是有人主张"与"应为动词，赞许、称许之义，但这样一来，对"命"字又难以安排。笔者认为，这一章虽非孔子的原话，但肯定是转述的他人意见，也是当时的口语。既为口语，就应从当时的语言习惯来找找解读途径。有位日本的研究者认为"罕言"应与"雅言"相对，少言者即是罕言，多言者即是雅言。这话细想下来有些糊涂，却指出了一个事实——《论语》二十篇中，如"罕言"章这样的句型确为极少。我国学者陈如勋也认为"罕言与雅言对文"，理由是"其言仁与命不如诗书执礼之多"。话说得还是不明不白，但却确定这"罕言"是与"雅言"相对的非雅言，即口语方言的意思还是清楚的。

那么，我们不妨从口语方言、当时的语言习惯角度找找门径。《论语》中，两个同类词并列作句子成分时，为避免歧义，多用"与"作连词，如

“富与贵”“我与尔”“圣与仁”“师与商”“由与求”等，这是当时的习惯之一。但如果三个以上并列短语作句子成分，则只后两个用“与”连结，如“子见齐衰者、冕衣裳者与瞽者”，这应是习惯之二。如果一个句子的谓语有实际意义，同时后面的三个及以上的词为一类，可以并列，那么这些作宾语的并列各词之间都不用连词，这也是当时的语言习惯。如“子所雅言，《诗》《书》、执礼，皆雅言也”“子之所慎：齐、战、疾”“子不语怪、力、乱、神”“子以四教：文、行、忠、信”“所重：民、食、丧、祭”等。“子罕言”也应属有实际意义的句子，“利”“命”“仁”三项也可在“罕言”意义上并列，但连用两个“与”字，不合习惯，此句“与”作连词的说法亦不可取。因此，“子罕言利”一句中的“与”还是作动词为好。

但若把两个“与”字一律译为“称许”也太生硬，与事实不合，因为孔子确实是不大谈论命的。考虑到在这个句子中，“罕言项”及“所与项”又有轻微的对举之意，“与”作动词往往与现代动词“干”“做”一样，可以根据语境、语意灵活使用，所以，这里的“与命”“与仁”有时也译作“相信、谈论命”“谈论仁”，或者干脆译作“相信命”“宗奉仁”也是可以的。

《论语》解读中的这个公案说明：从当时的语言习惯寻找打开歧解的钥匙，是一个重要途径。而口语中恰恰保留了更多的语言习惯，保留了更多这样的钥匙。举例来说，《论语·述而》篇中的下面一章，也是争论较多的一章。

子曰：“文，莫吾犹人也。躬行君子，则吾未之有得。”（《论语·述而》）

争论的焦点在于对“莫”字的理解。有人认为，这“莫”就是努力、勉强的意思，举出的证据就是燕、齐间的方言。这样的解释看起来很有道理，却忽略了一个基本事实：孔子使用的是鲁地口语，鲁离燕、齐还很遥远。对语言来说，“三里不同俗，十里改规矩”是很常见的。以燕、齐方言译孔子的话，明显不合理。这个解释的结论虽然不对，但方法却不错，于是有人也从口语、方言角度找原因，认为这个“莫”字，不作实词“不、无、没什么”讲，应是语气词，可读为“嘛”或“么”。这样一来，全句就可译为“书本上的学问么，我同别人差不多。在生活中实践做一个君子，我还没有成功”。笔者认为如此解释很合情理。一是因为现代曲阜人表达矜持、自得或自责心理时，还往往用一个语气词表停顿，然后说出自得、自责的原因。二是因为《论语》中此类例句也常见。

子曰：“十室之邑，必有忠信如丘者焉，不如丘之好学也。”（《论语·公冶长》）

子曰：“若圣与仁，则吾岂敢！抑为之不厌，诲人不倦，则可谓云尔已矣！”（《论语·述而》）

同样是表示在文、行、忠、信上达到的成就，这样的句子，结构、语气、心情何其相似！

有人说，一个人的母语是他永远无法抹去的生命印记，是透露深层心理的最隐秘的窗口。信哉！

方言土语的保留区多属偏远之地，不易受流行语言的影响，而更多地保持着远古风味，所以方言往往也是古语。从方言中，还可以窥见民族的远古遗风、神话传说以及一些为官方史书所不采的历史故事。举例来说，孔子曾慨叹说：“凤鸟不至，河不出图，吾已矣夫！”这感慨中说出的即是一个神话传说，这样的传说鲜见于经传，但靠孔子此话流传了下来。后来有人研究《周易》，把“河图”“洛书”作为八卦之源，宋人还据此排出了数阵。又如“管氏有三归”之类的历史事实也很少见于正规史书，却在《论语》中保留了下来。至于口语中保留的古代风俗那就更多了。《论语》中就提到摇木铎以教化天下的风俗①，夷人披发左衽的风俗②，以及人在弥留之际要让生者看看手脚的风俗③……这也是很值得重视的。

口语深深植根于社会历史、风俗文化之中，口语可以补历史之缺，历史也可以释口语之疑。比如，《论语》中提到：“犁牛之子骍且角，虽欲勿用，山川其舍诸？”这里的“犁牛”是指耕牛还是指杂毛牛，争论颇大。如果查一查历史上选择牺牲的风俗，这个争论自会平息。做牺牲的牛会从

---

① 仪封人请见，曰：“君子之至于斯也，吾未尝不得见也。”从者见之。出，曰：“二三子何患于丧乎？天下之无道也久矣，天将以夫子为木铎。”（《论语·八佾》）

② 子曰：“管仲相桓公，霸诸侯，一匡天下，民到于今受其赐。微管仲，吾其被发左衽矣！”（《论语·宪问》）

③ 曾子有疾，召门弟子曰：“启予足！启予手！”（《论语·泰伯》）

耕牛中选择，也会从非耕牛中选择，从做牺牲的角度看，二者并无高下贵贱之分。能够分出高下贵贱的只能是与“骍且角”相对的那种牛，即杂毛牛。

再如，《论语》中孔子说：“民之于仁也，甚于水火。水火，吾见蹈而死者矣，未见蹈仁而死者也。”这“甚于水火”是什么意思？是亲近、急需，还是畏惧、远离？注家持两说者都有。如果回到当时的风俗，争论也会平息。当时，人们的生产生活水平极低，要钻木取火，还要邻水而居，所以百姓急需且亲近水火。但处于无道社会，百姓处于水深火热之中，对仁政、仁爱的渴望会更甚于水火。孟子就说过，民之渴望仁政会如“大旱之望云霓”，这也正是对孔子“甚于水火”说的最好解释。